基于 REA 扩展模型的
企业会计信息真实性评估模型研究

郑济孝 著

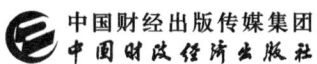

中国财经出版传媒集团
中国财政经济出版社

图书在版编目（CIP）数据

基于 REA 扩展模型的企业会计信息真实性评估模型研究 / 郑济孝著. --北京：中国财政经济出版社，2020.8

ISBN 978-7-5095-9913-6

Ⅰ.①基… Ⅱ.①郑… Ⅲ.①企业-会计信息-评价模型-研究 Ⅳ.①F275.2

中国版本图书馆 CIP 数据核字（2020）第 128662 号

责任编辑：谷兴华　　　　　责任校对：李　丽
封面设计：陈宇琰

中国财政经济出版社 出版
URL：http://www.cfeph.cn
E-mail：cfeph@cfeph.cn
（版权所有　翻印必究）
社址：北京市海淀区阜成路甲28号　邮政编码：100142
营销中心电话：010-88191537
北京虎彩文化传播有限公司印刷　各地新华书店经销
787×1092毫米　16开　13印张　215 000字
2020年8月第1版　2020年8月北京第1次印刷
定价：58.00元
ISBN 978-7-5095-9913-6
（图书出现印装问题，本社负责调换）
本社质量投诉电话：010-88190744
打击盗版举报热线：010-88191661　　QQ：2242791300

序

郑济孝的新著《基于 REA 扩展模型的企业会计信息真实性评估模型研究》是他在博士论文研究基础上，历经三年多的修改、充实完成的，是对企业会计信息真实性评估研究的总结和延续，也是他多年从事会计实践、教学和理论研究的学术成果展现。该论著从会计事项识别和提取的视角对会计信息的真实评估模型的内涵、建模技术、建模过程和模型的应用效益等进行了全面、深入的阐述和研究。

会计信息的质量保证一直是会计学研究的核心目标之一，会计信息的真实性则是会计信息最重要的质量特征之一。国内外现有研究一般采用财务指标分析的方法判断会计信息的可靠性，从文献研究看，采用这种方法所得到的结果不是十分理想，有的财务分析模型勉强能达到 80% 左右的准确度，有的也只有 30% 左右的准确度，基本上没有达到实用的程度。

本著作在企业信息化环境下，以业财融合会计模式变革的核心理念指引下设定会计事项所反映的企业经济业务活动为研究对象，通过建立扩展的 REA 会计模型全面地描述经济业务的财务属性和非财务属性，并依据识别会计事项真伪性，采用数据处理技术挖掘出每项经济业务属性之间的关系，判断这些属性之间的关系是否违背企业真实经济业务属性之间所具有的时间逻辑、空间逻辑、关系逻辑等，从而判断会计人员所呈报的会计事项是否真实，由此生成的会计信息是否可靠。

  本著作是对信息技术应用于评估会计信息真实性建模的理论和方法的探索，具有前瞻性和理论创新性。相信其对企业会计信息真实性评估的理论研究和实践都将具有很好的参考价值。

杨周南

2019 年 11 月 2 日于北京

前言

企业会计信息是反映企业财务状况、营运水平和发展能力的信息，不仅是企业日常经营管理和财务决策活动中所使用的基础数据，也是投资者投资活动、监管部门监督活动以及社会公众对企业评价活动中离不开的数据。企业会计信息的造假性失真现象曾给世界各国的经济社会发展带来重创并延缓了发展节奏，治理会计信息的造假性失真现象已成为全世界的共识。然而，时至今日该问题也没有彻底解决，我国会计学界甚至把会计信息的造假性失真问题列为21世纪会计学的十大难题之一。

基于REA［资源R（Resource）、事件E（Event）、参与者A（Agent）］扩展模型的企业会计信息真实性评估模型研究是一项复杂的系统工程，结合先进的信息化技术，从内部审计的视角出发，针对企业内部的业务系统和网络平台数据，提出会计信息真实性综合评估模型，评估工作在一定程度上可以实现自动化、智能化，有效地提升了会计信息真实性评估的效率和效果，为我国会计信息真实性评估工作提供理论依据和实证支持。

基于REA扩展模型的企业会计信息真实性评估模型研究的创新之处在于：第一，将企业会计信息真实性评估定位为审计工作的有益补充，提出了评估的概念，并分析了企业会计信息评估的意义。第二，将评估工作置于信息化环境下，回顾和总结了企业会计信息真实性评估的相关文献，并从研究方法和研究目标等层面分析了现有研究的不足，确立了研究的目标和起点。第三，按照继承与发展的原则，充分借鉴了系统论、信息论、控制论、评估理论以及灰理论的基本思想，形成了基于REA扩展模型的企业会计信息真实性评估模型研究的理论指导体系，该理论框架由评估目标及原则、评估主体与客体、评估依据与方法、评估模型的组成与结构四个层面组成。其中，目标与原则层阐明企业会计信息真实性评估的主要目标和应遵循的基本原则，评估主体与客体层指出了评估工作的执行者和被执行对象，评估依据与方法层提出会计信息真实性评估的出发点和可用技术与模型，组成与结构层描述了评估模型的构件及其关系。第四，在基本理论的指导下，依据评估理论及信息技术的特点，构建了一个由Zachman概念建模模型、REA语义形式化模型、会计记录异常识别模型和灰评估模型构成的基于REA扩展模型的企业会计信息真实性综合评估模型。第五，设计了详细的算法来实现综合模型的功能，这些算法可直接转变为计算机的程序设计语言，采用了面向机器分析的方法，综合了企业大数据的概念模型、企业业务场景的概念模型、基于业务场景的企业会计信息失真因素检测模型、基于失真因素的企业会计信息真实性灰测度模型，充分利用机器自动推理的机制开发评估模型，实现了研究方法的创新，对比采用面向人工分析的方法有较大的优势。第六，以某集团公司的会计信息生产链为对象，应用综合模型进行案例研究，展示了综合评估模型的使用方法，证实了面向企业大数据用机器自动推理的机制开发出评估模型，比采用面向人工分析的方法有较大的优势，印证了综合模型的有效性。

在本书付梓之际，我要表达感谢之意。

感谢的是杨周南教授，她是我的授业恩师，她的乐观豁达、求学唯真、无私奉献的精神一直激励着我在学术道路上砥砺前行，她经常通过电话和微信等方式实时在线组织交流和研讨，将学术前沿、国外动态、高层导向等信息传递给我，为我指明了研究的方向。对本书的审阅，她更是一丝不苟，观点是否创新、表达是否准确，从结构安排到观点表达，她花费了很大精力字斟句酌。80多岁高龄的她还为我的著作撰写了序言，我的感恩之情和幸福之感油然而生。我常想，遇到杨老师是我一生的幸运。

感谢中国财政科学研究院和各位同门兄弟姐妹对我的帮助与支持，感谢财科院这片肥沃的土壤和包容创新的氛围，正是这批志同道合致力于推动会计信息化发展的人，大家互利互勉，为我的著作提供了写作的广阔空间和坚定支持。

还要感谢太原学院院领导对我的支持与帮助，尤其是得益于《XBRL格式财务报告提高股市有效性研究》课题的资助，正是由于你们的大力支持，本书才得以顺利出版。

感谢在本书出版过程中，中国财政经济出版社的各位同志，他们严谨的工作态度是本书得以顺利出版的保障。

当然，我更应感谢的是我所处的这个时代，是这个时代给了我研究和写作的宽广舞台，让我能够在新时代的洪流下谱写自己的研究成果。

限于时间、精力和水平，本书也存在不足之处，欢迎广大读者批评指正，联系邮箱：zhengjixiao@sina.com.

郑济孝

2020年5月

目录

第1章 绪论 ·· 1
   1.1 研究背景与研究意义 ·· 1
   1.2 研究目标与研究内容 ·· 5
   1.3 研究思路与研究方法 ·· 5
   1.4 基于REA扩展模型的企业会计信息真实性评估模型研究体系 ········ 7
   1.5 主要创新点 ·· 8
   1.6 本章小结 ··· 10

第2章 相关研究文献综述 ·· 11
   2.1 关于会计信息真实性评估研究 ··· 11
   2.2 关于REA会计模型研究 ·· 16
   2.3 关于大数据研究 ·· 23
   2.4 关于概念建模研究 ··· 30
   2.5 关于灰色系统理论研究 ··· 35
   2.6 文献述评 ··· 36

第3章 概念与理论基础 ·· 38
   3.1 基本概念界定 ··· 38
   3.2 评估理论与方法 ·· 40
   3.3 本章小结 ··· 49

第 4 章 基于 REA 扩展模型的企业会计信息真实性评估模型的理论框架 ………… 50

- 4.1 目标及原则 ………… 50
- 4.2 主体与客体 ………… 51
- 4.3 依据与方法 ………… 53
- 4.4 评估模型的组成与结构 ………… 56
- 4.5 本章小结 ………… 70

第 5 章 基于 REA 扩展模型的企业会计信息真实性评估模型的设计与应用研究 ………… 71

- 5.1 设计思路研究 ………… 71
- 5.2 面向企业各类业务事项的会计信息真实性评估模型 ………… 73
- 5.3 面向企业整体业务的会计信息真实性评估模型 ………… 102
- 5.4 模型的应用步骤及关键因素 ………… 103
- 5.5 本章小结 ………… 105

第 6 章 案例分析 ………… 107

- 6.1 企业简介 ………… 107
- 6.2 信息处理平台设计 ………… 109
- 6.3 数据采集 ………… 111
- 6.4 基于 Z 模型的企业大数据的结构化建模 ………… 118
- 6.5 基于扩展的 REA 会计模型的会计记录异常检测 ………… 121
- 6.6 基于灰理论的企业会计信息真实性的测度 ………… 126
- 6.7 本章小结 ………… 129

第 7 章 研究结论及建议 ………… 130

- 7.1 主要工作 ………… 130
- 7.2 本书的研究结论与贡献 ………… 131
- 7.3 未来研究展望 ………… 132

附录 ······ 135
    附录1   已发表的主要研究论文 ······ 135
        附录1.1   XBRL格式财务报告提高股市有效性研究 ······ 135
        附录1.2   XBRL财务报告在财务信息相关性与可靠性中的应用研究 ······ 150
        附录1.3   XBRL格式财务报告对基金市场有效性的影响研究 ······ 156
    附录2   企业会计账户记录样本选择 ······ 169
        附录2.1   销售与收款事项业务 ······ 169
        附录2.2   采购与付款业务 ······ 172
        附录2.3   生产与存货业务 ······ 173
        附录2.4   人力资源与工资业务 ······ 175
        附录2.5   筹资业务 ······ 176
        附录2.6   投资业务 ······ 178
        附录2.7   货币资金业务 ······ 180

参考文献 ······ 181

第1章 绪论

1.1 研究背景与研究意义

1.1.1 研究背景

从历史的发展来看,会计信息失真问题是随着会计的产生而产生的,分为非故意性失真和造假性失真两种类型。非故意性失真是会计人员在无意中形成的,造假性失真是会计人员有意而为之。非故意性失真可以通过改进会计技术、强化监督检查等措施加以克服,应对造假性失真则是一个比较复杂的问题,本书主要研究会计信息的造假性失真问题(以下简称会计信息失真)。古代埃及专门设置监督官对会计官员是否尽职尽责进行全面而严密的监督,以确保会计官员所做收支记录(会计资料)的正确性、真实性(文硕,1989)。① 到了近代和现代,无论是国外还是国内,会计信息失真时有发生,会计信息真实性已成为困扰国内外会计界的难题。

国外会计信息失真的历史源远流长,较早的典型会计信息失真案例可以追溯到18世纪初在英国发生的"南海公司破产事件"。"南海公司破产事件"使投资者承受了巨大的损失,也延缓了全英国商业的发展达半个多世纪。英国任命的秘密委员会在调查该起案件时发现虚假的会计信息是引发案件的重要原因之一。1929年,美国爆发了波及世界的经济危机。这场经济危机使美国的经济发展倒退了数十年,而造成这场经济危机的一个重要原因便是会计信息失真。当时会计报表造假成为企业高层粉饰、操纵企业经营情况的常用手段,导致会计信息严重失真。被披露的国外影响较大的会计信息失真事件还有1964年的美国"耶鲁捷

---

① 迈克尔·查特菲尔德著,文硕等译:《会计思想史》,中国商业出版社1989年版。

运公司事件"、1973 年的"公平财务公司破产事件"、1976 年的"霍克菲尔德案"等。进入 21 世纪，作为西方发达国家代表的美国先后又发生一系列会计造假事件，如"安然事件""施乐事件""世纪通信公司事件"等代表性事件，实际上据美国证券交易委员会调查披露，微软、IBM、通用电气、阿德尔菲亚、波音、美国在线、思科这些名声赫赫的大公司都有会计舞弊的前科。据报道，美国有史以来十大破产案中有五家企业是被会计造假丑闻击垮的（梅国平，2008）。[①] 其中，以 2002 年安然公司和世通公司的造假丑闻最为著名，美国布鲁金斯学会的一项研究报告估计，上述丑闻当年将使美国经济损失 370 亿—420 亿美元。

1958—1960 年，我国发起了以高指标为主要标志的经济建设。许多单位的会计机构被撤销或者合并，会计工作受"浮夸风"的影响，夸大数据，造成会计信息严重失真。1966—1976 年，又出现了只报喜不报忧，只算"政治账"不算"经济账"的局面，会计信息失真也就在所难免。1978 年，党的十一届三中全会后，我国拉开了改革开放的大幕，在计划经济向社会主义市场经济过渡时期，由于国有企业自主经营权日益增大及监督体系和手段滞后，出现了较为严重的会计信息失真。1992 年的财务大检查发现，国有企业会计信息失真面几乎为 100%，造成严重后果。较为保守地估计，1982—1992 年，我国国有资产流失至少在 5 000 亿元以上（李爽，2002；陈淑芳，2006）。[②] 从 1999 年开始，财政部组织队伍在全国范围内对企业会计信息质量进行例行检查，并发布会计信息质量检查公告。总体来看，检查工作开展初期，被检查企业的会计基础工作和遵守会计规范的意识较为薄弱，会计信息质量普遍较为低下，随着市场经济秩序的不断完善，被检查单位的会计信息质量总体上不断提高，但仍然存在不少问题，每次检查总能揭露一些重大的会计信息造假案件（郜进兴等，2009）。[③] 近年来，虽然国家对会计造假违法行为进行了处罚，但是仍有少数企业以身试法，为了自身利益，对外提供失真的会计信息。会计报表舞弊事件屡禁不止。中国证券监督管理委员会仅在 2013 年 5 月到 2015 年 12 月，就对 18 家上市公司的舞弊行为进行了处罚。财政部 2015 年发布的第 33 号会计信息质量检查公告中指出，2014 年度各地财政部门共检查企业、行政事业单位 20 635 家、会计师事务所 1 358 家，发

[①] 梅国平：《上市公司会计信息失真的统计分析方法研究》，科学出版社 2008 年版。
[②] 学者李爽和陈淑芳在《会计信息失真的现状、成因与对策研究——会计报表粉饰问题研究》《会计信息失真问题治理研究》著作中详细回顾了新中国成立以来我国会计信息失真情况和治理状况。
[③] 郜进兴、林启云、吴溪："会计信息质量检查：十年回顾"，《会计研究》2009 年第 1 期。

现各类违规问题涉及金额690.81亿元，共对91家不能保证审计质量甚至出具虚假审计报告的会计师事务所予以警告、没收违法所得、罚款、暂停经营业务、撤销等行政处罚。

实际上，当今世界，包含财务欺诈在内的商业欺诈行为无处不在。根据美国注册舞弊审查师协会（ACFE）2014年的调查估计，欺诈行为每年造成的损失平均占到普通公司年收入的5%左右，而全球因欺诈或舞弊累计损失至少3.7万亿美元。在所有欺诈行为中，金融服务行业的财务欺诈占18%，其他行业如房地产、石油和天然气、技术、制造、运输和医疗等也存在一些明显的欺诈现象。

企业会计信息是反映企业财务状况、营运水平和发展能力的信息，不仅是企业日常经营管理和财务决策活动中使用的基础数据，也是投资者的投资活动、监管部门的监督活动以及社会公众对企业的评价活动中不可缺少的数据。国内外一系列的会计信息失真丑闻不仅一次次掀起资本市场的轩然大波，而且造成现代市场制度的根基——信任不断被撼动，于是社会各界对于"不做假账""讲求诚信"和"保证企业会计信息质量"的呼声日益强烈，加快治理会计信息失真现象已成为全世界的共识（杨世忠，2008）。① 然而，时至今日，这个问题也没有解决，我国会计学界甚至把会计信息的失真问题列为21世纪会计学的十大难题之一（张文贤，2002）。②

在全世界范围内，随着信息技术的发展，人类社会进入信息化时代。会计行业从20世纪五六十年代开始将信息技术引入会计工作，经过几十年的发展，会计信息化得到极大发展。目前，在财务会计的记录和报告环节，基本实现了自动化；在确认和计量环节，通过采用预制凭证或者自动转账的方法部分地实现了自动化，而且随着物联网、电子商务和政务的发展，会计确认和计量的自动化程度将越来越高。管理会计领域借助Excel等系统软件基本实现了管理会计计算环节的自动化，随着大数据时代的到来，管理会计必将实现其他环节的自动化。可以这样说，现代信息技术已经并将继续促进会计工作创新发展。

在上述背景下，基于REA扩展模型的企业会计信息真实性评估模型拟在现有研究的基础上，充分利用现代信息技术，构建一种具有自主学习和自动适应环境变化的能够相对准确和全面地评价企业会计信息真实性的模型，以促进企业会

---

① 杨世忠：《企业会计信息质量及其评鉴模式》，立信会计出版社2008年版。
② 张文贤：《会计理论创新》，中国财政经济出版社2002年版。

计信息质量不断提高。

1.1.2 研究意义

在市场经济中，企业是资源配置与运用的主体和基础。一方面，社会通过各种手段把资源配置到每一个企业；另一方面，企业运用资源实现自我发展。资源配置始终处于动态之中，市场发挥作用促进资源的配置和运用不断趋于优化，资源从效率低、效益差的部门和企业逐渐流向效率高、效益好的部门和企业。在现代市场经济的环境中，市场的所有参与者，不论是企业内部还是企业外部，所有同企业经济活动有着现实和潜在利害关系的集团和个人，都会密切关注企业经营、投资、理财等行为及其经济后果，以便及时做出利于各自利益的决策。然而，正确合理的决策必须要以信息为基础。具体到一个企业，与正确决策相关的信息则是涉及一个企业的资金、成本、盈利，也就是一个企业在特定日期的财务状况、特定期间的经营成果和现金流量等财务信息。真实的财务信息能使企业的利益相关者准确地了解企业的过去、现在以及预测企业的未来，且有利于各方做出利益最大化的决策，以实现经济资源的最优化配置，达到社会资源在各企业高效运营的目标。真实性缺失的会计信息会诱导投资者做出错误的决策、监管者做出错误的判断，造假者虽能获得一时一己的利益，但终将身败名裂。因此，真实性缺失的会计信息将使企业利益相关方陷入一种负和博弈的可悲局面，最终无法实现社会资源的最优化配置，也不能达到社会资源在各企业的高效运营的目标，是企业和社会经济发展的毒瘤，必须予以根除。

评估就是为了减少做决定时的不确定因素对被评估对象客体的优势或价值进行的系统的调查研究。企业会计信息真实性的评估，既是对企业会计信息生产过程的合规性和协调性的专业化评价，又是对投资者所冒风险的合理计量。其意义不仅在于对企业运行的有效性和合法合规性做出合理的评价，而且有助于对社会的重要风险点与消极作用做出合理判断。在现代化建设进程中企业会计信息真实性的评估是适应时代的需要的，它可以解决许多虚假会计信息带来的社会问题，避免不必要的浪费与不利后果。企业会计真实性评估将在许多新领域发挥更大的作用，如在政府经济调控、征税保险、公司治理、经营决策和投资决策、风险控制、物业管理等。在新的经济与社会环境下，会计信息真实性评估也可以成为资本市场的诊断工具和合规性实务工具。

1.2 研究目标与研究内容

1.2.1 研究目标

基于REA扩展模型的企业会计信息真实性评估模型的研究目标是在系统论、信息论、控制论、评估理论、灰理论、人工智能理论的指导下,兼顾研究数据的可得性,从企业内部审计的视角出发,充分利用现代信息处理技术构建一种企业会计信息真实性的评估模型,有助于内部审计人员提升审计工作的效率和效益,有助于投资者提升对企业会计信息真实性的研判能力,合理选择投资目标,提高投资收益。

1.2.2 研究内容

为了实现上述研究目标,基于REA扩展模型的企业会计信息真实性评估模型拟研究的主要内容为:首先,构建企业会计信息真实性评估的理论框架,从评估目标、评估原则、评估主体及客体、评估依据与方法、评估模型的结构等要素出发阐释企业会计信息真实性评估活动的主要内容和核心逻辑以及对评估质量的重要影响因素;其次,提出基于扩展的REA会计模型(Resource-Event-Agent Accounting Model)的企业会计信息真实性的评估模型,解决业务数据的去伪存真和业务描述形式化问题,同时解决基于企业会计记录的失真因素检测和基于灰理论的会计信息真实性推测问题,从而将企业大数据与会计信息真实性评估技术相结合创建一种新的模式;最后,通过案例研究分析评估模型的使用方法和应用步骤,并论证其对于会计信息真实性评估的积极作用。

1.3 研究思路与研究方法

1.3.1 研究思路

本书坚持继续与发展、理论与实践相结合的原则,通过文献研究、概念建模研究、案例研究等方法,依据系统论、控制论、信息论、会计学理论、企业管理理论、大数据理论、软件工程理论实现研究目标。首先,采用文献研究法,从大量文献中提取能够支持本研究的理论知识，并梳理对比现有研究成果和不足，根据研究现状及其不足提出将要研究的问题并明确可能的创新空间。其次，采用概念建模的方法，设计出企业大数据的清晰降维模型和企业经济业务的语义形式化模型，为计算机自动处理打好基础。采用案例分析的方法展示基于 REA 扩展模型的企业会计信息真实性评估模型的使用方法与效用。具体的研究思路如图 1.1 所示。

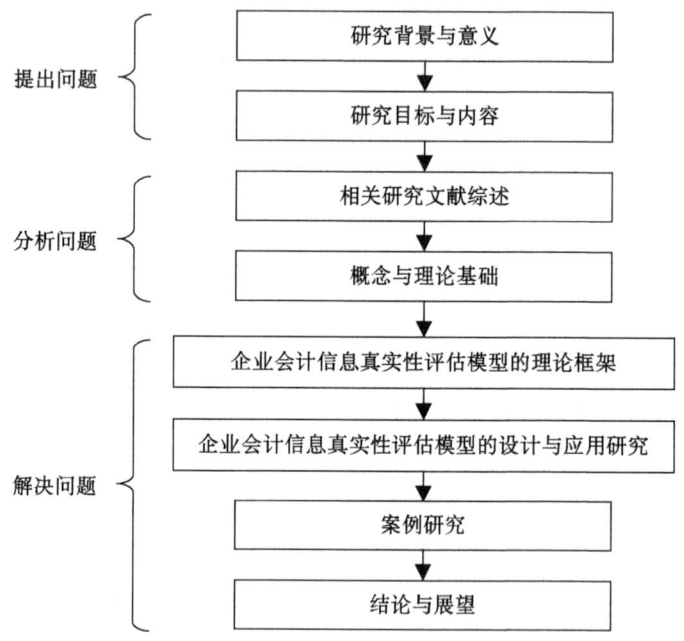

图 1.1　基本 REA 扩展模型的企业会计信息真实性评估模型的研究思路

1.3.2　研究方法

（1）文献研究法。从会计学、评估学、软件工程学、大数据科学、灰理论，以及系统论、信息论和控制论等文献中抽取相关知识点，在现代信息技术基础上构建基于 REA 扩展模型的企业会计信息真实性评估模型的理论框架。

（2）概念建模法。利用信息系统的实体—关系、Zachman 框架等概念建模方法对企业业务进行形式化描述，为构建基于机器自动推理和计算的企业会计信息真实性评价模型提供数理推导基础。

（3）案例分析法。以某企业为调研对象，将设计的模型应用于该企业会计信息真实性的评估之中，从而验证模型的可用性。

1.4 基于 REA 扩展模型的企业会计信息真实性评估模型研究体系

全书共分 7 章,按照提出问题、分析问题和解决问题的总体思路逐步递进。总体上,本书结构分为研究基础、研究主体和研究结论等 3 个部分。第一部分是基于 REA 扩展模型的企业会计信息真实性评估模型研究的引论和基础,在提出问题的基础上全面综述已有研究成果,总结本书的理论基础和方法学基础;第二部分是本书的研究主体,包括理论框架、模型构建和案例分析;第三部分是结论与建议,总结基于 REA 扩展模型的企业会计信息真实性评估模型的研究成果,提出研究结论,针对存在的问题和不足对以后的研究趋向进行展望与建议。具体的章节安排如图 1.2 所示。

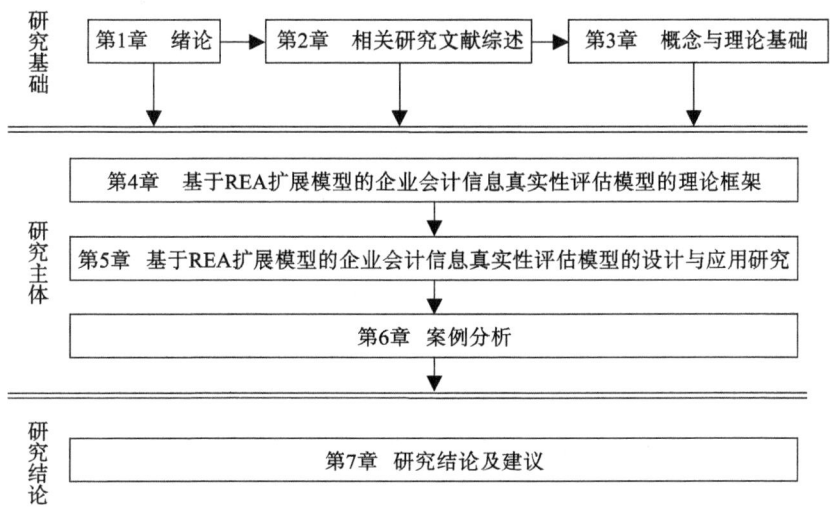

图 1.2 基于 REA 扩展模型的企业会计信息真实性评估模型研究结构

为了实现本研究的目标及创新,按照研究思路,本书的结构安排如下:

"第 1 章 绪论"是基于 REA 扩展模型的企业会计信息真实性评估模型研究的导言和缩影。介绍研究的背景和意义,在文献综述的基础上阐述了基于 REA 扩展模型的企业会计信息真实性评估模型研究的目的和意义,界定研究的对象和内容,提出了研究的思路和创新点,归纳了基于 REA 扩展模型的企业会计信息真实性评估模型的研究方法,介绍了本书的章节安排和逻辑结构。

"第 2 章 相关研究文献综述"是研究的起点。回顾了与基于 REA 扩展模型的企业会计信息真实性评估模型研究相关的各种文献，进一步明确了研究目标和创新点，同时分析了能够支持本书研究的理论知识和方法工具。

"第 3 章 概念与理论基础"是基于 REA 扩展模型的企业会计信息真实性评估模型的研究基础。系统论、控制论、信息论、评估理论和人工智能理论及其方法学都是基于 REA 扩展模型的企业会计信息真实性评估模型的理论和方法学基础，它们也是后文提出企业会计信息真实性评估的理论框架，构建基于 REA 扩展模型的企业会计信息真实性评估模型，以及进行实例分析的前提和基础。

"第 4 章 基于 REA 扩展模型的企业会计信息真实性评估模型的理论框架"是基于 REA 扩展模型的企业会计信息真实性评估模型的核心与关键。这一章首先分析系统论、信息论、控制论、评估理论和人工智能理论对本书研究的支持作用；其次从评估目标与原则、评估主体与客体、评估依据与方法和评估模型的组成结构 4 个视角构建了基于 REA 扩展模型的企业会计信息真实性评估模型的理论框架，为基于 REA 扩展模型的企业会计信息真实性评估模型的构建及使用提供指导。这也是本书的创新所在。

"第 5 章 基于 REA 扩展模型的企业会计信息真实性评估模型的设计与应用研究"形成的会计信息真实性评估模型是本书取得的重要研究成果，依据 EREA 会计模型的基本逻辑和灰推测方法，以企业的主要业务为数据源，建立面向企业整体和分类业务的会计信息真实性评估的基本工具。

"第 6 章 案例分析"展示评估模型的使用方法并论证使用效益。案例研究表明，基于企业大数据的企业会计信息真实性的自动化检测绩效不低于人工检测的绩效，说明采用基于企业大数据的自动化处理模式评估企业会计信息真实性具有可行性。

"第 7 章 研究结论及建议"是全书的总结与概括，对基于 REA 扩展模型的企业会计信息真实性评估模型的研究结论进行系统总结，同时指出该研究局限所在，并提出对未来研究的展望。

1.5 主要创新点

本书的主要创新如下：

第一，构建了基于 REA 扩展模型的企业会计信息真实性评估模型研究的理论框架,丰富了评估理论,为基于 REA 扩展模型的企业会计信息真实性评估模型的建立打下理论基础。系统论、信息论、控制论共同构成了信息社会诸多领域理论研究的基石。依据系统论的基本原理,本书提出企业会计信息真实性评估工作由会计信息使用者、评估主体、评估客体、评估原则和评估方法 5 种要素构成,它们之间具有层次性和互补性的观点;依据信息论的基本原理,提出小概率事件蕴含的信息量大,对真实性评估更有价值,所以应该从日常业务中寻找异常事件,将之用于会计信息真实性的评估之中。依据控制论的基本原理,企业会计信息真实性评估是一项系统工程,涉及对企业会计信息系统的信源、信道的特性进行考察并有效利用高信息含量的异常事件数据进行测评判断;在这个过程中包括企业业务事件信息采集、传输、存储、异常事件的识别、整理、加工和利用、得出评估结论等诸多环节,这些环节组成一个工作量庞大的闭环系统,只有对这些环节加强控制,并充分利用智能系统的功效,才能得出可靠的评估结果。

第二,本书从现代信息技术视角出发研究企业会计信息真实性的评估方法,实现了应用创新。依据会计信息的生成环境和内部审计人员的工作性质,采用大数据的结构化建模技术、业务场景的语义形式化建模技术、企业业务会计记录的智能化异常检测技术以及企业会计信息真实性的灰推测技术实现了面向企业业务的企业会计信息真实性的定量测评。本书从企业内部审计人员的视角出发使用企业业务场景的概念模型对企业经营管理活动中的销售与收款、采购与付款、生产与存货、人力资源与工资、筹资、投资和货币资金 7 种主要事项中的业务规则进行概念建模,分解出了各事项涉及的经济资源、经济事件、参与者 3 类实体以及它们之间具有的存流、双重和控制关系,为计算机从实体—关系的视角识别企业发生的各种业务活动中存在的异常提供了基础。一个会计账户,其实体组件发生的记录异常越多,那么该账户的记录越不可靠,通过累计每个账户涉及的实体记录异常次数,可反映该账户的失真程度。由于存在建模者对企业经营活动认识的局限性等问题,我们难以对企业会计信息系统进行全真的描述,得到的是一种灰色的认识。基于灰理论的默认原理,本书提出从异常的业务记录推测企业会计信息真实性的灰测度模型,通过实地调研,证实了面向企业大数据用机器自动推理的机制开发出评估模型,比采用面向人工分析的方法更具优势。

1.6　本章小结

会计信息的失真问题是一个出现已久但尚未很好解决的问题，大数据时代的到来为解决会计信息失真问题提供了契机。基于REA扩展模型的企业会计信息真实性评估模型研究选择基于信息化环境的企业会计信息真实性的评估为研究对象，将研究目标定位于构建出基于机器自动推理的评估方法，从而提高评估工作的效率，促进企业会计信息质量不断改善。遵循继承与发展的原则，本书将采用文献研究、概念建模研究、案例研究等方法，对企业会计信息真实性的评估方法及模型等问题进行研究。

第 2 章　相关研究文献综述

本章将对基于 REA 扩展模型的企业会计信息真实性评估模型的研究文献进行梳理和总结，以便进一步阐明研究工作的背景、定位和意义，并对 REA 会计模型（Resource – Event – Agent Accounting Model）、大数据、概念建模和灰理论等领域的研究文献进行回顾和评述，为评估模型的建立寻找充分的理论依据和方法论指导。

2.1　关于会计信息真实性评估研究

近年来，国内外发生的一系列会计信息造假案件，已经给资本市场带来严重的信用危机，引起了广泛的关注。国内外学界对会计信息真实性评估的研究体现在以下几个方面。

2.1.1　关于真实性含义研究

对于财务数据的真实性问题，西方多以"可靠性"为提法进行研究，该研究涵盖了对财务数据真实性的内涵和测度方法以及财务欺诈的识别问题等方面。美国财务会计准则委员会（FASB，1980）发布了一系列财务会计概念公告，提出了财务数据（同会计信息）真实性的概念，即"会计信息能合理地避免偏见和错误，并如实地表示其所代表对象的程度"。我国财政部会计信息质量与会计监督检查组（2001）也提出了会计信息真实性的概念为"会计信息的内容与其所反应的客观经济对象或事物之间的一致性"。[①] Maines 等（2006）研究认为会计信息可靠性由 3 种不同的关系组成：一是当期的商业安排、交易及事项构成的

[①] 会计信息质量与会计监督检查编写组：《会计信息质量与会计监督检查》，中国财政经济出版社 2001 年版。

经济构件（Economic Constructs）与未来现金流之间的关系，即经济关系；二是当期经济构件与表示和度量这些经济构件的当期会计信息之间的关系，即会计关系；三是当期会计信息与未来现金流之间的关系，即预测关系。Maines 等强调评价会计信息可靠性不仅要考虑会计关系，还要把握好经济关系和预测关系。①

2.1.2 关于真实性定量计算研究

Iriji 和 Jaedicke（1966）依据数据的真实程度可用多次独立计量得出数据的离散程度来衡量的原理，提出了用均方差代表客观性并以数据的客观性表示可靠性的计量模型：$V = \sum (x_i - x)^2 / n$。式中，V 代表可靠性；n 代表重复计量次数；x_i 代表第 i 次计量值；x 代表真实值或者期望值。② 该模型虽然提供了一种合理的财务数据真实性的度量方法，但它是基于事后评价的模式，不具备预测的功能。我国财政部会计信息质量与会计监督检查组（2001）提出了以会计报表为基本内容，以会计要素为主线，以失真率为基本指标的会计信息评价体系。同样，这些模型都是基于事后评价的模式，不具备预测的功能。师萍（2002）提出了企业会计信息质量的模糊评价模型，该模型通过对企业会计信息的真实、公允、效率、稳定 4 个基本特征进行模糊评价与加权求和计算企业会计信息的总体质量。③ 虽然师萍的研究相对于前两个研究给出了企业会计信息质量的总体度量方法，但同样是事后评价，不具备预测功能，而且由于采用模糊评价增加了评价结果的主观性。聂顺江（2003）提出了分别用会计信息的利用程度系数、有用程度系数和符合程度系数从理论和实践两个层面衡量会计信息质量的观点。孙凡（2004、2005）从会计信息失真为一种不确定性现象的观点出发，在会计环境中抽象出影响会计信息真实性的关键因素，运用不确定性理论对其作用进行度量形成一系列非财务指标，并基于这些非财务指标建立了会计信息真实性的测度模型，该模型虽然具有一定的预测功能，但由于仅使用非财务指标而不涉及微观的财务数据，

---

① Maines LA, Wahlen JM. The Nature of Accounting Information Reliability: Inferences from Archival and Experimental Research [J]. Accounting Horizons, 2006, 20 (4): 399 - 425.
② Iriji Y, Jaedicke RK. Reliability and Objectivity of Accounting Measurement [J]. The Accounting Review, 1966, (July): 476 - 548.
③ 师萍：" 企业会计信息质量评价模式探析"，《西北大学学报（哲学社会科学版）》2002 年第 32 卷第 2 期。

使模型的准确性得不到保障。① Ramayya 等（2005）开发了一种形式化的财务数据可靠性评价方法，这种方法先对会计信息系统进行面向过程的本体建模，然后用本体元模型描述财务数据可靠性的评估需求，并针对本体元模型用一系列的算法帮助审计人员进行决策，他们初步证明了这种方法能够提高审计师的工作效率。②

2.1.3 关于财务欺诈检测研究

Chandar 等（2002）预测并发现可用整个市场中的投资组合的回报测度封闭式共同基金样本公允价值损益的可靠性。③ Palmrose 和 Scholz（2003）、Rosner（2003）的研究表明，财务欺诈公司经常错误地陈述盈余（尤其是收入）的核心构成，会计信息没有真实地反映公司发生的经济业务。Toby 和 Bishop（2001）研究指出，早期的研究认为分析性程序可以发现财务报告项目的显著变化和异常关系，但是随着财务欺诈行为日趋复杂，出现了借助定量决策模型辅助识别财务欺诈的趋势。④ 按照数据来源的不同，财务欺诈检测研究可分为两类：一类是利用公司内部的数据，例如审计师与客户关系、个人及行为特征、内部控制覆盖等；另一类是利用上市公司的公开数据，或者叫外部数据。大多数研究表明，利用内部数据进行财务欺诈检测的做法对于大多数利益相关者是有问题的，因为对于投资者、审计师或者监管者来说，不容易获得企业的内部数据（如：宋新平等，2008；Albrecht 等，2008；Cecchini 等，2010）。近年来基于外部数据的研究如表 2.1 所示，表中列出了作者、出版年份、特征集的简要说明、使用方法、数据集和由此产生的总体分类精度和欺诈行为检出率。我们可以看出，从 Persons（1995）到 Dechow 等（2011），研究跨越了十几年，凸显了持续的财务欺诈检测对于学者和从业者的重要性。这些研究通常采用源于公开财务报告的指标与统计，或基于机器学习的分类方法相结合的措施。

---

① 孙凡在"会计信息真实性的宏观测度研究"和"计算机会计信息真实性的宏观评测研究"中提出了基于灰理论的会计信息真实性的测度模型。
② Ramayya K, James P, Rema P, et al. On Data Reliability Assessment in Accounting Information Systems [J]. Information Systems Research, 2005, 16 (3): 307-326.
③ Chandra ST, William JM, Mohan V, et al. Financial fraud detection using vocal, linguistic and financial cues [J]. Decision Support Systems, 2015, 74 (6): 78-87.
④ Toby J, Bishop F. Auditing for Fraud: Implications of Current Market Trends and Potential Responses [J]. Auditor's Report, 2001, 24 (2): 13-15.

表 2.1　　基于财务报告数据的财务欺诈检出率

研究	基于年度报告的特征集	分类方法	数据集	结果
Persons (1995)	10 种财务分析指标	逻辑回归	200 个完整年度公司：100 个欺诈公司、100 个非欺诈公司	总分类精度：71.5%；欺诈检出率：64.0%
Green 和 Choi (1997)	5 种财务分析指标和 3 种会计核算指标	神经式网络	95 个完整年度公司：46 个欺诈公司、49 个非欺诈公司	总分类精度：71.7%；欺诈检出率：68.4%
Fanning 和 Cogger (1998)	26 种财务分析指标和 36 种会计核算指标	判别分析、逻辑回归、神经式网络	204 个完整年度公司：102 个欺诈公司、102 个非欺诈公司	总分类精度：63.0%；欺诈检出率：66.0%
Summers 和 Sweeney (1998)	6 种财务分析指标	逻辑回归	102 个完整年度公司：51 个欺诈公司、51 个非欺诈公司	总分类精度：59.8%；欺诈检出率：67.8%
Beneish (1999)	8 种财务分析指标	概率单位回归	2 406 个完整年度公司：74 个欺诈公司、2 332 个非欺诈公司	总分类精度：89.5%；欺诈检出率：54.2%
Spathis (2002)	10 种财务分析指标	逻辑回归	76 个完整年度公司：38 个欺诈公司、38 个非欺诈公司	总分类精度：84.2%；欺诈检出率：84.2%
Lin 等 (2003)	6 种财务分析指标和 2 种会计核算指标	逻辑回归、神经式网络	200 个完整年度公司：40 个欺诈公司、160 个非欺诈公司	总分类精度：76.0%；欺诈检出率：35.0%
Kaminski 等 (2004)	21 种财务分析指标	判别分析	158 个完整年度公司：79 个欺诈公司、79 个非欺诈公司	总分类精度：53.8%；欺诈检出率：21.7%
Kirkos 等 (2007)	10 种财务分析指标	贝叶斯网络、决策树、神经式网络	76 个完整年度公司：38 个欺诈公司、38 个非欺诈公司	总分类精度：90.3%；欺诈检出率：91.7%
Gaganis (2009)	7 种财务分析指标	判别分析、逻辑回归、神经式网络支持向量机(SVM)	398 个完整年度公司：199 个欺诈公司、199 个非欺诈公司	总分类精度：87.2%；欺诈检出率：87.8%
Cecchini 等 (2010)	23 个财务分析指标	SVM 用自定义财务内核	3 319 个完整年度公司：132 个欺诈公司、3 187 个非欺诈公司	总分类精度：90.4%；欺诈检出率：80.0%

续表

研究	基于年度报告的特征集	分类方法	数据集	结果
Dikmen 和 Küçükkocaoğlu（2010）	10 种财务分析指标	三相割平面算法	126 个完整年度公司：17 个欺诈公司、109 个非欺诈公司	总分类精度：67.0%；欺诈检出率：81.3%
Dechow 等（2011）	7 种财务分析指标	逻辑回归	79 651 个完整年度公司：293 个欺诈公司、79 358 个非欺诈公司	总分类精度：63.7%；欺诈检出率：68.6%

关于特征集利用，先前的研究一直使用源于年度财务报告的数据。大多数研究使用 8—10 个财务指标，而 Cecchini 等（2010）采用了 23 个基本财务变量自动生成了一系列财务比率当作特征集，分类判断取得了成功。[①] 财务欺诈最常用的分类方法有 Logistic 回归、神经网络和判别分析，在一些新近的研究中也应用决策树、贝叶斯网络和支持向量机（SVM）的方法。从已有研究的情况来看，选取的欺诈公司的数目一般为 38—293 个，大多数研究使用配对方法。[②]

从研究结果来看，Cecchini 等（2010）、Gaganis（2009）、Kirkos 等（2007）和 Spathis（2002）取得了最佳性能值，均获得超过 80% 的欺诈检出率和总分类精度。相对上述研究，其他相关研究得出不同的结果。例如，Beneish（1999）研究中获得总分类精度达到 89.5%，但欺诈检出率仅为 54.2%；Cecchini 等（2010）研究结果最为理想，因为还没有任何一项研究能够达到 70% 以上的欺诈检出率（基于美国公司的样本）。Abbasi 等（2012）开发一个基于机器学习的元模型，该模型一方面把各种方法综合使用，另一方面把情景（Context）信息吸纳到判别工作中，收到了良好的财务欺诈检测效果。

2.1.4 关于会计信息真实性的其他评价方法研究

Brahim 和 Lloyd（2011）研究表明，非财务指标与财务指标之间存在内在联系和协同变化，对其一致性或背离程度的判断可以成为侦测盈余操纵、识别财务数据质量的依据，这似乎为我们打开了一条通道，那就是除了财务数据外，应该

[①] Cecchini M, Aytug H, Koehler G, et al. Detecting Management Fraud in Public Companies [J]. Management Science 2010, 56 (7): 1146 – 1160.

[②] Detecting Financial Fraud Using Data Mining Techniques: A Decade Review from 2004 to 2015. By: Albashrawi, Mousa. Journal of Data Science. 2016, Vol. 14 Issue 3, p553 – 569. 17p.

将非财务数据应用到财务数据真实性的评价研究之中。金岚枫与李志斌（2016）的研究表明，非财务指标（NFMs）和财务指标（FMs）的背离程度与会计信息质量之间存在显著的相关关系。随着大数据时代的到来，很多学者提出了大数据及其分析技术可以提高预测能力的观点（Yoon、Lucas 和 Zhang，2015；Cao、Roman 和 Trevor，2015；Vasarhelyi、Alexander 和 Tuttle，2015）。Chandra 等（2015）指出，当前用于财务欺诈检测的资源不足以实时辨别所有的欺诈行为，他们尝试将公司高管的语言（linguistics）和非语言的声音提示（non - verbal vocal cues）应用到财务欺诈检测工作之中，研究结果表明这些信息可以作为数字化财务信息的有益补充。

2.2　关于 REA 会计模型研究

针对传统会计信息系统不能支持非财务决策的弊端，美国密歇根州立大学会计学教授 McCarthy 在 1982 年提出了一个在共享数据环境下建立会计信息系统的一般框架——REA 会计模型。① REA 会计模型被提出后，引起了会计学术界广泛关注，很多学者加入它的研究行列。到目前为止，REA 会计模型已被联合国电子商务与贸易促进中心（UN/CEFAT）吸收为业务过程建模模型（Bergholtz 等，2003），被对象管理组织（OMG）集成到模型驱动体系结构（MDA）之中（Ellegaard 等，2003）。在 2004 年，REA 会计模型的研究者成立了一个国际 REA 技术工作组，组织和联络世界各地对 REA 会计模型感兴趣的学者讨论和交流 REA 系统的最新实现方法、REA 本体的研发情况和未来的研究方向。本部分将从 REA 会计模型的理论研究、应用研究以及与其他模型的文献研究 3 个方面回顾和总结这一领域的研究成果。

2.2.1　理论研究

1979 年，McCarthy 使用 E - R 方法开发出了会计数据模型。② 这种方法不仅避免了使用 DCA 会计的传统手法（traditional techniques）——如复式记账和规定

---

① McCarthy WE. The REA accounting model: a generalized framework for accounting systems in a shared data environment [J]. Accounting Review, 1982, 57 (3): 554 - 578.

② McCarthy WE. An Entity - Relationship View of Accounting Models [J]. Accounting Review, 1979, 54 (4): 667 - 686.

的科目——表示会计数据的困难，而且很好地包容了多维度量（如价值和非价值属性）、多重计量（如历史成本、现行成本、现值）等事项会计的主张。1981年，McCarthy 撰文认为会计数据的 E-R 建模方法为把"事项法"扩展到传统会计中提供了理论基础。在此基础上，McCarthy 对会计数据的 E-R 建模方法进一步扩展，于 1982 年提出了 REA 会计模型。

REA 会计模型采用语义建模的方法从业务过程视角捕获和表示组织关键的资源、事件和参与者数据，能为财务过程和业务过程的集成进而促进会计信息系统和其他信息系统的集成提供统一的数据模型，非常迎合业务流程再造和信息系统集成的观点，引起了会计信息系统学术界的关注，很多研究者加入研究行列。在 McCarthy 提出 REA 会计模型后，学者 Geerts 等人和 McCarthy 合作，通过增加构件的方式，把 REA 会计模型的结构和概念不断扩展，到目前为止，它的建模粒度向上扩展到企业价值链、向下深入到业务事件，成为一种企业信息体系结构（enterprise information architecture）的概念模型（Geerts 和 McCarthy，1997、1999、2000、2001、2002、2005）。他们的研究成果主要体现在两个方面：一是开发出了支持概念设计的企业 REA 本体（REA ontology）；二是提出了 REA 企业信息系统的三层次体系结构。

2.2.1.1 企业的 REA 本体

Geerts 等依据 John Sowa 的顶级本体[①]种类模型对 REA 会计模型进行分析和扩展（由原来的 8 种组件扩展为 40 多种），提出了一个企业域本体模型，称为 REA 本体。该模型由本体组件、公理和共用组件 3 部分构成，其中本体组件由实体和关系组成，如表 2.2 中的斜体字所示。公理暂时有三条：第一，对每个资源，至少有一个流入事件和流出事件存在，而流入和流出事件必定影响资源。第二，所有使资源流出的事件最终必定要和所有使资源流入的事件配对；反之如此。第三，每个交易既需要一个内部参与者的实例，也需要一个外部参与者的实例（孙凡，2007）。[②]

对企业经济现象的定义则是以微观经济学理论为基础，把本体组件作为基本概念，用公理约束概念使用的方式对诸如经济交易、资源事宜、参与者事宜等部

---

① Sowa J. Knowledge Representation: Logical, Philosophical, and Computational Foundations [M]. Pacific Grove, CA: Brooks / Cole, 1999.

② 孙凡："国外基于本体的信息系统概念建模研究"，《情报学报》2007 年第 26 卷第 3 期。

分现象进行了定义。

表 2.2　　　　　　　　　REA 本体的组成结构

	物质的		抽象的	
	连续的	偶然的	连续的	偶然的
第一范畴 （独立的、一元的）	Ⅰ 经济代理（A） 经济资源（R）	Ⅱ 经济事件（E） 约定（C）	Ⅲ 代理类型（AT） 资源类型（RT）	Ⅳ 事件类型（ET） 约定类型（CT）
第二范畴 （关联的、二元的）	Ⅴ 联系（A-A） 监管（A-R） 连接（R-R）	Ⅵ 存流（E-R） 双重性（E-E） 受托责任（E-A） 执行（C-E） 包括（C-A） 预留（C-R） 交互（C-C）	Ⅶ 类型化 (A-AT) (R-RT) 特性化 (AT-AT) (AT-RT) (RT-RT)	Ⅷ 类型化 (E-ET) (C-CT) 情形化 (ET-RT)、(ET-ET) (ET-AT)、(CT-ET) (CT-AT)、(CT-RT) (CT-CT)
第三范畴 （仲裁的、三元的）	Ⅸ 责任 伙伴 配置	Ⅹ 交易 转换 契约 调度	Ⅺ 分段 政策 替换 补充 配置	Ⅻ 标准化 政策 策略

REA 本体只是初步研究的结果，还存在术语不一致、本体分析不正确和组件不完整的问题，但它的潜在贡献是为企业价值链上所有参与者提出了一个总体上全面而合理的企业信息体系结构，因此将来的研究开发可能基于相对简单的 12 个本体种类分类系统（Lampe，2002；Tegarden 等，2013[①]）展开。

2.2.1.2　REA 企业信息系统的三层次体系结构

使用 REA 本体能为企业信息系统建立三层次体系结构（见图 2.1）。对于每一层次而言，Geerts 等提出用物质类的本体组件描述实际的经济现象，反映企业"是什么"即受托责任（accountability）的问题；用抽象类的本体组件描述这些实际经济现象的抽象特性，反映企业"可能是什么"或"应该是什么"即

---

① Tegarden DP, Schaupp LC, Dull RB. Dentifying Ontological Modifications to the Resource - Event - Agent (REA) Enterprise Ontology Using a Bunge - Wand - Weber Ontological Evaluation [J]. Journal of Information Systems. 2013, 27 (1): 105 - 128.

策略（policy）的问题。Geerts 等将用 REA 本体构建的企业信息系统称为 REA 企业信息系统。①

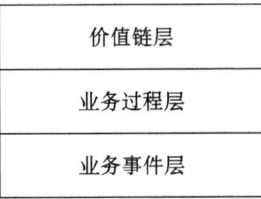

图 2.1　REA 企业信息系统的三层次体系结构

除了 Geerts 和 McCarthy 外，国外学者的研究包括：霍兰德（2009）详细地研究了用 REA 会计模型为业务过程建模的问题；学者 O'Leary（2004）研究了 REA 会计模型和 SAP 参考模型的关系，并指出 REA 会计模型能为 ERP 的参考模型提供理论基础；Kim 和 Rod（2007）研究指出，通过扩展 REA 会计模型使其包括对企业战略管理活动的描述，能够将传统的财务会计指标与非财务的平衡计分卡指标相融合，并对企业的业务活动进行全面描述；Kim 和 Rod（2008）提出了基于 REA 本体的仿真模型帮助企业进行战略规划，将 REA 的建模范围从企业价值链层扩展到战略规划层面②；Frederi 等（2008）基于统一建模语言（UML）的图形表示方法提出了一个新的 REA 本体规范，这种新规范容易转化为便于自动处理的机器可读语言。国内学者杨周南等（2001）研究认为，REA 会计模型在描述会计信息系统需求方面有其独特的价值：能辅助我们将业务事件和决策事件与信息过程相区别，思考组织中关键的业务和决策活动，并确定各个活动的重要性和价值。

国内学者黄微平（2005）从另一个方面研究了 REA 会计模型。他认为 REA 会计模型的许多理论与实际问题还比较模糊。因为信息系统的构造以模型为基础，按照不同的需要从不同的视角为信息系统建模会得到不同的模型，而 REA 会计模型恰恰只是一种数据模型，数据模型只是从数据结构这个侧面反映系统，并不能从功能和结构等非数据方面解释系统，无法说明会计信息系统的基本原理、规则以及具体处理方法，所以称 REA 为信息系统模型或业务过程模型，尤

---

① Geerts GL, McCarthy WE. An ontological analysis of the economic primitives of the extended – REA enterprise information architecture [J]. International Journal of Accounting Information Systems, 2002, 3 (1): 1–16.

② Kim C, Rod S. REA Ontology – Based Simulation Models for Enterprise Strategic Planning [J]. Journal of Information Systems. 2008, 22 (2): 301–329.

其是称为会计模型是否妥当，就很值得人们商榷。

在 REA 会计模型的理论研究方面，一些比较重要的文献如表 2.3 所示。

表 2.3　　　　　　　　REA 会计模型研究的重要理论文献

文献	主题	意义
McCarthy（1979、1981）	对会计数据的实体和关系建模	使用语义建模方法设计会计信息系统的工作语言（SEQUEL）
McCarthy（1982）	REA 会计模型	为经济交易创建了一种业务模式，这种模式未使用传统的复式记录方法，但能和惯用的会计程序相适应，是一个数据库导向的会计系统的工作原型
Geerts 等（1997、1999）	将交易模式抽象至业务过程和企业价值链	在企业范围内跟踪经济活动数据和业务过程的规范模型
Hollander（1997）	对会计信息系统的业务过程建模	将 REA 会计模型定位为现代会计信息系统的概念模型
Dunn 等（1997）	对数据库导向、面向语义和结构导向的定义	为区别不同类型的会计系统建立了标准
O'Leary（2004）	研究 REA 会计模型和 SAP 参考模型的关系	提出 REA 会计模型能为 ERP 的参考模型建立理论基础
Geerts 等（2000、2002、2005）	用"类型"和"承诺"对 REA 会计模型进行本体上的扩展	扩展了 REA 会计模型的原语，把新的实体（类型、承诺和交易）和关系（联系、监管、预留、执行和交互）包含进来，将 REA 会计模型应用于成本与战略管理
Kim 和 Rod（2007、2008），Tegarden 等（2013）	REA 会计模型的扩展应用和 REA 本体的特性考察	测试了 REA 本体的全面性、准确性等
杨周南（2001）	现代会计信息系统分析和设计问题	对会计信息系统的业务过程建模
孙凡（2007）	基于 REA 本体的信息系统概念建模	REA 本体模型的应用前景及局限
黄微平（2005）	关于会计信息系统模式的思考	REA 会计模型的局限性

除了模型的扩展研究外，理论方面还有一个重要的研究方向，即 REA 会计模型与其他业务模型的文献研究。国内学者主要采用规范研究的方法，对 REA

会计和借贷会计（DCA）以及事项和数据库会计进行了文献研究。如，毛元青等（2006）对 REA 会计和 DCA 会计进行了文献研究，认为 REA 会计模型能够充分保证信息数据的完备性，实现财务信息和业务信息的集成，但它还非常模糊，并不成熟。DCA 会计虽然具有信息采集单一、数据高度汇总、信息存储冗余、不一致等缺点，但它有雄厚的会计理论基础和非常成熟的会计准则体系。REA 会计和 DCA 会计之间的角力将是一个漫长的过程。蒋楠（2007）对事项会计、数据库会计与 REA 会计进行文献研究，认为三者存在着密切的联系。事项会计是后两者发展的理论基础，而数据库会计的发展不仅为事项会计思想的实施提供了技术上的支持，也为 REA 会计的进一步发展奠定了基础。REA 会计模型是事项法思想实施过程中不可或缺的一部分，是对事项会计理论的发展和应用，是对数据库会计的一种改进。作为今后几十年会计信息系统（AIS）的发展方向，IT 技术的发展为以 REA 模式开发信息系统的必要性和可行性准备了充分的条件。

虽然 REA 会计还有许多亟待改进的地方，但随着网络技术与数据库技术的逐步发展与成熟，这将逐步得到解决。届时，整个经济社会将变成一个巨大的价值网络，全维度的 REA 会计必然登上历史舞台，而 REA 会计也必将成为未来 AIS 系统和企业信息系统设计、应用的主流形式。

国外学者主要采用实证研究的方法对 REA 会计模型与 DCA 及多维会计模型进行了文献研究。例如，Dunn 和 Grabski（2000）通过实验室实验检验了 REA 会计模型的语义质量高于 DCA 会计模型的断言。这个断言最早是由 McCarthy（1982）提出的。他们以 REA 会计模型的语义导向为出发点，即其抽象程度低于 DCA 会计模型，形成研究假设，通过为受试者（Subjects）提供概念模型（REA 的 ER 图和 DCA 的科目一览表）、会计系统的实施替代品（REA 系统的关系数据库逻辑模型和 DCA 系统的样本日记账及分类账）和一些源文档（销售发票、购货订单）的方式，进行了两种会计模型语义质量的文献研究。研究结果表明，在认知适当性和用户的会计知识受控的条件下，REA 会计模型的语义质量高于 DCA 会计模型。在 Dunn 和 Grabski（2001）的另一项研究中，从 REA 会计模型的结构导向特点出发形成研究假设，按照与前一研究相同的实验室实验的方法，对 REA 和 DCA 会计模型的用户信息检索绩效进行了比较。研究结果表明，因为 REA 会计模型具有面向结构的特性，所以能把相关信息更好地联系在一起，使用户使用 REA 会计模型比使用 DCA 会计模型的信息检索任务完成得更好。Akoka 和 Commyn-Wattiau（2004）比较了 REA 会计模型和 DREAM 模型（一个用于开发多维会计信息系统的面向对象的模型),他们发现 DREAM 模型的语义表达较强,但 REA 会计模型更简单。总体来看,国外学者的这些实证研究都是从 REA 会计模型的数据库导向、语义导向或结构导向特征出发开发研究假设,选取大学生作为样本,通过实验室实验的研究方法,对假设进行检验。另外,这些实证研究都把用户特征作为控制变量,没有考虑用户差异对比较结果的影响。

2.2.2 应用研究

McCarthy 在 1982 年提出 REA 会计模型后,即对其进行了一些初步的应用研究。Gal 和 McCarthy(1983)首次在 CODASYL 数据库系统尝试应用 REA 会计模型。1986 年,他们在关系数据库系统中尝试应用 REA 会计模型。Denna 和 McCarthy(1987)于 1987 年用 SQL 系统对 REA 会计模型做了类似的研究。

20 世纪 90 年代,REA 会计模型在美国会计实务界受到相当关注。[①] 1993 年,普华永道会计师事务所对 REA 会计模型进行了一定折中后建立了 Geneva 系统(该系统在大型数据库中迅速获取数据);同年,IBM 公司利用 REA 会计模型原理开发了 IBM 工资系统(Cherrington 等,1993)。1994 年,Denna 和 Jasperson 将 REA 会计模型应用到捕鱼、钢铁和石油生产领域中;同年,Grasbki 和 Marsh 利用 REA 会计模型和作业成本法整合会计和生产信息系统取得成功。1995 年,David 对 8 个造纸厂和纸浆厂通过实地考察,对 REA 会计模型和复式记账会计进行比较,发现在行政管理和生产率提高方面,REA 会计模型比后者具有明显优势。1999 年,Rockwell 和 McCarthy 把人工智能原理和 REA 会计模型结合起来,开发出了诸如 REACH 和 CREASY 等基于模式驱动的概念建模工具。直到 2000 年 Geerts 和 McCarthy 在 CREASY 系统环境下进行了知识管理的应用研究。Tod 和 Richard(2008)尝试将语义 Web 技术的机器处理功能和 REA 本体相结合对复杂的企业伙伴现象进行建模,并使用 Web 本体语言(OWL)和语义 Web 规则语言(SWRL)成功地为分布式电子商务伙伴建模了 REA 策略。[②] 在 REA 会计模型的应用研究方面,比较重要的一些文献如表 2.4 所示。

---

① 孙凡:《会计模型使用质量的实验比较研究》,经济科学出版社 2009 年版。
② Tod S, Richard IN. Automating REA Policy Level Specifications with Semantic Web Technologies [J]. Journal of Information Systems, 2008, 22 (2): 249 – 277.

表 2.4　　　　　　　REA 会计模型应用研究的重要文献

文献	主题	意义
Gal 等（1983）	网络数据库的实现	一个数据库导向的会计系统的工作原型
Gal 等（1986）	关系数据库的实现	一个关系语言的工作原型
Denna 等（1987）	决策支持系统	按照特定管理人员的决策需求个性化 REA 数据库
Cherrington 等（1993）	事项驱动的业务方案	REA 会计模型在生产中的应用
Denna 等（1994）	对转变类型的生产过程建模	REA 会计模型的扩展应用
Grasbki 等（1994）	会计和生产信息系统的集成	通过将 REA 和作业成本法联系起来，使会计和生产信息系统结合在一起
David（1995）	REA 会计信息系统的生产率和竞争力分析	通过调查研究的方式，证明在行政管理和生产率提高方面，REA 比 DCA 有明显优势
Rockwell 等（1999）	会计数据库设计的 CASE 工具	使用 REA 会计模型进行视图建模、视图集成和视图实现
Geerts 等（2000）	在 CREASY 系统环境下进行知识管理	定义 full-REA 模型并把语义框架从设计扩展到实现
Tod 等（2008）	REA 在企业战略规划中的应用	基于 REA 进行自动推理

2.3　关于大数据研究

2008 年，英国的"nature"杂志开辟专刊，刊登有关大数据科学的系列文章，开启了学术界对大数据进行研究的先河。大数据提出以来，社会各界的关注与日俱增，探讨的话题集中但不限于以下几个方面：首先，大数据的概念和内涵（包括大数据的定义及其特征）；其次，大数据对社会经济发展可能带来的机遇与挑战；再次，大数据在应用中涉及的关键技术；最后，大数据发展中的应对策略。上述探讨不仅在学术界激起广大学者对大数据的研究兴趣，也推动大数据在金融、会计、营销、教育、交通、医疗和公共服务等各领域的应用。

2.3.1　大数据内涵研究

要先搞清楚大数据是什么，才能有效地利用大数据，因此关于大数据内涵的研究首当其冲。"数据仓库之父"Bill Inmon 从 20 世纪 90 年代开始关注海量数据

（王新才等，2013）。① 2008 年，"nature"杂志推出专刊 Big data: Science in the petabyte era，首次提出"大数据"（Big Data）的概念，Felice 等（2008）将"大数据"定义为"埋藏着新的科学线索的庞大数据洪流"。Manish 等（2012）提出，"大数据"是指来源于多种渠道的、具有多种形式的、实时的，并需要专业化的软件工具和分析专家去收集、处理和管理的数据集合。维基百科（Wikipedia）将"大数据"定义为"无法在一定时间内用常规软件工具对其内容进行抓取、管理和处理的数据集合"。② 那么，大数据相对于普遍的数据集具有哪些特征呢？2008 年，3 位信息领域资深科学家（Bryant、Katz 和 Lazowska）联合业界组织计算社区联盟发表了非常有影响力的白皮书《大数据计算：商务、科学和社会领域的革命性突破》（Big-data computing: Creating revolutionary breakthroughs in commerce, science, and society），认为大数据需满足 3 个特点：规模性（volume）、多样性（variety）和高速性（velocity）。Goes（2014）撰文认为大数据应具有 4 个特性：规模性（volume）、多样性（variety）、高速性（velocity）和真伪难辨性（veracity），他特别强调精确的（真实有效的）数据才能构成大数据。Jagadish 等（2014）提出虽然规模性、多样性和高速性对于大数据而言非常重要，但真实性（veracity）、隐私性（privacy）和可用性（usability）也是大数据应该具备的属性。Georgedeng 等（2014）撰文指出"大数据"中的"大"不仅仅是指数据集的规模，更是指数据集的"聪明"（smart），也就是它能帮人类获得洞察力的能力，而这些都是由大数据的细粒度特性（fine-grained nature）提供保障的。McAfee 等（2012）认为大数据独特性来自于当今数据的广泛使用与更便宜的数据访问和存储价格。

从文献情况来看，国内研究者对"大数据"内涵的探讨始于 2011 年，涂兰敬（2011）在"'大数据'与'海量数据'的区别"一文中介绍了"大数据"的两个定义，其中之一是"大数据"是"'海量数据'+复杂类型的数据"，另一个定义是"大数据"意味着通过更快获取信息来使做事情的方式变得与众不同，并因此实现突破。李国杰等（2012）认为"大数据"是指无法在可容忍的时间内用传统 IT 技术和软硬件工具对其进行感知、获取、管理和服务的数据集

---

① 王新才、丁家友："大数据知识图谱：概念、特征、应用与影响"，《情报科学》2013 年第 31 卷第 9 期。

② 详见 http://www.Wikipedia.com。

合。陈如明（2012）提出了"大数据"的特征：量大（Volume Big）、多样化（Variable Type）、快速化（Velocity Fast）、价值高和密度低（Value High and Low Density）。郭自宽等（2013）认为，"大数据"就是能从各种结构化、半结构化和非结构化数据中，快速获取有价值信息的能力。俞立平（2013）认为，"大数据"是工业传感器、互联网、移动数码等固定和移动设备产生的结构化数据、半结构化数据与非结构化数据的总和，"大数据"重在实时的处理与应用，以获得需要的信息和知识，从而实现商业价值以及为公共管理服务。王元卓等（2013）提出了"网络大数据"的概念，认为"网络大数据"是指人、机、物三元世界在网络空间中交互、融合产生，并在互联网上可获得的"大数据"。"网络大数据"的规模和复杂度的增加超出了硬件能力增长的摩尔定律，给现有的 IT 架构以及机器处理和计算能力带来了极大挑战。同时，也为人们深度挖掘和充分利用"网络大数据"的大价值带来了巨大机遇。孟小峰等（2013）研究认为，大数据时代的数据存在着如下几个特点：多源异构、分布广泛、动态增长、先有数据后有模式，然而在大数据定义问题上很难达成一个完全的共识，在面对实际问题时，不必过度地拘泥于具体的定义之中。李清泉等（2014）又提出了大数据的 5V 特征，即 Volume（体量大）、Velocity（速度快）、Variety（模态多样）、Veracity（真伪难辨）、Value（价值）。何非等（2014）研究认为，所谓数据"大的程度"，是指数据关联"复杂度 × 价值尺度 × 发掘难度"。杨善林与周开乐（2015）认为，"大数据"的不同定义主要基于"大数据"的技术特征、处理方法和应用价值等视角，如果从管理视角来看，"大数据"是一类能够反映物质世界和精神世界运动状态和状态变化的信息资源，它具有复杂性、决策有用性、高速增长性、价值稀疏性和可重复开采性，一般具有多种潜在价值。

2.3.2 大数据功用研究

"*Nature*"杂志在"*Big Data*"专刊中指出，大数据技术的到来将引起一次社会变革，无论是政府治理、企业决策，还是个人生活，都将产生巨大而深远的影响（Frankel 等，2008）。[①] "*Science*"杂志在关于数据处理的"*Dealing with data*"专刊中指出，大数据带来的机遇和挑战是前所未有的，如果能够有效地组织和使

[①] Frankel F, Reid R. Big data: Distilling meaning from data [J]. Nature, 2008, 7209 (455): 30.

用这些数据，将会发挥科学技术对社会发展的巨大推动作用（Science Staff, 2011）。① 全球知名的咨询公司麦肯锡（McKinsey）2011年6月也发布了一份关于大数据的研究报告——《大数据：创新、竞争和生产力的下一个前沿领域》（Big data: The next frontier for innovation, competition, and productivity）。报告指出，作为重要的生产要素，大数据已悄然来临，新一轮生产率的增长和消费者盈余浪潮将来自于对大数据的挖掘和利用（James等，2011）。

2.3.2.1 大数据与新科学思维

Gobble（2013）指出，大数据正在通过改变人们看待世界的方式和内容，重塑从政府管理和国际发展到基础科学研究的所有事情。俞立平（2013）认为，大数据给经济学带来了如下影响：①大数据研究对象变成了总体；②大数据不需要基于假设检验的研究；③大数据使得因果关系变得不太重要；④大数据促使经济学研究工具和手段发生了变化；⑤大数据彻底改变了传统的统计调查方式。李金昌（2014）研究认为，大数据正在改变着人们的行为与思维，统计思维需要发生3个方面的改变，即要改变认识数据的思维、收集数据的思维和分析数据的思维，其中数据分析思维又要在统计分析过程、实证分析思路、推断分析逻辑等方面发生变化，同时统计分析评价的标准也要有所调整。黄欣荣（2014）认为，大数据使科学从仅追求因果性走向了重视相关性；通过"让数据发声"提出了"科学始于数据"的知识生产新模式，增添了科学发现的逻辑新通道；通过数据规律补充了因果规律，拓宽了科学规律的范围。Schoenherr和Speier – Pero（2015）研究认为，大数据时代的到来使数据科学的研究提到日程上，传统的基于经验驱动的工作将改变为数据驱动下的新型工作模式。② 杜元伟与杨娜（2016）分析了利用大数据之间的关联性进行分布式决策的可行性，提出了大数据环境下双层分布式融合决策方法。

2.3.2.2 大数据与新业态

徐子沛（2012）认为，数据是当今时代最重要的资源，公民之间的平等将建立在数据充分开放的基础上，而且是原始数据的开放和流动，中间没有层级的过滤。数据的开放和流动，不仅意味着知识的开放和流动，而且代表权力的开放和

---

① Science Staff. Introduction: Challenges and Opportunities [J]. Science, 2011, 2: 692 – 693.
② Schoenherr T, Speier – Pero C. Data Science, Predictive Analytics, and Big Data in Supply Chain Management: Current State and Future Potential [J]. Journal of Business Logistics. 2015, 36 (1): 120 – 132.

流动。① Waller 等（2013）研究认为，大数据、数据科学和预测分析将给供应链管理带来革命性的变革。冯芷艳等（2013）提出，大数据作为继云计算、物联网之后信息技术（IT）产业又一次颠覆性的技术变革，必将对现代企业的管理运作理念、组织业务流程、市场营销决策以及消费者行为模式等产生巨大影响，使企业商务管理决策越来越依赖于数据分析而非传统的经验与直觉判断。王向东等（2014）研究认为，随着大数据时代的来临，我国现行税收的"管事制"模式受到严峻挑战，逐渐陷入困境，面临转型压力。与此同时，大数据技术也展现出新的生机与活力，为管理数据既提供了强大的技术手段，也提供了数据管理的新方法和新模式，为税收征管模式转型带来新机遇。税务部门应以大数据技术应用为契机，积极推进我国税收征管模式二次转型，逐步实现征管模式由"管事制"向"管数制"的转变。Milliken（2015）和 Schlegel（2015）研究认为，基于大数据的预测分析将被高度应用于供应链的管理工作中，促进供应链管理向全球化、实时化和智能化方向发展。应璇与孙济庆（2016）提出了基于大数据的精细化知识服务模型，可依据用户需求，全面、快速、准确地发现数据中隐含的知识，按需求维度展示并提供服务，这种知识服务业将是科技应用发展的趋势。

2.3.3　大数据在财务、会计和审计中的应用研究

Kurt 与 Rita（2013）撰文指出，大数据将在财务工作中起到如下作用：①大数据提高了财务信息的透明度和使用频率，释放出更大的价值；②随着数据的急剧增加，组织拥有了从产品库存到职工病假的所有事情的更准确、详细的绩效信息，这些额外的数据能够显露出需要注意的问题，使用数据收集和分析进行对照实验可以帮助企业管理层做出更好的管理决策，而对于企业治理层来说利用大数据可以将低频次的预测转变为高频次的预测，以便及时地调整其经营杠杆；③大数据允许不断地细分客户，因此可以更精确地定制产品或服务；④精致的数据分析可以极大地改善企业决策；⑤大数据可以用来改善下一代产品和服务。② Hagel（2013）认为，尽管许多组织认识到了大数据的利用价值，但一直没能充分挖掘商业智能的潜力——一个良好的组织、一名优秀的财务人员应该承担商业智能分

---

① 徐子沛：《大数据：正在到来的数据革命》，广西师范大学出版社 2012 年版。
② Kurt F, Rita G. Big Data: Implications for Financial Managers [J]. Journal of Corporate Accounting and Finance (Wiley). 2013, 24 (5): 23-30.

析的角色。他同时指出，今天财务人员不必为学习商业智能而烦恼，因为商业智能的工具取得了重大的进展，这些工具界面友好，不需要信息技术知识的帮助就能获取相关信息，财务人员完全可以自行操作，这是过去10年发生的巨大改变。Liu 与 Vasarhelyi（2014）撰文指出，鉴于会计的目标是为经济决策者提供有用的信息，众多的会计研究工作一直致力于应用分析方法处理业务数据以帮助内外部的利益相关者做出各种各样的经济决策。数据分析技术在会计中的应用遍及各个会计分支：管理会计、财务会计和审计。传统的数据分析方法包括财务比率分析、统计分析、线性与非线性规划、概率理论和决策理论。在新兴的大数据环境下，传统的数据分析技术不足以解决问题，因此现代数据评估技术，如数据挖掘和文本挖掘逐渐被采用。这些现代数据分析技术不仅可以提高预测结果的准确性，而且可以扩展分析范围包括结构化数据（例如数字财务信息）和非结构化数据（例如文本资料）。这种范围的扩展能使会计师拥有新的信息来源，如报纸和社交媒体上的"帖子"，在分析过程中，能使决策者更全面深入地了解企业的财务状况。数据分析技术也给审计人员带来更大的挑战。比如，随着业务信息的数字化，现代数据分析技术使审计师可以分析交易数据的总体，使一些传统的审计程序（例如抽样）过时。然而，在当今的大数据环境中，应用复杂的数据分析大量的异常交易，仍然需要实质性的调查。[①] 为了控制审计成本和时间，一些学者一直按照事情的轻重缓急对异常交易行为进行研究（Issa，2013）。[②] Kim 与 Kogan（2014）提出了一个多步骤财务欺诈识别模型，通过在各种层次上筛选交易，产生一个可管理的、待调查的事件数目。Bhimani 与 Willcocks（2014）指出，今天组织收集、存储、创建和管理的大多数数据是非结构化的，不能很容易地检索或解释。[③]

Mayer – Schonberger 与 Cukier（2013）研究指出，现在以过去不可能有的方式利用非结构化数据，为公司提供一种实现新的商业智能、更明智的战略和更快的服务速度的途径。秦荣生（2014）认为，大数据、云计算技术可以促进持续审计方式的发展、总体审计模式的应用、审计成果的综合应用、相关关系证据的应

[①] Liu Q, Vasarhelyi MA. Big Questions in AIS Research: Measurement, Information Processing, Data Analysis, and Reporting [J]. Journal of Information Systems, 2014, 28（1）: 1 – 17.

[②] Issa, H A. Exceptional Exceptions [D]. The State University of New Jersey. 2013.

[③] Bhimani A, Willcocks L. Digitisation, "Big Data" and the transformation of accounting information [J]. Accounting and Business Research, 2014, 44（4）: 469 – 490.

用、高效数据审计的发展和大数据审计师的发展。Michael 与 Miklos（2014）研究认为，如果审计人员要成功地把大数据整合到他们的审计实务中，并利用大数据具有的不容置疑的优势更精准地分析客户与日俱增的数据，那么他们需要将大数据作为实现目的的手段，而不是目的本身。因为当今许多审计实践形成于数据访问非常昂贵的时代，所以产生了限制审计师需要收集和测试的数据量的实务，如抽样和利用分析性程序指导细节分析的活动。如果审计做法是可以改变的，不考虑获取、利用的数据在可用性和分析方面的成本效益水平，那么审计师将获得更好地识别例外和异常的能力，这来自于对预期行为更详细的了解能力——也就是基于更多的观测结果和相应的情景信息。① Kogan 与 Alles（2014）认为基于大数据量和详细缜密的数据分析的审计将促使审计实务的顺序发生改变。审计师不再需要高水平的分析性程序限制细节测试的数据，相反，要首先对每一个实例的细节进行监控，然后利用分析性程序基于对行为变异的理解以获取更多的发现。尽管连续监测会产生超高的例外检测结果，但发现异常情况还需要有效的行为模式提供分析所需的上下文情景。如果没有这个，即使有实时的观察结果，审计员也不如目击者容易确定观察结果反映的内容。当审计人员不太被数据限制时，他们没有必要使用汇总数据和限制自己使用分析性程序；审计人员甚至可以针对每一个细节开展自动测试，以发现例外管制中的每一个实例，控制审计风险，从而转向分析性程序挖掘可能的异常，这样做的关键在于有一个适当的行为模型对正常行为进行定义，而这可能需要对大数据进行重新思考。② 作为对以数量为焦点的大数据论点的回应，Wang（2014）提出了"厚数据"（Thick Data）的概念，它原指人类统计学上使用的一种能够揭示大数据可视化和分析意义的方法。但是，Cassidy（2014）指出，"厚数据"仅仅是一种想法。一味地依靠数字是不够的；只有像人类考虑情感之类事情一样，去真正理解数据，但是人类情感很少是数据驱动的。如果让机器代替人类"真正"理解大数据的创造性工作，在处理体量巨大的数据过程中融入人类情感因素，那么大数据的"功效"与"魅力"才能最终体现出来。审计师应考虑通过添加"厚数据"提供的上下文可改善大

---

① Michael A, Miklos AV. Thick data: adding context to big data to enhance auditability [J]. International Journal of Auditing Technology, 2014（2）: 95 – 108.

② Cassidy M. Big data is yielding to thick data and that's a good thing, Bloomreach, [online] http://bloomreach.com/2014/05/big – data – is – yielding – to – thick – data – and – thats – agood – thing/ (accessed 10/5/2014).

数据的说法，事实上，在这方面审计师处在一个很好的位置，因为审计标准明确要求他们看到分析对象更宽阔的背景，那就是"高层的基调"（tone at the top），正如审计委员会在 COSO 框架中首次推出这个概念时所说的那样"由高管设定的基调——在财务报告中出现的公司环境与文化——是影响财务报告过程完整性最重要的因素"。Bruinsma 和 Wemmenhove（2009）发出警告："高层基调不仅复杂，而且几乎是外部审计师看不到的；基调将是一个有价值的补充，不仅为财务审计，同时也为 IT 审计师（或内部外部）。"高层基调很可能是复杂的、难以衡量的，但"厚数据"工具的开发肯定会提供给审计师一个更好地测度高层基调的方法。由于大数据覆盖公司各个视角和方方面面，审计师必须扩大基调研究的范围，包括所有那些会影响管理行为及其做账和报告的激励与动机的"音调"。此外，"厚数据"有助于确认那些会对业务产生影响的个人之间的关系，这是在确定串通舞弊时缺失的关键环节。当应用到审计领域时，"厚数据"是指一种添加上下文来增强定量分析的手段，特别是通过使用高层基调分析这层介质，将"厚数据"的方法并入审计实践中。[①] 郑伟等（2016）研究认为，大数据环境下，数据式审计模式发生了变革：首先数据采集变得多样，其次更加重视数据质量检查和数据处理，再次数据分析方法更加深入，最后审计程序进一步优化。无论是理论研究还是应用研究，都应该充分重视数据式审计模式的变化，取得与时俱进的成果。

2.4 关于概念建模研究

早在 20 世纪 60 年代人们就意识到了信息系统概念建模的重要性，21 世纪初西方学者 Wand 和 Weber（2002）提出应将其作为一门独立的学科进行研究并提出了一个研究框架。[②] 按照学者 Moody（2005）的观点，信息系统概念建模学科属于需求工程和软件工程的子学科。从文献情况来看，国外学者从 20 世纪 90 年代起就开始对信息系统概念建模进行了研究，截至目前，他们采用规范研究和实证研究相结合的方法，已取得了不少的成绩，但也存在明显的不足。成绩在于确定了一个信息系统概念建模的研究框架，分别给出了信息系统概念建模的方法、

---

① Bruinsma C, Wemmenhove P. Tone at the top is vital [J]. ISACA Journal, 2009, 3 (10): 1-4.
② 孙凡："国外基于本体的信息系统概念建模研究"，《情报学报》2007 年第 26 卷第 3 期。

绩效评价的方法和概念模型质量评价的方法。不足之处在于大量研究集中于语法建模和质量评估方面,没有充分考虑人类的认知心理和认知特征对信息系统概念建模所提的要求和所起的作用(Mylopoulos,1992;Veryard,1992;Zamperoni 等,1993;Simsion,1994;Moody 等,1994)。就笔者的经验,国内学者对信息系统概念建模的研究才刚刚开始,研究内容集中在两个方面:一是概念建模方法的应用研究,二是对国外的跟踪研究(华玉光等,2008;廖开际等,2006;何晓晔等,2006;孙凡,2008)。

2.4.1 对信息系统概念建模的含义及范畴的研究

在已有研究中,国外学者对信息系统概念建模的含义主要有以下几种解释。最早如 Mylopoulos(1992)所言,"概念建模是一项为理解和沟通的目的而形式化地描述我们周围的客观世界的某些方面的活动"。Kilov 与 Ross(1994)将概念建模定义为"一种创建可理解的、雅致的关于企业业务规则的说明的过程"。Wand 和 Weber(2002)指出"在信息系统领域,概念建模任务是对所选择的某些领域现象构造一种表示"。学者 Moody(2005)将概念建模定义为"是为达到相关人员之间理解和沟通的目的而形式化地建立问题域文档的过程",他还认为"信息系统概念建模应当属于需求工程和软件工程的子学科"。

2.4.2 对信息系统概念建模方法的研究

从国外的研究情况来看,早期的概念建模研究注重于开发新的建模方法。为了对企业信息系统的功能、结构、运作模式等范畴有个统一的理解,Zachman 综合考虑不同角色的不同观点,提出了一个多视角、多维度的企业体系结构概念建模框架,该框架用一个矩阵表示,其中"行"代表不同的关注点,"列"代表不同的信息维度,[①] 如表 2.5 所示。

行代表系统开发过程中的不同参与者的关注点,而列代表开发过程的不同方面。每行代表的关注点是:第一行为目标/范围(企业拥有者的关注点),它定义了企业的方向和经营宗旨;第二行为企业模式(企业管理者的关注点),用业务术语定义业务的本质,包括结构、过程、组织等;第三行为基本概念模型(信

---

① Zachman J. The Zachman Framework for Enterprise Axchitecture [EB/OL]. http://zifa.com [2017 - 2 - 21].

息系统架构者的关注点），以更严格的术语定义了企业业务；第四行为技术模型（信息系统设计者的关注点），描述了如何利用技术解决以上行中确定的信息处理需求的问题，诸如，面向对象的数据库或关系数据库的选择、语言的选择和程序结构定义、用户界面描述等；第五行为详细展现（信息系统建造者的关注点），信息系统建造者看到的是语言的细节，数据库存储说明、网络等。

表 2.5　　　　　　　　　　Zachman 企业体系结构框架

	数据（是什么）	活动（怎样做）	位置（在哪儿）	人与组织（谁）	时间（何时）	动机（为什么）
目标/范围（企业所有者的关注点）	列出对于企业来说重要的事情	列出业务执行的流程	列出与业务运营有关的地域分布要求	列出对业务重要的组织部门	列出对业务重要的事件及时间周期	列出企业目标、战略
企业模式（企业管理者的关注点）	分散的数据模型	业务流程模型（物理数据流程图）	行政办公保障网络	组织结构图	状态/转变图、业务主进度表	业务策略、技巧、规则
基本概念模型（信息系统架构者的关注点）	聚合的数据关系模型	关键数据流程图、应用架构	分布系统架构	人机界面架构（角色、数据、入口）	实体的生命历程	业务标准模型
技术模型（信息系统设计者的关注点）	数据架构（数据库中的表格列表及属性）	系统设计：结构图、伪代码	系统架构（硬件、软件类型）	用户界面（系统如何工作）、安全设计	"控制流"图（控制结构）	业务标准设计
详细展现（信息系统建造者的观点）	数据设计（反向规格化）、物理存储器设计	详细程序设计	网络架构	屏显、安全机构（不同种类数据源的开放设定）	时间、周期定义	程序逻辑的角色说明

Zachman 企业体系结构框架中的列代表每个关注点下包含的不同兴趣域，描述系统开发工作的维度。第一列为数据，是指包含的信息，这些信息关乎对企业意义重大的事情的理解和处理；第二列为活动，本列每一行是关于企业本身支持的事项；第三列为位置，这一列关注的是企业活动的地理分布；第四列为人与组织，这一列描述了参与业务和技术革新的人与组织；第五列为时间，这一列描述时间对企业的影响；第六列为动机，它关乎将业务目标和战略转化为具体的目的和手段。

总体来看，Zachman 企业体系结构框架为人们提供了"概念性"的业务模式，"逻辑性"的系统模型以及"物理性"的技术模型。在该框架的语境下，需求分析是一个将企业所有者的视图转变为系统架构者视图的过程，是一个由企业所有者视图界定范围的特定项目。该框架现已成为许多大公司用来理解、表述企业信息基础设施的一个直观模型，为企业现在以及未来的信息基础设施建设提供了蓝图和架构，同样也能指导企业大数据体系结构的构建。

除了 Zachman 方法外，从 20 世纪 70 年代起新的建模方法激增。这些方法大多反映了开发者的直觉和经验，缺乏系统的理论支持和实证检验，导致许多研究者和使用者对这种情况感到茫然和失望。[①] 从 20 世纪 70 年代末开始，一些研究者开始对概念建模方法进行文献研究，基本上采用两种方法对概念建模方法的绩效进行评价，一种是实证研究的方法，另一种是规范研究的方法。从实证研究的内容设计来看，基本上可以分为 3 种类型：①语法元素型，一般不同的概念建模方法采用不同的语法元素，用户对不同的语法元素具有不同的体验，通过检查用户对语法元素理解的准确性比较建模方法的绩效（Batra 等，1990；Ramsey 等，1993）。②过程质量型，把使用概念建模方法创建模型的过程看作是一个人类的认知过程，在实证任务设计和结果度量方面除了考核对语法元素理解的正确性外，还考核用户的满意度（Vessey 等，1994；Kim 等，1995；Siau，1996）。③领域推理型，用概念模型描述领域问题，用户通过概念模型了解并解决领域问题，通过考评解决问题的数量和质量决定概念建模方法的绩效（Burton - Jones 等，2002；Gemino，2004；Poels 等，2004；Moody 等，2003；Gemino 等，2003）。这 3 种类型的实证研究各有侧重，目前都在使用。[②] 在规范研究方面，比较重要的研究成果有：Moody（2003）从实用主义的观点出发，提出从实际功效和用户评价两方面确定概念建模方法绩效的一个理论模型；Gemino 和 Wand（2004）基于人类学习模型和本体理论，提出一个用实证方法比较概念建模方法绩效的框架；Parsons（1996）基于概念理论提出了一个评价概念建模方法绩效的模型。

无论从实证研究还是规范研究来看，目前不存在公认的建模方法的研究框架。国内学者也非常注重对具体建模方法的研究，如以上文献提出的新方法，但

---

① Wand Y, Weber R. Research Commentary: Information Systems and Conceptual Modeling - A Research Agenda [J]. InformationSystemsResearch, 2002, 13 (4): 363 - 376.

② 孙凡："国外信息系统概念建模质量评估研究进展"，《计算机系统应用》2008 年第 17 卷第 11 期。

少有对概念建模方法的评价文献研究。

2.4.3 对信息系统概念模型的研究

Kung 和 Solvberg（1986）首次提出了信息系统"概念模型"（conceptual models）的概念，认为它是信息系统需求分析过程中相关人员沟通的概念基础。此后，Rolland 和 Cauvet（1992）提出概念模型是信息系统分析和设计的形式化基础的观点。在 Wand 和 Weber（2002）提出的信息系统概念建模研究框架中，将概念模型定义归纳为使用特定的概念建模方法对某些领域的静态现象（例如事物及其属性）和动态现象（例如事件和过程）形式化地表示。另外，Evermann 和 Wand（2009）进一步认为，概念模型不同于计算机程序，它面向业务领域，不涉及在机器中如何实现的问题。信息系统概念模型研究的另一项主要内容是概念模型质量评价的问题。Martin（1990）首次提出了概念模型质量评价的问题，并给出了第一个概念模型质量评价的框架。此后，在文献上公开发表的概念模型质量评价框架不断增长。这些框架从不同的视角提出了概念模型应具备的质量特征，比较重要的质量特征分别是概念模型的可理解性、准确性、完整性、有用性、易用性和用户满意度等。虽然在已有的研究文献中已提出许多的概念模型质量评估框架，但没有一个在实践中被广泛接受，甚至专家之间也很少有"什么是好模型"的一致意见，更没有概念模型质量评价的国际标准。[①] 究其原因，主要是由于概念模型只是作为一个构思而存在，对它的评估只能对照人们的需求、愿望和期望，而不像信息系统开发的最终产品（如已实现的信息系统或可运行的计算机软件）那样有可以对照明确的需求规范，因而概念模型质量评估从本质上讲是一个社会过程而不是一个技术过程。由于这种特点，使未来的概念模型质量评估研究应更注重其社会过程的机理和作用而不只是技术层面。[②] 比如，相关人员的知识、经验以及观点如何影响其对概念模型质量的评价，不同特点的人员是如何能对概念模型的质量取得一致的看法，社会环境对社会成员达成一致意见有何影响等问题都是未来值得研究的课题。从文献情况来看，按照笔者的经验，国内学者少有对于"什么是概念模型""如何评价概念模型的质量"等问题的研究。

[①] Moody DL. Theoretical and practical issues in evaluating the quality of conceptual models: current state and future directions [J]. Data & Knowledge Engineering, 2005, 55 (3): 243 – 276.

[②] 孙凡：《会计模型使用质量的实验比较研究》，经济科学出版社 2009 年版。

2.4.4 概念建模环境研究

概念建模工作是在具体的环境下进行的，环境状况对概念建模工作的质量有何影响是一个值得重视的问题。国外学者从人员因素、任务因素和社会环境因素 3 个方面初步探讨了环境因素对概念建模的影响作用（Batra 等，1992；Agarwal 等，1999；Hitchman，1995；Moody 等，2003）。比如，他们研究发现，在概念建模工作中专家比新手的工作质量高，不同的建模方法适用于不同的任务，需要重视社会价值观会对概念建模工作产生的影响等。同样，国内学者在这一方面也少有研究。

综上所述，在过去 30 多年的时间内，国外学者对信息系统概念建模问题进行了坚持不懈的研究，大多数研究都是从语言学或语义学的角度出发，研究概念建模的语法表示和质量检验问题。因为概念建模的效果不仅在于语法表示上，更依赖于人类的认知能力，所以笔者未来的研究将更加注重人类的认知活动；另外，概念建模的目标是便于相关人员对论域现象进行交流和沟通，交流和沟通不仅取决于表示技术，也取决于社会过程，而在以往的研究中，仅仅重视技术层面的问题，没有充分重视交流和沟通的社会性这一方面，所以在未来的研究中，笔者也会更加重视概念建模的社会层面问题。

2.5　关于灰色系统理论研究

近代以来，社会信息化的飞速发展，突出了信息不完全、不确定问题。因此，面对信息不完备、不确定，数据较少的现实，如何描述、认识、处理与对待我们周围日益增多的信息，就成为 21 世纪面临的主要课题之一。灰色系统理论是邓聚龙教授在 20 世纪 70 年代末、80 年代初提出的。① 自从邓聚龙教授提出灰色系统理论，该理论经过多年的发展，现已基本建立起一门新兴学科的结构体系。

灰色系统理论是一种研究不确定性问题的新方法，它是以"部分信息已知、部分信息未知"的"贫信息"不确定性系统作为研究对象，它主要通过"部分"已知信息的加工处理、开发，提取有价值的信息，从而实现对系统运行行为、演

---

① 邓聚龙：《灰理论基础》，华中科技大学出版社 2002 年版。

化规律的准确认识和描述及有效监控,其主要内容包括以灰色朦胧集为基础的理论体系,以灰色关联空间为支撑的分析体系,以灰色序列生成为依托的方法体系,以灰色模型为核心的模型体系,以系统建模、分析、预测、评估、决策、控制、优化为主体的技术体系。由于现实世界中"不确定""贫信息"不确定性系统的普遍存在,这就决定了灰色系统理论具有十分广阔的应用领域。不少学者将灰色系统理论成功地运用到经济、管理、工程等多个领域,因此得到了国际学术界的肯定和关注,越来越多的学者参与到灰色系统理论的研究中。①

灰模型基本思想是把原始的观测数据序列利用系统部分已知信息将数据序列看成随时间变化的灰色过程,建立起反映系统发展规律的数学模型,并通过建立的模型预测系统的发展(李培宏等,2015)。灰模型通过对"部分"已知信息的生成、开发的分析,确定系统在未来有限时间段内的发展变化趋势,为事物的规划决策、系统的控制与状态评估提供依据。

2.6 文献述评

从文献情况来看,学术界针对企业会计信息真实性的评估问题进行了持续不懈的研究。第一,从概念层面对企业会计信息的真实性进行界定,如美国财务会计准则委员会、中国财政部会计信息质量与会计监督检查组提出的观点。第二,从量化评估层面对会计信息真实性的评估问题进行了深入的理论研究,如 Iriji 和 Jaedicke(1966)基于统计学的原理提出了会计信息真实性的评估模型、师萍(2002)基于模糊数学原理提出了评估模型、孙凡基于不确定原理提出了评估模型。这些模型存在的普遍性问题是应用比较困难,如 Iriji 和 Jaedicke 提出的统计模型,在现实世界中对同样的会计业务进行多次独立的计量显然是不现实的,原因是工作成本的限制,会计实务中没有这样的做法;同样,对于师萍和孙凡等提出的模型,模型参数大多是表征企业的经营管理环境、模式、制度等因素的,对这些因素进行度量需要采用模糊度量的方法,主观随意性比较大,不同的数据采集者可能搜集到不同的数据,而不同的原始数据会使评估结果不具有可重复性,这在客观上降低了评估结果的可用性。基于定量决策模型的财务欺诈智能检测或者识别研究为企业会计信息真实性评估带来了新的思路。按照数据来源的不同,

---

① 邓聚龙:《灰色系统气质理论》,科学出版社2014年版。

财务欺诈智能检测研究可分为两类：一类是利用公司内部的数据，如审计师与客户关系、个人及行为特征、内部控制覆盖面等；另一类是利用上市公司的公开数据。相对于内部数据，在已有研究中基于外部数据的财务欺诈检测研究更为频繁，这些研究基于特定的数据集，采用 Logistic 回归、神经网络和判别分析、决策树、贝叶斯网络和支持向量机（SVM）的方法得到了高低不一的检测效果，而且检测绩效严重依赖于用于训练模型的样本规模，限于可获得的训练样本数量，财务欺诈智能检测方法总体来看还未达到实用的程度。

企业会计信息真实性评估是对会计信息真实性进行估算和评价的工作，最重要的是要保证评价结果的准确性。财务欺诈智能检测研究的理论和实践启示应该充分利用基于现代信息技术的定量模型来评估企业会计信息的真实性，而且已有研究虽为本书的研究提供了理论基础或者方法论支持，但限于研究目标和研究条件的不同，已有研究未能解决如何利用企业内部数据评估企业会计信息真实性的问题，本书将从内部审计人员的视角出发，提出利用现代信息技术评估会计信息真实性的方法，弥补已有研究的不足。

第3章　概念与理论基础

企业会计信息真实性评估是一项系统工程，需要搭建概念与理论基础来指导具体的实践工作。为此，本章首先解释相关的基本概念，为研究工作奠定认知基础，在此基础上将阐述控制论、系统论、信息论、评估理论、人工智能理论等基础理论对本书研究的指导作用。

3.1　基本概念界定

本书的研究对象是基于REA扩展模型的企业会计信息真实性评估模型。会计信息真实性评估模型是一种从会计信息使用者视角出发对会计信息真实性进行测评和判断的技术方法，它有助于会计信息使用者及时准确地了解企业会计信息的真实和可靠程度。构建会计信息真实性的评估模型是指充分利用包括大数据技术在内的现代信息技术，面向企业会计信息的生产链和供应链收集和处理相关数据，对企业会计信息真实性进行合理评估。

3.1.1　企业会计信息真实性

本书研究的企业会计信息是指由企业会计人员提供的，以文字、数字、图表等符号表示的，关于企业价值活动的信息。企业会计信息的真实性是指企业会计信息能够如实反映企业价值活动（包括企业的各种业务活动）特征，体现在会计信息系统以实际存在的资源为核算对象、以实际发生的交易或者事项为依据进行会计确认、计量和报告的工作规则上。企业会计信息真实性是企业会计信息可靠性的重要特征，也是企业会计信息其他质量特征的前提和基础。

3.1.2 大数据

按照维基百科①、麦肯锡②等提出的概念以及 Manish、Maryanne 和 Homayoun (2012)③等多位国内外学者对大数据的理解,大数据是指来源于多种渠道和多个信源、具有多种形式、实时的"数据洪流"的集合,这种"数据洪流"是如此巨大以至于常规的软件和信息系统难以处理,因而需要专业化软件工具和分析专家去管理。大数据中蕴含着巨大的价值,是继资金、劳动力、技术后人类追求的又一种资产。

3.1.3 评估

依据唐纳·梅尔滕斯、斯克利芬、林肯、古巴等学者的观点④,评估就是为了减少做决定时的不确定因素而对评估客体的优势、价值、质量等特征由评估主体采用特定的方法进行确定的活动,该活动通常涉及一些对评估客体优点、价值、质量等的相关标准的鉴别,涉及按照这些标准对评估对象绩效的调查以及对结果的整合和综合化以得出可靠的评估或者系列相关的评估报告。

3.1.4 Zachman 模型

为了对企业信息系统的功能、结构、运作模式等范畴有统一的理解,1987年 John Zachman 提出了一个企业信息系统需求分析的理论框架。⑤ 该框架综合考虑不同角色的不同观点,从数据、活动、位置、人与组织、时间、动机6个视角描述企业的目标范围、运作模式、业务概念、系统逻辑、物理实现等内容,为人们提供了"概念性"的业务模式、"逻辑性"的系统模型,以及"物理性"的技术模型,本书称之为 Zachman 模型,该模型现已成为许多大公司用来理解、表述企业信息基础设施的一个直观模型,为企业现在的以及未来的信息基础设施建设

---

① Wikipedia. Big Data [EB/OL]. http://www.wikipedia.org/wiki/Big_Data [2017-2-21].
② Big Data: The next frontier for innovation, competition, and productivity. McKinsey Global Institute, May 2011.
③ Manish G, Maryanne QH, Homayoun H. Selling into Micromarkets [J]. Harvard Business Review, 2012, 7: 1-9.
④ [德] 赖因哈得等:《评估学》,人民出版社 2012 年版。
⑤ 参见《Requirement Analysis from Business View to Architecture》, Edited by David. C. Hay, Published by Prentice Hall PTR, 2002.

提供了蓝图和架构，同样也能为构建企业大数据体系结构提供指导。

3.1.5 REA 会计模型

REA 会计模型由美国会计学教授 McCarthy 在 1982 年提出，其目标是克服传统借贷记账会计模型抽象程度高和不能支持多维度和多重计量的弊端。REA 会计模型采用实体—关系的建模思想，基于微观经济学的基本原理描述企业的生产经营活动。按照 REA 会计模型，会计信息系统采集经济事件和经济事件涉及的经济资源，以及参与经济事件的利益相关者的未经处理的原始详细数据，并在数据仓库中按照事件主题、资源主题和参与者主题分别存放上述"原汁原味"的数据。在元数据标准和维度建模的基础上，利用 BI 报告工具生成用户需要的视图和报告，支持和满足各层级、各智能领域的信息需求。当前，REA 会计模型已被联合国电子商务与贸易促进中心（UN/CEFAT）吸收为业务过程建模模型，被对象管理组织（OMG）集成到模型驱动体系结构（MDA）之中。

3.2 评估理论与方法

3.2.1 系统论、信息论和控制论

3.2.1.1 系统论、信息论和控制论的基本观点

系统论、信息论、控制论合称"老三论"，它们共同构成了信息社会诸多领域理论研究的基石。其中，系统论由美籍奥地利生物学家贝塔朗菲首创，系统论的主要观点是把事物作为一个系统或整体来研究，而系统是由相互作用的若干组成部分结合而成并具有特定功能的有机整体。一个系统包含若干子系统，而该系统本身又是它从属的另一个更大的系统的子系统。系统论的基本思想方法是把研究的对象作为一个系统，研究该系统的结构和功能特征，包括系统内部各子系统之间、子系统与系统整体之间，以及系统整体与外部环境之间相互依存、影响和制约的关系，以使系统整体最优。[①]

信息论的创始人是美国贝尔电话研究所的数学家申农，申农于 1948 年发表

---

① 魏宏森：《系统论——系统科学哲学》，中国出版集团 2009 年版。

的《通讯的数学理论》一文被认为是信息论诞生的标志。信息论最初用于解决通信中的编码问题、信息含量的度量问题以及噪声的处理问题等。随着人类社会进入信息社会，信息在物质世界中的作用日趋重要，信息论也突破原有的研究界限，广泛渗透在各个研究领域，成为研究各种系统中信息识别、传递、处理、存储、提取等规律与技术的一门基础科学。①

控制论诞生的标志是维纳《控制论——关于在动物或机器中控制或通讯的科学》（1948）一书的出版。控制论的主要观点是根据不可控变量的历史信息适当调节可控变量的状态，以使可控变量和不可控变量整体达到要求的最有利状态。控制论的基本思想方法是研究系统的状态、功能、行为方式及变动趋势，以揭示不同系统的共同控制规律，使系统按照既定目标运行。②

3.2.1.2 从"老三论"认识企业会计信息真实性的评估工作

会计信息真实性评估是评估主体根据特定目的，遵循评估原则，运用科学的方法和统一的标准，对会计信息的真实性进行鉴定评级的行为，简单地说，就是对会计信息是否准确、公允地反映了组织价值及价值运动情况进行评定的活动。

依据系统论的观点，会计信息真实性评估工作由以下要素构成：

①会计信息使用者，即需要了解会计信息真实性的用户，这些用户使用会计信息进行财务决策和公共管理等。

②会计信息真实性评估主体，即进行会计信息真实性评估的机构和人员，有时也可以是信息使用者本身；如果信息使用者不便或无能力评估会计信息的真实性，可以委托第三方进行评估，如果信息使用者与会计信息提供者关于会计信息真实性存在争议，应该由独立的第三方进行评估。

③会计信息真实性评估的客体，即被评估的会计信息，主要包括财务会计报告和管理会计报告，这些信息是会计人员为了特定的目的，采用特定的方法编报出来的。

④会计信息真实性评估的原则，即规范会计信息真实性评估活动的准则，规定评估原则是为了确保不同的评估人员在具体的评估环境中，对同样的会计信息的真实性评估结果能具有一致性。

⑤会计信息真实性评估的方法，即评估运用的符合国家规定的，或者是得到

---

① 徐政五、甘露、汪利辉：《信息论导引（第2版）》，电子科技大学出版社2017年版。
② 万百五、韩崇昭、蔡远利：《控制论概念、方法与应用（第2版）》，清华大学出版社2014年版。

业界公认的，或者是具有科学性的各种专门的程式、环节与步骤。会计信息一方面是会计人员对会计主体价值及价值运动的反映结果，另一方面是信息使用者了解情况进行决策的依据，对会计信息真实性的评估既要对信息使用者负责，又要对会计人员负责，还要考虑评估工作的成本约束，应该说其是一项三方利益均衡的产物。在方法的选用上必须考虑这些约束条件。

会计信息真实性评估工作要处理好以上5个要素之间的关系，它们之间具有层次性：会计信息的使用者先提出需求，并委托评估主体或亲自对会计信息进行评估，然后评估主体依据评估原则选用恰当的评估方法，得出可靠的评估结论。会计信息真实性评估工作也具备开放性，体现在评估方法的选用和设计上要充分吸收先进的科学技术，克服旧方法存在的问题。无论以何种方法进行评估，评估工作的最终目的都是客观公允地揭示会计信息的真实性水平。科学技术的进步与信息使用者需求的变化会使评估工作产生突变，如由事后的评估变为事中甚至是事前的预测、由手工评估变为自动化评估等。在突变中，评估工作会保持一种稳定的结构，那就是外部信息使用者与会计人员对会计信息真实性的掌握永远是不对称的，评估是为了减少这种不对称。评估工作会自行组织其内容与模式不断进化，这一点与其他系统是相似的。

按照信息论原理，我们得到以下共识：

①企业会计信息的信源应该是企业的各种业务，业务信息经过会计信息系统这个信道传递到信息使用者那里，企业发生的业务活动是真实的，反映这些业务活动的会计信息是否真实取决于会计信息系统这个信道是否有噪音存在，如果有噪音存在，会计信息就有失真的可能。

②一般情况下，所有的信道都存在噪音。不过，依据信息论，可以采用对信源信息进行编码传输的方法保证信息的真实性，但是如何编码取决于噪音产生的特点，也就是说，要充分了解会计信息真实性的影响因素。

③会计信息的真实性是受很多因素影响的，每种因素都有其独特的作用，会计信息的真实性是这些因素综合作用的结果。如果用 R 表示会计信息的真实性，E_1，E_2，…，E_n 表示影响因素，那么因素分析法可以表示为：$R = F(E_1, E_2, …, E_n)$，也就是说，通过寻找影响因素与会计信息真实性之间的因果函数关系确定会计信息的真实性。主要的影响因素包括法律规范、伦理道德、会计技术和个体情况4种类型。另外，根据信息论的原理，小概率事件往往蕴含着更大的信息量，对真实性评估更有价值。在企业会计信息系统日常的运营过程中，异常事

件应该是小概率事件，所以我们应该从法律规范、伦理道德、会计技术以及个人因素几个方面出发，寻找异常事件，将之用于会计信息真实性评估。

依据控制论的基本原理，我们能得到以下启示：

①对于一个复杂的过程，事物的可能性空间不仅有许多状态，而且这些状态有复杂的展开方式，影响事物发展的条件也错综复杂。与之相应的选择过程也是复杂的，需要在事物发展的不同阶段控制不同的条件，同时注意各种条件之间的配合和状态的相关作用。

②企业会计信息真实性评估是一项系统工程，涉及对企业会计信息系统的信源、信道的特性进行考察，并有效利用高信息含量的异常事件数据进行测评判断。在这个过程中包括企业业务事件信息采集、传输、存储、异常事件的识别、整理、加工利用、得出评估结论等环节，这些环节组成一个闭环系统，只有对这些环节加强控制，才能得出可靠的评估结果。

③及时有效的信息是控制的基础，为了对企业会计信息真实性评估的过程进行控制，需要充分利用各种渠道收集相关数据，在互联网时代，互联网大数据包含着丰富的信息，充分利用互联网大数据可以为评估过程的质量控制提供可靠的保障。

3.2.2 评估理论

3.2.2.1 评估理论的产生与发展

评估是一个相对现代的现象，其起源可以追溯到19世纪美国关于公共财政的改革。在改革中，政府委托外部监督员对诸如教育、卫生或者刑事司法等领域的公共财政项目进行评估，核心的研究主题是这些项目的效率。久而久之，公共部门逐渐对评估产生巨大需求。为了满足评估的需求，开设的有关评估内容的课程逐渐增多，出现了独立的评估文献，形成了理论和方法论方面的学说及模式，建立了专业化的组织和网络。

纵观评估工作在西方的发展，可以看出评估在社会中的角色很大程度上受到政治的影响，评估的发展历史是受政治因素驱动的。以美国为例，20世纪六七十年代评估的主要问题是对涉及大量投入的改革计划的结果进行评价，看它们是否产生了作用，是否实现了预期的目标；20世纪80年代则是注重节约的年代，成本效益就成为评估的主题。从20世纪90年代后期开始的评估的第二次繁荣是伴随着新的调控模式以及日益突出的影响讨论而产生的。评估研究表现出一种特殊的"双重性",一方面体现政治过程的特征,即评估结果能够对政治过程产生影响,另一方面具有经验社会学的特征,即评估中往往需要运用经验社会学的理论和方法。因此,评估作为政治调控的决策工具,会部分地受到非学术性要求的制约。这一"双重性"使评估研究在发展过程中形成了不同的理论、方法和流派。①

评估的功能学派认为,评估是现代社会的一项发明。借助评估,不仅可以了解政府干预的预期效果,也可以了解非预期效果,为社会反思提供经验基础。评估不仅是国家社会监督的一部分,而且是民主化政府管理的重要组成部分。不仅仅是立法机构和行政机构等政府部门,就连公共管理部门也加强了评估。这些公共机构利用评估来证明它们是否达到了确定的目标(效率)、产生了哪些效果(也包括非预期的影响)从而进一步提高政策的可靠性和合法性。当通过评估可以有根据地提出为何要设立、缩短或者是扩大某一项目时,就提高了决策的可接受度,或者至少提高了对决策的理解程度。同时,公开与政策措施有关的困难以及造成这些困难的原因、公开政策措施产生的影响,可以促进社会做好准备并积极地参与解决这些问题,可以促进政府从特有的层面为所有人的福利提供支持。

评估的程序学派认为,评估的一般范式由规划、实施和应用3个步骤构成。评估规划包括明确评估意图和开发评估方案及进度计划两项内容,其中明确评估意图又包括确定评估对象、确定评估目标与主要问题、确定实施类型。开发评估方案及进度计划则包括描述评估目的是什么、开发调查设计的思路和方案、选择数据调查思路和方法、制订评估进度计划、时间、资源、人员安排和预算资金等多个步骤。评估实施是评估的关键环节,包括开发工具手段、数据调查、处理和应用等内容。其中,开发工具手段具体包含编制评估指南、制订调查计划、开发调查工具和预测试。数据调查、处理和应用具体包括确定调查样本和群体、开展数据调查和数据回收、数据清洗和整理、数据建模和分析、结果评价并提出最终建议。评估应用是评估工作发挥效用的环节,主要完成分析结果和政策建议的描述和应用,具体包括总结评估过程,撰写评估报告,总结分析结果和政策建议,为制定应对措施、辅助决策和应用测试提供最终支持。

---

① (德)赖因哈德·施托克曼、(德)沃尔夫冈·梅耶著,唐以志译:《评估学》,人民出版社2012年版。

评估的管理学派认为，评估必须使制定的评价标准透明化，这并不是为了免受责难，而是为了让政治精英和决策层能够使用这些标准。不能把评估作为笼统的事情对待，而是要把它作为一种系统的工作方法，要严格地遵循科学的预定规则，因此评估工作应遵循以下的规则：第一，明确评估对象并紧密联系（例如政治、法制、政策、经济、计划、项目、管理等）；第二，选用客观的数据收集方法，不要随意加工所收集的原始数据；第三，严格遵守已有的公开标准，明确依据要评估的事态，借助先进系统的比较方法开展评价；第四，确保评估实施人员具备相应的资质和能力，保证评估的质量，为评估对象提供有价值的决策服务。

综合这些学派的观点，我们可以看出评估是关于信息收集的过程，通过评估获得的信息将主要用于今后设计项目时对可能的选择方案做出决策，信息应该以决策层的信息需求为导向，并以决策层能有效使用的方式呈现，不同的决策问题产生不同的评估形式。

3.2.2.2 评估理论对本书的指导

世界上任何事情都是发展变化的，而认识世界上的任何事情，都必须去掉"自以为是"，坚持实事求是，最终才能发现事情的本质，这是人们认识世间万物的根本途径。评估过程就是为决策过程减少不确定因素而对被评估对象的优势或价值展开的全面而系统的调查研究。评估过程具有证明实施措施、计划和项目的合法性的功能，同时促使人们不断获得认知、开展执行监督、全面发展和深入学习。

本书的研究对象是企业会计信息真实性的评估模型。这种模型是从会计信息使用者视角出发的对会计信息真实性进行测评和判断的方法和技术，它有助于会计信息使用者及时准确地了解企业会计信息的真实和可靠程度。评估理论必然是基于REA扩展模型的企业会计信息真实性评估模型的基础和指导。开展会计信息真实性评估正是评估理论起源的目的所在。对于企业会计信息真实性的需求是企业利益相关者孜孜不倦的追求，对企业会计信息真实性展开评估，既是估计投资者所冒风险的"计量器"，也是专门寻找差错的"检索器"。企业会计信息真实性的评估意义在于：通过对企业的运行情况做出合理的评价和社会的重点风险与消极作用做出判断，以披露企业系统协调的评价结果为形式，满足企业相关利益者的信息需求。在宏观上，企业会计信息真实性评估为宏观调控、财政治理、经济政策提供有效帮助；在微观上，企业会计信息真实性评估也可以为公司治理、经营决策、投资决策、资产增值等领域提供决策支持。在我国供给侧结构性改革和现代社会环境下，会计信息真实性评估可以作为资本市场的诊断工具和企业内控合规性的检测工具。评估提供的市场分析与解决方法，满足社会对于评估职业的需求。未来的评估从业者是信息方面的权威专家，能够满足未来客户对市场分析、价值预测及风险定价的需求，从而成为当今市场和未来市场的中间人。

3.2.3 人工智能理论

3.2.3.1 人工智能理论的基本观点

人工智能通过构建算法让计算机学习，并且在数据集上使用这些算法完成任务。从程序员视角来看，人工智能是指计算机程序如何随着经验积累自动提高性能，一个简单的形式定义为："对于某类任务 T 和性能度量 P，如果一个计算机程序在 T 上以 P 衡量的性能随着经验 E 而自我完善，那么我们称这个计算机程序在从经验 E 学习。"人工智能主要是设计和分析一些让计算机可以自动学习的算法，凭借这些算法计算机能从数据中自动分析获得规律，并利用规律对未知数据进行预测的算法。人工智能也可分为有监督的学习和无监督的学习。如果用来学习的样本模式的类别事先已知，或者事先已经掌握了足够的有关样本类别的先验信息，那么这种学习称为有监督的学习。在有监督的学习过程中，学习始终受到已知类别信息的监督和指导，从而对学习的分类规则进行反复修改，最终使分类结果与已知的类别信息完全相同为止，这时人工智能结束，学习得到的分类规则就可以用来对未知类别的模式进行分类。如果样本的类别未知，或者事先只知道较少的类别信息，这种学习称为无监督学习。由于没有足够的类别信息指导学习过程并衡量学习结果，因此学习得到的分类规则和方法是否恰当，只能根据经验得到的一些评价原则来衡量学习结果，常常需要反复学习和多次评价才能得到比较合适的分类规则。有监督的学习主要用于学习判别函数，若已经知道判别函数的形式，则用来学习判别函数的有关参数，若不知道判别函数的形式，则用来直接学习判别函数。无监督的学习主要用于聚类分析法，用来学习聚类规则。例如，学习一个距离阈值，根据这个阈值可以确定样本的类别数目。利用以上两种学习方法得到的分类规则和方法，机器就可以对未知类别的模式进行分类，完成实际的识别任务,这个过程通常称为归纳。学习和归纳构成了模式识别的主要过程。①

3.2.3.2 人工智能理论对本书的指导

人工智能是大数据环境下实现企业会计信息真实性评价的核心技术,依据评估工作的目标和特点,具体包括互联网网页自动采集和模式识别两种技术,利用上述技术实现智能化感知、智能化学习、智能化模拟等智能处理功能。

①网页自动采集是用来自动化地收集相关的互联网网页的程序或者脚本。互联网可以提供每个企业的庞大的、碎片化的、种类繁多的信息,互联网的高效性和爆发性使我们能以较低的成本、较短的时间,积累大量的用户数据,为分析建模提供足够的样本量,这种大样本量、多维度、非结构化的数据非常适合各类大数据分析处理和人工智能的运用。目前常用的技术是网络爬虫技术。网络爬虫是一个自动提取网页的程序,它为搜索引擎从万维网上下载网页,是搜索引擎的重要组成。网络爬虫技术目前有两种方法实现:一种是编程,可以使用 Python、Java 等编程语言编写爬虫程序;另一种是使用成熟爬虫软件,可以利用界面操作获取网页数据。

②模式识别是将 Web 网页中的内容按照预设的模式区别分类的程序或者脚本。模式是一些供模仿用的、完美无缺的标本,在基于信息化技术的企业会计信息真实性评估中,需要分别设立企业大数据、业务场景、业务逻辑与异常判断等标本。模式识别就是识别出特定客体所模仿的标本。根据识别对象的性质及描述方式,传统的模式识别方法主要分为统计模式识别和句法模式识别两种。

统计模式识别是以定量描述为基础的识别方法。在用机器进行识别的过程中,不可能用一个或少数几个样本模式通过一次或几次实验就得到合适的分类规则,必须用足够数量的样本模式经过多次反复试验才能得到比较合适的分类规则,这就是统计模式识别的概念。统计模式识别包括判别函数法(又称决策理论方法)和聚类分析法。判别函数法就是直接根据一个或几个分类准则函数对模式进行分类的方法。这种分类准则函数称为判别函数,它是模式向量 X 的函数。判别函数可以是模式空间中描述模式类别之间分界面的函数,也可以是其他能够描述模式类别之间的可分性并能用来直接对模式分类的函数。一旦找到合适的判别

---

① 朱福喜:《人工智能(第 3 版)》,清华大学出版社 2017 年版。

函数，对未知类别的模式就可以根据判别函数的值进行分类判决。判别函数可以是线性的，也可以是非线性的，一般由模式在模式空间的分布特点决定。在保证一定分类精度的前提下，判别函数应尽可能采用简单的形式。聚类分析法是基于"物以类聚"的观点，根据模式之间的相似性进行分类的方法。相似性可以用相似性测度衡量。例如，在模式空间中，模式点之间的欧氏距离就可以作为相似性测度，距离愈近，模式之间愈相似。由于不同类别的模式在模式空间聚集成若干个群，因此可以根据群与群之间距离的远近把模式分成若干类。如果能事先知道应划分的类别数目，则这种分类法的准确度会更高，但这种方法通常用于类别的先验信息了解较少的情况下，因此分类结果的正确与否只能通过评估决定。聚类分析通常要反复修改规则和反复进行聚类，才能得到较满意的结果。工作原理是首先将模式样本（如财务报表、XBRL实例文档等）具有的特征表示成线性空间中的特征向量，然后用训练样本对事先选定的基于特征的分类算法进行训练，直接或间接地提取蕴涵在训练样本中有关各模式类别的统计特征，最后利用基于最小错误率的贝叶斯决策方法对未知模式样本进行分类判别。

句法模式识别是以结构描述为基础，根据形式语言理论提出的一种识别方法。形式语言理论是一门研究自然语言的文法计算模型的学科，尽管这门学科的研究工作目前还未取得预期的结果，但它的一些研究成果已被应用于模式识别、自动机理论、程序语言等领域，并对这些领域的研究产生了很大的影响。自然语言和事物的结构描述有一些相似的性质。一种自然语言由语句构成，而语句又由词构成，由词构成语句的时候必须符合这种语言的语法，一种自然语言有一种语法。如果把描述物体的基元看成词，而把由基元构成的对物体的结构描述看成语句，基元之间的连接规则看成语法，把同一类事物的结构描述的集合看成语言，那么自然语言与结构描述之间就存在某种对应关系。这样，对一类物体，先抽取它的基元，得到对物体的结构描述，然后根据一组样本的结构描述分析推断出基元连接规则，这个规则称为文法。完成这些工作以后，对一个未知类别的结构描述（即句法模式）来说，如果构成它的基元与构成某一类模式的基元相同，并且构成它的文法也与这类模式对应的文法相同，那么这个句法模式就是属于该类的一个模式，这就是句法模式识别的基本原理。显然，句法模式识别的关键在于物体的恰当描述和文法的推断。

学习（训练）是模式识别理论中的一个重要的机理，不论是人还是机器，其识别能力和方法都是通过学习得到的。广义地讲，模式识别的学习问题就是研究如何用机器实现人脑学习能力的一个控制论中的问题。人具有极强的学习能力，但机器能否具有同人一样的学习能力，这取决于我们能否精确地描述人脑智能活动的过程，如果能做到这一点，或者说能够精确地表达人脑对外界刺激做出反应的机制，那么原则上讲，人就能把人类的学习能力赋予机器。遗憾的是，现在还不能做到这一点，原因是生物学、脑科学以及研究人类智能活动的所有学科的研究成果目前还只能部分地揭示人脑智能活动的秘密，人脑智能活动的全部秘密还远远没有揭开。因此，就学习的概念讲，人工智能和人的学习是相同的，但从学习的方法来看，两者还是不同的。例如，人同时具有逻辑思维和形象思维能力，而机器（计算机）只有逻辑思维能力。当然，说人有极强的学习能力并不是说人对所有事物都能进行很好的有效的学习，例如，人对极高和极低频率的声音的感受能力极差，处理复杂的计算问题和分析高维结构的能力也很差，但机器在这些方面的学习能力可以达到人不可能达到的水平，对机器来说，人们只能通过把一组数量足够的样本输入机器，使机器按某种规定的方法学习识别规则。

3.3　本章小结

企业会计信息真实性是企业会计信息的生命线，历来为学术界所重视，然而企业信息的真实性问题至今仍未解决。大数据时代的到来，为企业会计信息真实性的保障工作带来了新的契机。基于现代信息技术的企业会计信息真实性评估是一项新型的系统工程，需要按照继承与发展的思路进行研究。在理论依据方面，传统的系统论、信息论和控制论能为本书的研究提供基本的方法论支持，评估理论和人工智能理论则为本书的研究提供了具体的理论指导。

第4章　基于REA扩展模型的企业会计信息真实性评估模型的理论框架

本章将在上一章提及的概念及理论的基础上，依据评估工作的特点，从评估目标与原则、评估主体与客体、评估依据与方法、评估模型的组成与结构4个层面构建基于REA扩展模型的企业会计信息真实性评估模型的理论框架，为评估模型的设计和应用提供指导。

4.1　目标及原则

4.1.1　评估目标

企业会计信息真实性评估通过采用科学的方法和程序对企业财务报表如实反映程度进行合乎情理的判断和估测，并得出量化指标值，为企业会计信息使用人员提供一种认知企业会计信息的手段，为提高基于企业会计数据的决策活动效能提供了一种保障措施。同时，通过会计信息真实性评估，可以改善企业信息的质量，能够为企业的社会宣传提供良好的服务。

4.1.2　评估原则

为了实现上述评估目标，在评估工作中应遵循以下原则。

4.1.2.1　客观性

客观性是指进行会计信息真实性评估时以会计主体的实际情况为基准，对比检查会计信息的真实性，既不能无根据、无边界地猜测，也不能主观臆断。客观性主要体现在两个方面：如果待评估会计信息反映的是现时或过去的情况，那么真实性评估要依赖已发生或正在发生事实的真实面貌完成；如果待评估会计信息反映的是未来的情况，那么真实性评估要依赖对未来面貌的科学预测进行。

4.1.2.2 公正性

公正性是指会计信息真实性评估过程及其结果只服从于会计信息真实性评估对象及评估时的各种主客观条件，而不倾向于各当事人的任何一方。公正性反映在两个方面：一方面，要强调会计信息真实性评估人员保持超然独立的地位，这是公正性的组织基础；另一方面，会计信息真实性评估人员必须按公允、法定的规则和规程执业，具有公允的行为规范和业务规范，这是公正性的技术基础。

4.1.2.3 可比性

可比性是指会计信息真实性评估应该具有统一的口径和标准，以便评估结果具有横向可比性和纵向可比性。所谓横向可比是指同一时期关于不同会计主体会计信息真实性程度可以直接比较，纵向可比是指关于同一会计主体不同时期的会计信息的真实性程度可以直接比较。横向可比性有助于从时间截面的视角评判各会计主体会计信息的真实性，纵向可比性有助于从时间序列的视角评判同一会计主体会计信息的真实性。

4.1.2.4 咨询性

咨询性是指会计信息真实性评估结论本身并无强制执行的效力，评估者只对结论本身合乎职业规范要求负责，而不对经济活动中的决策负责。会计信息真实性评估与经济活动中的决策分别属于两个不同的过程，是由不同主体做出的。会计信息真实性评估为决策提供的信息只是作为决策者的参考信息，最终的决策还取决于决策者的判断。

4.2 主体与客体

4.2.1 评估主体

评估主体是指评估活动的实施者或者执行者，评估主体在接受委托方的委托后，按照具体的评估目标采用特定的方法通过合理的程序对评估客体进行评估，以得出可靠的评估结论。评估主体须具备独立的法人资格，能对评估结果负责。本书从企业内部审计的视角研究财务报表的如实反映企业经营状况的问题，评估主体专指企业的内部审计人员。企业的内部审计人员是企业专门设置的工作人员，在公司董事会和总经理的直接领导下，负责公司及控股子公司的审计工作。有权要求公司及子公司报送财务收支计划、资金计划、财务预算、财务决算、账目、凭证、账簿、报表等有关文件资料，检查资金、资产管理及使用等情况，跟踪企业的经营活动情况，防错纠弊，负责企业常规年度财务审计管理工作和根据公司董事会和总经理要求，开展过程审计或专项审计，向董事会和总经理提交审计工作计划和审计报告，对审计报告的正确性、可靠性、合理性负责，按时完成审计工作任务。

4.2.2 评估客体

评估客体是指评估工作中的评估对象，评估对象服务于评估目标，本书的评估目标是对企业财务报表如实反映企业经营状况的程度进行推测，因此评估对象主要为企业的财务报表，以及支撑评估工作顺利完成的企业各种业务活动记录，如原始凭证、会议记录等。企业内部审计人员就需要评测会计人员对业务的描述或度量与业务本身之间的相互对应或一致性。

如果把会计人员描述的业务统称为本体的话，那么财务报告就是对本体的映射结果，统称为影体，它是会计人员按照一定的规则将本体转换为特定的符号系统。本体可以划分为一系列的本体构件，代表会计人员单独描述的客观现象；同样，影体也可划分为一系列的影体构件，代表对本体构件的描述。理想的情况下，本体构件与影体构件之间应该有确定的一一对应的关系，但是对于失去真实性的会计信息，本体构件与影体构件可能存在的以下3种映射关系：①影体构件过载——几个本体构件映射为一个影体构件，说明会计人员用已有数据代替了真实数据；②影体构件过多——几个影体构件映射为一个本体构件，说明会计人员对同样的业务做了多套账；③影体构件剩余——影体构件未必能映射到任意的本体构件上，说明会计人员做了完全的假数据。3种缺陷情况如图4.1、图4.2和图4.3所示。评估主体需要判断各类评估客体之间是否存在上述3种关系并定量测度财务报表的如实反映程度。

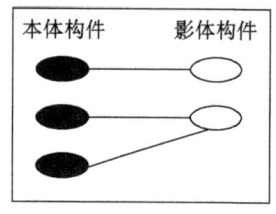

图 4.1　影体构件过载

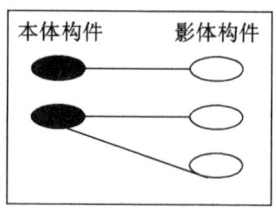

图 4.2　影体构件过多

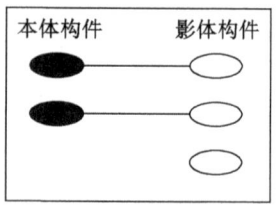

图 4.3　影体构件剩余

4.3 依据与方法

4.3.1 评估依据

评估依据是指影响会计信息真实性的各种因素的集合体，研究评估依据是为了明确企业会计信息真实性的各种影响因素，从而有针对性地提出评估方法。本节将从两个视角阐述企业会计信息真实性的评估依据。

4.3.1.1 企业业务

业务是指在可衡量得失基础上通过向其他人提供服务或货物的某类获利活动。对企业来说，业务是企业运转的核心活动和流程，是满足客户需求的必不可少的媒介，也是企业赖以生存和发展的平台。从语义上理解，业务是将个人或组织从事的获利活动按照行业类别加以区分后的概括性称谓。不同的业务预示活动须遵守的规则、活动作用的对象、活动产生的结果以及活动从事的领域完全不一样。

从业务的目标和内容来看，企业的业务可分为以下 8 种类型：①销售收入与收款事项，包括收到顾客订单、发送商品并向顾客开具账单、记录应收账款以及收款等程序。②采购与付款事项，包括通过支付货款或承诺支付货款的方式，取得货物或接受服务。③生产与存货事项，主要涉及生产、存储和出货。无论是生产型组织还是商业性组织，存货事项都是必不可少的环节，管理层理所当然地重视对存货事项的控制。④人力资源与工资事项，始于雇用适当的人，结束于向员工提供的服务支付相应的报酬。在这个事项中还包括取得员工提供的与公司目标一致的服务以及对这些服务进行适当的记录和会计处理。人力资源与工资事项对于大多数企业来说都是很关键的，管理层应该非常重视该事项的科学管理。⑤筹资事项，涉及以有息债务和所有者权益的形式取得资本以及偿还资本，筹资事项还包括支付利息和股利，这一事项十分重要，因为它是大多数企业筹资的首要来源，管理层应加强对筹资事项的控制，以保障会计信息的真实性。⑥投资事项，处理短期和长期的投资，将资源投入其他私人部门或公共部门的权益和债务证券，其目的是就是使闲置资金的回报率最大化，投资事项对于企业来说是至关重要的一个环节，它几乎决定了企业的目标能否实现。⑦货币资金事项，包括库存现金和存放于金融机构中的、可随时动用的存款的使用和管理，货币资金通常包含在多个业务事项中。⑧其他事项，指随着企业业务范畴的扩大和经营管理水平的提升，为实现效益最大化而产生的新型的业务事项。

会计信息产生于企业业务的发生和发展进程中，是对业务事实的总括性或者具体反映，其真实性取决于对业务事实的记录和报告的准确性。通过对反映业务事实的记录与报告进行核查，确定其描述的业务事实的真伪性，进而判定会计信息的真实性，因此企业业务是研究会计信息真实性的重要依据之一。

4.3.1.2 法律规范

法律与法规是规范人类行为的一种工具，它规定可做与不可做的底线。目前世界上大多数国家或地区制定了会计法律与法规。会计法规为会计人员提供了行为规范和技术指导，能够大大提高其对社会经济决策的支持作用。在我国，由全国人民代表大会制定中国境内普适的会计法律，由财政部制定指导会计工作的一系列通用规范，如会计准则等，还有各行业以及个别单位根据自身的特殊情况制定的会计制度，属于会计具体工作规范范畴。这些会计法律及规范规定了会计工作由谁做、怎么做等问题，同样也是研究会计信息真实性的重要依据之一。

4.3.2 评估方法

会计信息真实性评估方法是实现评定估算会计信息真实性的技术手段，其是在融合统计、计算机、经济预测与决策、财务管理、会计、金融、工程等学科的基础上，结合自身特点形成的一整套方法体系。会计信息真实性评估方法与其他学科的技术方法既有联系，又有区别。区别就在于会计信息真实性评估将其他学科的技术方法按照会计信息生成报告和使用的内在要求，用真实性评估的技术思路加以重组，从而构成会计信息真实性评估方法体系。本书将使用两种基本的方法，分别是白盒法和灰盒法。

4.3.2.1 白盒法

白盒法是评估主体通过核查业务事实与会计记录及报告之间的关系而确定会计信息真实性的一种评估方法。这种方法使用的前提是评估主体能够无障碍地收集到有关企业业务事实的信息和会计记录及报告的情况，评估主体本身对会计准则的把握和使用也达到公认的权威水平。白盒法又包括详查法和抽样法两种形式。

详查法是对某类经济活动及有关资料的全部内容毫无遗漏地进行全面详细审查的方法。这种方法的特点是，在审查会计资料的规模上对某类业务及涉及的会计记录和凭证进行逐一验证，实际上是要审查会计及其他有关业务人员已完成的全部工作。采用详查法既有优点也有缺点。优点是能够有效地查出会计资料中存在的各种差错，一般能够收集到证明被检查项目的完整的证据链，确保评估质量的可靠。缺点是由于要审查全部账表和凭证，工作量大、费时、费力、成本较高，必须安排足够的人员和资源才能完成评估任务。

抽样法是对被查总体中的部分经济业务或会计资料进行检查，并根据检查结果推断总体状况的方法。抽样法的前提是被查总体对象中每个项目都具有代表性，即能代表总体特征。采用抽查法在很大程度上要依赖对被评估单位内部控制制度有效性的评价。内部控制评价是分析判断内部控制在防止或者发现和纠正财务报表重大错报方面有效程度的过程。对内部控制进行总体上的评价，可以将控制风险评为高、较高、中、低等几个层次。根据内部控制评价结果，结合对真实性评价风险的承受程度，评估人员要确定完成评估工作需执行的对业务事实进行实质性测试的性质、时间和范围。如果评估人员能够无障碍地获取企业业务事实及其会计记录的信息，那么白盒法不失为一种理想的评估方法，但由于保护企业商业机密以及个人隐私权义务的存在，提供咨询服务的评估人员不太可能无障碍地获取企业的内部信息，尤其是私有信息。本书虽将基于白盒法进行真实性评估，但考虑到取得信息的不完全和不确定的现实情况，也会采用更加合理的方法。

4.3.2.2 灰盒法

灰盒法是评估主体在不能全面准确地得到企业业务事实和会计处理过程信息的情形下采用的一种评估方法，人们通过有限的内部数据和趋于无限的外部数据推测和验证会计信息的真实性。灰盒法是一种探索性方法，即基于已知的数据，发现数据之间的相关性，引导出推测假设，进一步找到因果关系和得出评价结果的方法。从逻辑推理上讲，灰盒法属于归纳法，有别于从理论出发的演绎法，分析结果取决于处理数据的种类、数量等特征。灰盒法是一种典型的贝叶斯思维方式①，这

---

① 贝叶斯思维方式是一种基于最佳可用证据（观察、数据、信息）计算信念效力（假设、主张、命题）的方法。核心思想是，初始信念加上新证据等于新的改进信念。基本的数学公式是：$P(B|E) = P(B) \times P(E|B) / P(E)$，其中 P 表示概率，B 表示信念，E 表示证据。$P(B)$ 是 B 为真的概率，而 $P(E)$ 是 E 为真的概率。$P(B|E)$ 表示如果 E 为真时 B 为真的概率，$P(E|B)$ 则是 B 为真时 E 为真的概率。

也应当是大数据时代思维的基本理念。随着互联网及云计算的普及,在大数据时代,人们有机会从多个渠道、多个角度获得事物的相关知识。贝叶斯的"看不见的手"利用这些知识逐步修订人们对事物的假设,从而形成正确的认识。本书将采用灰盒法对企业会计信息的真实性进行评估研究,基本的研究思路是,首先获取企业内部的业务信息及会计记录信息,然后基于灰色系统理论中的推测原理进行企业会计信息真实性评估。

4.4 评估模型的组成与结构

为了构建面向企业财务业务大数据且便于计算机进行智能处理的企业会计信息评估模型,评估模型需要具有4种功能:第一,非结构化大数据的结构化处理,虽然企业的财务数据是结构化数据,但业务数据中含有大量的非结构化数据,需要把这些非结构化的数据转变为结构化的数据才能让计算机进行处理;第二,业务数据的语义形式化表示,虽然业务数据的结构化建模能把非结构化的数据转变为结构化数据,但这些转变只是语法层面的,并不是语义层面的,要想让计算机进行智能处理,前提是能够理解被处理数据的语义,因此需要对业务数据反映的语义进行形式化建模;第三,财务业务数据的高效处理,面向企业财务业务的大数据是海量的,如何进行处理不仅涉及评估结果是否准确,还关乎处理效率的高低问题,按照信息论的基本原理,发生概率小的事件蕴含信息量大的观点,从财务业务大数据中抽取代表异常事件的数据进行处理是一种成本低、效益高的处理方法;第四,企业会计信息真实性的科学推测,尽管财务业务大数据能够全面地反映企业的情况,但这只是相对的,大数据也是相对而言的,用数据反映企业的真实情况且达到绝对的精准是无法实现的,只能是相对精确地反映,也就是说,会计信息系统对于评估人员来说,永远是一个灰色的系统。

因此,本部分将从大数据的结构化建模、业务场景的语义形式化建模、企业业务会计记录的异常检测建模、企业会计信息真实性灰推测建模4个层面阐述基于REA扩展模型的企业会计信息真实性评估模型的组成和结构。

4.4.1 大数据的结构化模型

在大数据环境下,会计信息真实性评估工作将由经验驱动变为数据驱动。大数据的体量、种类、速度已超出人类手工处理能力的极限,必须借助机器工具完成。鉴于大数据是混杂的数据，而不是单一或者规整的数据，要想让机器代替人类处理大数据，大数据必须是可用的，其可用性体现在精确性、完整性、一致性、有效性、唯一性等方面。精确性是描述数据是否与其对应的客观实体的特征相一致；完整性是描述数据是否存在缺失记录或缺失字段；一致性是描述同一实体的同一属性的值在不同的系统是否一致；有效性是描述数据是否满足用户定义的条件或在一定的域值范围内；唯一性是描述数据是否存在重复记录。

除了数据的可用性须得到保障外，大数据还应该满足以下条件：首先，数据是结构化的，即可用显式的结构表示数据的语义，即使是大段的文本数据，也应该通过文本分析技术从语义层面将其转变为结构化的数据；其次，数据是规范化的，即用标准化的单词或语素"表情达意"；最后，数据之间要有关联性，世界上的万事万物都是普遍联系的，作为描述和反映事物及其运动的数据要反映这种普遍联系，就体现为数据之间的关联关系。

依据企业信息系统概念建模的 Zachman 框架[①]，企业大数据概念模型的构建应该从不同的观察视角出发描述企业已经、正在或者将近发生的每个事件，并符号化事件发生的时间（when）、地点（where）、人物（who）、原因（why）、内容（what）、方式（how）6 种属性，形成事件大数据。符号化方式不同，就会形成各种数据类型，如可以用字母、数字、文字、图画、录音录像等方式，形成数字型、文本型、文本数字混合型、图画型、音频型、视频型、音频视频混杂型等数据。企业的事件随着时间像流水一样不断地发生，有的事件可以预见，有的事件纯属偶发，可预见事件在数据记录上可控性强一些，偶发事件具有随机性，如何进行数据化更具挑战性，如果纪录不全或者不对，校对是非常困难的，甚至是不可能的。

即使对同一事件，不同的人对其看法也不同，即常说的"仁者见仁，智者见智"。这是由其关注的焦点不同造成的。对于企业的经营管理而言，有几种类型的人员各自发挥着不同的作用，分别是企业所有者、企业管理者、业务操作者、外部监管者、评估人员。按照现代企业管理所有权和经营权相分离的模式，企业所有者是指给企业投资并获取经营收益但不参与企业管理的机构或者人员，也称为股东；企业管理者是指接受股东的委托从事企业日常经营管理活动的团队及人

---

① Sowa J, Zachman J. Extending and formalizing the framework for information systems architecture. IBM System Journal, 1992.

员；业务操作者是指听从管理者的调度完成具体的业务活动的人员；外部监管者是指对企业的经营管理活动进行监督和管控的单位或者部门，如证监会、环保部门、安全监察部门等；评估人员是指与企业没有直接关系但会关注企业社会责任履行情况的群体及人员。企业事件描述的维度模型如表4.1所示。

表4.1　　　　　　　　　　事件描述的维度模型

属性 观察者	时间 (when)	地点 (where)	人物 (who)	原因 (why)	内容 (what)	方式 (how)
企业所有者	P_{11}	P_{12}	P_{13}	P_{14}	P_{15}	P_{16}
企业管理者	P_{21}	P_{22}	P_{23}	P_{24}	P_{25}	P_{26}
业务操作员	P_{31}	P_{32}	P_{33}	P_{34}	P_{35}	P_{36}
外部监管者	P_{41}	P_{42}	P_{43}	P_{44}	P_{45}	P_{46}
评估人员	P_{51}	P_{52}	P_{53}	P_{54}	P_{55}	P_{56}

假定企业大数据用集合 B 表示，其元素为数据 d，企业发生的事件用 E_i 表示，对应事件 E_i 的数据为 D_i，则：$B = \{d \mid d \in D_i/E_i\}$，$i = 1, 2, \cdots, \infty$，

$$D_i/E_i = \begin{Bmatrix} p(i)_{11} & p(i)_{12} & p(i)_{13} & p(i)_{14} & p(i)_{15} & p(i)_{16} \\ p(i)_{21} & p(i)_{22} & p(i)_{23} & p(i)_{24} & p(i)_{25} & p(i)_{26} \\ p(i)_{31} & p(i)_{32} & p(i)_{33} & p(i)_{34} & p(i)_{35} & p(i)_{36} \\ p(i)_{41} & p(i)_{42} & p(i)_{43} & p(i)_{44} & p(i)_{45} & p(i)_{46} \\ p(i)_{51} & p(i)_{52} & p(i)_{53} & p(i)_{54} & p(i)_{55} & p(i)_{56} \end{Bmatrix}$$

其中，$p(i)_{lm}$，$l = 1, 2, 3, 4, 5$，$m = 1, 2, 3, 4, 5, 6$ 代表事件 E_i 在不同的维度下被符号化的结果，称之为事件属性。

企业发生的事件 E_i 可分为6类，分别称为企业所有者关注的事件 g_1，企业管理者关注的事件 g_2，业务操作员关注的事件 g_3，外部监管者关注的事件 g_4，评估人员关注的事件 g_5，如果用 $g(E_i)$ 表示事件 E_i 所属的类型，那么有下列关系成立：

$$g(E_i) \in \{g_1, g_2, g_3, g_4, g_5\}$$

通过上述形式化的表示，企业大数据结构化建模的目标得以实现，且描述企业事件的元数据清晰，此时元数据 = {时间、地点、人物、原因、内容、方式、企业所有者、企业管理者、业务操作者、外部监管者、评估人员}，便于对大数据的理解和运用，并从多个维度界定数据的属性，事件描述比较全面，有利于深入进行数据分析。

除了形式化表示外,需要对数据单元 $p(i)_{lm}$,$l=1,2,3,4,5$,$m=1,2,3,4,5,6$;$i=1,2,\cdots,\infty$ 进行规范化处理。数据单元是对不同维度下企业经营管理活动的描述,可以采用文字、图表、音像等载体表示,为了便于规范化处理,数据单元应该由两部分构成:基本元素集合和组合生成规则集合。基本元素是能够独立使用的最小的音、义、像结合的语言单位,基本元素集合由表达目标语义必需的基本元素组成,基本元素集合中基本元素的语义不能相互重叠和交叉,以保持基本元素集合规模最小化,便于计算机的存储和使用。组合生成规则是指由基本元素组合排列生成词组、句子、图形、图像、旁白等具有完整语义的语言形式的规则,这些规则都可以通过计算机程序实现。组合生成规则集合由一系列组合生成规则构成,它包含的内容要尽量丰富,因为规则越全面,可以组合生成的对象就越多。

利用机器学习和处理的方法,主要目的是从数据关联中发现规律、关联模式、时序上的特征。通过进行一些预测分析,能够发现统计学意义上的因果关系。因此,企业大数据之间的关联关系及其形式化表示对于机器学习和处理而言具有极其重要的作用。在对企业大数据进行形式化描述和规范化定义的基础上,本书再结合关联关系相关定义及其形式化表示方法。

定义 4.1 企业大数据之间的关联关系是指不同数据单元 $p(i)_{lm}$,$l=1,2,3,4,5$,$m=1,2,3,4,5,6$;$i=1,2,\cdots,\infty$ 之间组成的具有现实意义的关系,在企业事件描述的维度模型的范畴下,事件之间的关联关系可分为同类关联和类间关联两种。

定义 4.2 同类关联是指通过属性值比较而形成的同类事件之间的联系,依据参与比较属性值的数目,可进一步分为单属性同类关联和多属性同类关联两种类型。同类关联是企业事件之间的一种纵向联系方式,适用于用户从单个视角把握事件之间的关系。

定义 4.2.1 单属性同类关联是指根据属性值的取值情况建立的同类事件之间的联系,分为 4 种情况:属性值等于关注值时存在的事件联系,记为 SR_n^1;属性值不等于关注值时存在的事件联系,记为 SR_n^2;属性值位于某关注值区间时存在的事件联系,记为 SR_n^3;属性值位于某关注值区间之外时存在的事件联系,记为 SR_n^4。其中,n 表示构成关系的元素数,简称为关系的元数,$n=2,\cdots,\infty$,若用 A_i,$i=1,2,3,4,5,6$ 表示事件 E_i 的某个属性,a、b、c 分别表示使用

者关注的属性值,则单属性同类关联中的二元关系可形式化表示为:

$SR_2^1 = \{ <E_i, E_j> | \forall E_i, A_k = a, \forall E_j, A_k = a, i \neq j, g(E_i) = g(E_j),$
$i = 1, 2, \cdots, \infty; j = 1, 2, \cdots, \infty; k = 1, 2, 3, 4, 5, 6 \}$

$SR_2^2 = \{ <E_i, E_j> | \forall E_i, A_k \neq a, \forall E_j, A_k \neq a, i \neq j, g(E_i) = g(E_j),$
$i = 1, 2, \cdots, \infty; j = 1, 2, \cdots, \infty; k = 1, 2, 3, 4, 5, 6 \}$

$SR_2^3 = \{ <E_i, E_j> | \forall E_i, A_k \in [a, b], \forall E_j, A_k \in [a, b], i \neq j, g(E_i) = g(E_j),$
$i = 1, 2, \cdots, \infty; j = 1, 2, \cdots, \infty; k = 1, 2, 3, 4, 5, 6 \}$

或

$SR_2^3 = \{ <E_i, E_j> | \forall E_i, A_k \in (a, b), \forall E_j, A_k \in [a, b], i \neq j, g(E_i) = g(E_j),$
$i = 1, 2, \cdots, \infty; j = 1, 2, \cdots, \infty; k = 1, 2, 3, 4, 5, 6 \}$

或

$SR_2^3 = \{ <E_i, E_j> | \forall E_i, A_k \in [a, b], \forall E_j, A_k \in (a, b), i \neq j, g(E_i) = g(E_j),$
$i = 1, 2, \cdots, \infty; j = 1, 2, \cdots, \infty; k = 1, 2, 3, 4, 5, 6 \}$

或

$SR_2^3 = \{ <E_i, E_j> | \forall E_i, A_k \in (a, b), \forall E_j, A_k \in [a, b], i \neq j, g(E_i) = g(E_j),$
$i = 1, 2, \cdots, \infty; j = 1, 2, \cdots, \infty; k = 1, 2, 3, 4, 5, 6 \}$

$SR_2^4 = \{ <E_i, E_j> | \forall E_i, A_k \notin [a, b], \forall E_j, A_k \in [a, b], i \neq j, g(E_i) = g(E_j),$
$i = 1, 2, \cdots, \infty; j = 1, 2, \cdots, \infty; k = 1, 2, 3, 4, 5, 6 \}$

或

$SR_2^4 = \{ <E_i, E_j> | \forall E_i, A_k \notin (a, b), \forall E_j, A_k \in [a, b], i \neq j, g(E_i) = g(E_j),$
$i = 1, 2, \cdots, \infty; j = 1, 2, \cdots, \infty; k = 1, 2, 3, 4, 5, 6 \}$

或

$SR_2^4 = \{ <E_i, E_j> | \forall E_i, A_k \notin [a, b], \forall E_j, A_k \in [a, b], i \neq j, g(E_i) = g(E_j),$
$i = 1, 2, \cdots, \infty; j = 1, 2, \cdots, \infty; k = 1, 2, 3, 4, 5, 6 \}$

或

$SR_2^4 = \{ <E_i, E_j> | \forall E_i, A_k \notin (a, b), \forall E_j, A_k \in [a, b], i \neq j, g(E_i) = g(E_j),$
$i = 1, 2, \cdots, \infty; j = 1, 2, \cdots, \infty; k = 1, 2, 3, 4, 5, 6 \}$

类似地,可以定义三元直到 n 元的单属性同类事件关联关系 SR_n^1、SR_n^2、SR_n^3、SR_n^4 的形式化表达式。

定义 4.2.2 多属性同类关联是指由事件多个属性值之间存在的确定关系或者统计关系建立的同类事件之间的联系，前者称为函数多属性同类关联，记为 SM_n^1；后者称为统计多属性同类关联，记为 SM_n^2。其中，n 表示构成关系的元素数，简称为元数，$n = 2, \cdots, \infty$，假定用 F 表示事件不同属性值之间存在的确定关系，用 S 表示事件不同属性值之间存在的统计关系，仍用 A_i，$i = 1, 2, 3, 4, 5, 6$ 表示事件 E_i 的某个属性，那么多属性同类关联中的二元关系可形式化地表示为：

$SM_2^1 = \{ <E_i, E_j> | F(A_i, A_j) = 0, i \neq j, g(E_i) = g(E_j)$,
$i = 1, 2, 3, 4, 5, 6, j = 1, 2, 3, 4, 5, 6 \}$

$SM_2^2 = \{ <E_i, E_j> | S(A_i, A_j) = \varepsilon, i \neq j, g(E_i) = g(E_j)$,
$i = 1, 2, 3, 4, 5, 6, j = 1, 2, 3, 4, 5, 6, \varepsilon$ 为任意小的随机数$\}$

类似地，可以定义三元直到 n 元的多属性同类事件关联关系 SM_n^1、SM_n^2 的形式化表达式。

定义 4.3 类间关联是指通过属性值比较而形成的不同类事件之间的联系，依据参与比较属性值的数目，也可进一步分为单属性关联和多属性关联两种类型。类间关联是企业事件之间的一种横向联系方式，适用于用户从多个视角把握事件之间的关系。

定义 4.3.1 单属性类间关联是指根据属性值的取值情况建立的非同类事件之间的联系，分为四种情况：属性值等于关注值时存在的事件联系，记为 IR_n^1；属性值不等于关注值时存在的事件联系，记为 IR_n^2；属性值位于某关注值区间时存在的事件联系，记为 IR_n^3；属性值位于某关注值区间之外时存在的事件联系，记为 IR_n^4。其中，n 表示构成关系的元素数，简称为关系的元数，$n = 2, \cdots, \infty$，若用 A_i，$i = 1, 2, 3, 4, 5, 6$ 表示事件 E_i 的某个属性，a，b，c 分别表示使用者关注的属性值，则单属性类间关联中的二元关系可形式化表示为：

$IR_2^1 = \{ <E_i, E_j> | \forall E_i, A_k = a, \forall E_j, A_k = a, i \neq j, g(E_i) \neq g(E_j), i = 1, 2, \cdots, \infty$;
$j = 1, 2, \cdots, \infty; k = 1, 2, 3, 4, 5, 6 \}$

$IR_2^2 = \{ <E_i, E_j> | \forall E_i, A_k \neq a, \forall E_j, A_k \neq a, i \neq j, g(E_i) \neq g(E_j), i = 1, 2, \cdots, \infty$;
$j = 1, 2, \cdots, \infty; k = 1, 2, 3, 4, 5, 6 \}$

$IR_2^3 = \{ <E_i, E_j> | \forall E_i, A_k \in [a, b), \forall E_j, A_k \in [a, b), i \neq j, g(E_i) \neq g(E_j)$,
$i = 1, 2, \cdots, \infty; j = 1, 2, \cdots, \infty; k = 1, 2, 3, 4, 5, 6 \}$

或

$IR_2^3 = \{ <E_i, E_j> | \forall E_i, A_k \in (a,b), \forall E_j, A_k \in [a,b], i \neq j, g(E_i) \neq g(E_j),$
$i = 1, 2, \cdots, \infty; j = 1, 2, \cdots, \infty; k = 1, 2, 3, 4, 5, 6 \}$

或

$IR_2^3 = \{ <E_i, E_j> | \forall E_i, A_k \in [a,b], \forall E_j, A_k \in [a,b], i \neq j, g(E_i) \neq g(E_j),$
$i = 1, 2, \cdots, \infty; j = 1, 2, \cdots, \infty; k = 1, 2, 3, 4, 5, 6 \}$

或

$IR_2^3 = \{ <E_i, E_j> | \forall E_i, A_k \in (a,b), \forall E_j, A_k \in [a,b], i \neq j, g(E_i) \neq g(E_j),$
$i = 1, 2, \cdots, \infty; j = 1, 2, \cdots, \infty; k = 1, 2, 3, 4, 5, 6 \}$

$IR_2^4 = \{ <E_i, E_j> | \forall E_i, A_k \notin [a,b), \forall E_j, A_k \in [a,b], i \neq j, g(E_i) \neq g(E_j),$
$i = 1, 2, \cdots, \infty; j = 1, 2, \cdots, \infty; k = 1, 2, 3, 4, 5, 6 \}$

或

$IR_2^4 = \{ <E_i, E_j> | \forall E_i, A_k \notin (a,b), \forall E_j, A_k \in [a,b], i \neq j, g(E_i) \neq g(E_j),$
$i = 1, 2, \cdots, \infty; j = 1, 2, \cdots, \infty; k = 1, 2, 3, 4, 5, 6 \}$

或

$IR_2^4 = \{ <E_i, E_j> | \forall E_i, A_k \notin [a,b], \forall E_j, A_k \in [a,b], i \neq j, g(E_i) \neq g(E_j),$
$i = 1, 2, \cdots, \infty; j = 1, 2, \cdots, \infty; k = 1, 2, 3, 4, 5, 6 \}$

或

$IR_2^4 = \{ <E_i, E_j> | \forall E_i, A_k \notin (a,b], \forall E_j, A_k \in [a,b], i \neq j, g(E_i) \neq g(E_j),$
$i = 1, 2, \cdots, \infty; j = 1, 2, \cdots, \infty; k = 1, 2, 3, 4, 5, 6 \}$

类似地，可以定义三元直到 n 元的单属性不同类事件关联关系 IR_n^1、IR_n^2、IR_n^3、IR_n^4 的形式化表达式。

定义 4.3.2 多属性类间关联是指由事件多个属性值之间存在的确定关系或者统计关系建立的非同类事件之间的联系，前者称为函数多属性类间关联，记为 IM_n^1；后者称为统计多属性类间关联，记为 IM_n^2。其中，n 表示构成关系的元素数，简称为元数，$n = 2, \cdots, \infty$，假定用 F 表示事件不同属性值之间存在的确定关系，用 S 表示事件不同属性值之间存在的统计关系，仍用 A_i, $i = 1, 2, 3, 4, 5, 6$ 表示事件 E_i 的某个属性，那么多属性类间关联中的二元关系可形式化地表示为：

$IM_2^1 = \{ <E_i, E_j> | F(A_i, A_j) = 0, i \neq j, g(E_i) \neq g(E_j), i = 1, 2, 3, 4, 5, 6, j = 1, 2,$

$3,4,5,6\}$

$IM_2^2 = \{ <E_i, E_j> | S(A_i, A_j) = \varepsilon, i \neq j, g(E_i) \neq g(E_j), i = 1,2,3,4,5,6,$
$j = 1,2,3,4,5,6, \varepsilon$ 为任意小的随机数$\}$

类似地,可以定义三元直到 n 元的多属性类间关联关系 IM_n^1、IM_n^2 的形式化表达式。

如前所述,在企业大数据的构建过程中,收集数据是很容易的,但是能够将数据转化为有价值的模式却充满了挑战。Gartner 的研究表明①,正确的应用大数据并不容易,很多公司没有意识到数据本身并不是答案,往往倾向于观察那些实际并不存在的模式,从大数据中诠释价值对于那些打算投资的人来说是第一个挑战。按照本章建立的企业大数据概念模型的规划,将统一从时间(when)、地点(where)、人物(who)、原因(why)、内容(what)、方式(how)6 个维度描述企业发生的每一个事件,能为共享不同企业间的大数据提供标准接口,也能为理解和处理企业大数据提供清晰的数据框架,然而仅有数据框架是不够的,还需要具体的内容,也就是业务场景,人们才能够从企业大数据获取新发现和新知识。

需要指出的是,Zachman 框架是一个多视角、多维度的企业体系结构框架,为了实现本书的研究目标,以下将从评估人员的视角出发,结合企业的业务活动内容,对 Zachman 框架进行引申,应用于业务数据的语义解读和结构化处理工作之中。

4.4.2 业务场景的语义形式化模型

基于 REA 扩展模型的企业会计信息真实性评估模型在数据采集环节将面向企业大数据,评估主体需要对企业大数据进行分析才能得到"真金白银"的知识,而数据分析的前提条件是对数据语义有准确的解读。一般认为,语义是语言的意义内容,它是客观现实在人的意识中的反映,语言的基本语义可分为词汇意义、语法意义和修辞意义 3 大类。②

要想利用计算机处理大数据,首先要把大数据蕴含的语义采用形式化的方法加以描述。大数据要分别实现词汇意义、语法意义和修辞意义的形式化。所谓词汇意义的形式化,即不同的词汇意义用不同的词汇表示,实现一一对应的关系。

---

① http://www.199it.com/archives/215148.html.
② 王德春:《语言学通论》,北京大学出版社 2008 年版。

结构化的企业大数据采用财会行业术语或者经权威部门定义的新词语作为词汇意义的表达载体，这些词汇意义准确且变化不频繁，为广大的财务人员所接受和熟悉。另外，结构化企业大数据中使用的词汇一般都是高级抽象词汇，在实际的使用中，根据使用情景语义要具体化。非结构化的企业大数据一般以自然语言为载体，形象生动，表达力强，使用的词汇除了熟语、术语这类高级抽象的词汇外，还有大量的低级抽象词汇和一些不能独立应用的虚词，如介词、连词、助词、语气词，这些词要与其他的词搭配使用，要遵循词汇的语义搭配规则。在词汇意义的形式化中，同义词和多义词现象违反了词汇及其意义之间的一一对应关系，在这种情况下可借助于语法意义和修辞意义的联合描述来实现一一对应的关系。语法意义的形式化是指用不同的语法分析途径表达句子中蕴含的不同的语法意义。非结构化的企业大数据利用句子表达意义，把词汇组成句子要遵循一定的搭配规则，这些规则体现为句子的语法意义。句子语法意义的表达需通过语法分析的途径实现，主要的语法分析途径包括语法范畴分析、语法功能分析以及句法结构分析，每种途径下有若干分析对象，如语法范畴途径下包括性、数、格、时、人称、体、态等多种对象，语法功能途径下包括各种句子成分分析对象，句法结构途径下包括各种句型分析对象。通过途径和对象的不同组合可以准确地表达各种语法意义。修辞意义的形式化是指用不同的修辞手段表示句子包含的修辞意义。如前所述，修辞手段可分为修辞分化和语境意义两大类，而修辞分化手段可进一步细化为感情色彩、语体色彩、联想色彩等子手段，语境意义手段可通过社会文化意义和上下文意义等子手段实现。感情色彩子手段通过常用的修辞手法（如比喻、拟人、夸张、排比、对偶、反复、设问、反问、反语等）中的一种或几种组合实现。语体色彩子手段通过书卷语体、谈话语体、艺术语体和科学语体等对象的特点体现。联想色彩子手段通过常用的修辞手法（如比喻、拟人、夸张等）中的一种或几种组合实现。社会文化意义子手段可进一步通过时代、国别、政治、经济、法律、文化等子对象体现。其中，时代表示历史上以经济、政治、文化等状况为依据划分的时期；国别表示不同的国家；政治表示政府、政党、社会团体和个人在内政及国际关系方面的活动；经济表示社会物质生产和再生产的活动；法律表示由立法机关或国家机关制定，国家政权保证执行的行为规则的总和；文化表示人类在社会历史发展过程中创造的精神财富，也表示运用文字的能力及一般知识。上下文意义子手段也可进一步通过时间（when）、地点（where）、人物（who）、动机（why）、方式（how）等子对象体现。

以美国会计学教授 McCarthy 为核心的从事企业共有经济现象的 REA 语义建模研究的国外学术团体为了对会计系统进行语义建模，提出以微观经济学原理为基础，利用企业业务过程涉及的资源、事件和参与者等主要实体及其关系描述企业域内共有经济现象的概念建模方法，并将用这种方法描述企业交易现象的概念模型称为 REA 会计模型。①

4.4.2.1 REA 会计模型的基本原理与应用

实体—关系建模方法（E-R 模型法）认为世界由一组被称为实体的基本对象及这些对象间的联系组成。该方法首先识别问题域中的重要数据及其之间的联系，这些数据称为实体，数据之间的关系称为联系。② 对上述联系再增加更多的细节信息，例如实体和关系拥有的同性信息，以及施加在实体、关系和属性上的约束信息。什么是实体？在抽象的过程中，实体既可以代表具体的事物也可以代表抽象的事物。实体通常抽象为具有相同特征的事物的集合。实体通过实例化指向具体的事物。这一点与面向对象方法颇为相似。根据实体之间的数据依存关系，实体可以分为独立实体和依赖实体。独立实体不依赖于其他实体而存在；依赖实体必须依赖于其他实体才能存在。属性是实体具有的特征或性质。实体是通过属性表现其自身存在的。属性不能从实体中分离出来，必须是实体的一部分。如果一个属性可以唯一确定一个实体，则其称为主关键字。实体的属性是可以继承的，继承的属性称为继承属性，否则称为非继承属性，继承属性通过一个确定关系或分类关系"继承"得到。例如，每个学生都属于一个班级，那么属性"班级"就是学生的一个属性，而这个属性是通过"学生"实体和"班级"实体相关联得到的。非继承属性只能属于实体，是该实体实例的基本特征。

REA 会计模型的核心是使用经济资源、经济事件和参与者以及它们之间具有的存流、双重、控制 3 种关系描述企业生命历程中的核心活动——其内外部门之间的经济交易现象。REA 会计模型中包括的基本组件如图 4.4 所示。

---

① Tegarden DP, Schaupp LC, Dull RB. dentifying Ontological Modifications to the Resource – Event – Agent (REA) Enterprise Ontology Using a Bunge – Wand – Weber Ontological Evaluation [J]. Journal of Information Systems. 2013, 27 (1): 105–128.

② P. P. CHEN: "The entity – relationship model: towards a unified view of data", ACM TODS, Vol. 1, No 1, 1976.

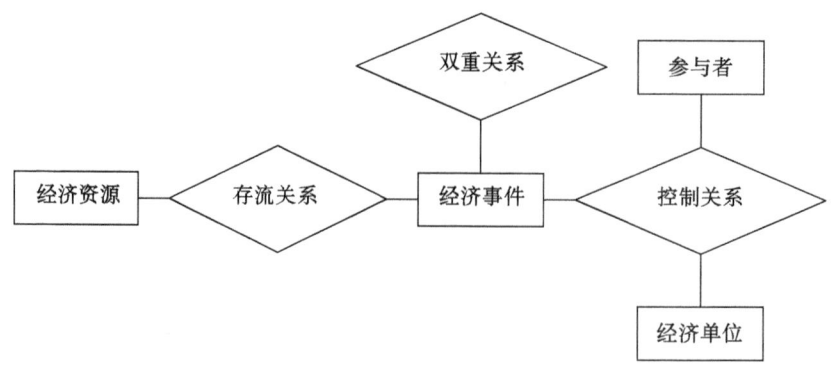

图 4.4 基本 REA 会计模型

①经济资源(economic resource)。经济资源是组织拥有的有形的物品(objects),它们不仅是稀缺的,而且是在组织控制之下的。这个定义与会计中"资产"的定义有所不同,按照这个定义,要求权(claim)不是资源。例如,应收账款就不是一种资源,它只不过是用来存储和传输数据的人工记录。应收账款不是系统的基本元素,它是由对顾客的销售额和销售收款之间的差额导出的。

②经济事件(economic event)。经济事件是对经济资源变动产生影响的现象。生产、交换、消费、分配方面的活动都是经济事件。经济事件是会计信息系统中的关键信息因素,是提供全面细致信息的基础。

③参与者(agent)。参与者是参与事件的个人或部门,既包括组织内部的参与者,也包括组织外部的参与者。参与者包括销售职员、生产工人、运输职员、顾客和原材料供应商等。

④经济单位(economic unit),由参与者的一个子集组成,专指组织的责任单位或为组织工作的人员。

⑤存流关系(stock–flow relationships),是指由于经济事件的发生经济资源的存量和流量发生变化的关系。

⑥双重关系(duality relationships),是指一种使经济资源增加的事件一定和另一个使经济资源减少的事件相对应的关系。

⑦控制关系(control relationships),是一个在经济事件、经济单位和参与者之间的三元关系,表示相关者之间权利和责任配置情况。简单起见,三元的控制关系常用两个在事件及其参与者之间的二元关系(称之为参与关系)代替。

REA 会计模型利用这些实体及其关系表示企业经济交易现象的概念结构,为人们理解和沟通企业的经济交易现象乃至企业的共有经济现象提供了一种概念基础。

4.4.2.2 REA 会计模型及其扩展

虽然基本的 REA 会计模型旨在描述企业生命历程中的核心活动——其内外部门之间的经济交易现象，但因为 REA 会计模型构件太过简单，只使用了经济资源、经济事件和参与者 3 个组件和它们之间具有的存流、双重、控制的 3 种关系，所以其只能描述一些简单的经济交易现象。为了描述更复杂的经济交易现象，需要对 REA 会计模型进行扩展。

REA 会计模型中的 3 种关系太笼统、太抽象，用来描述具体的经济业务关系是不够的，需要细化和划分各种关系。图 4.5 是扩展后的 REA 会计模型（以下简称 EREA 会计模型），保留原来的存流和双重关系，而将原来的控制关系替换为在企业的日常经营管理活动中常见的多种新关系。

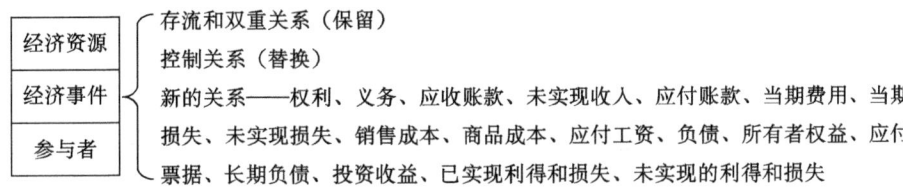

图 4.5　扩展的 REA 会计模型（EREA 会计模型）

4.4.3　企业业务会计记录的异常检测模型

会计信息失真是指会计记录与其欲反映的业务事实不一致，可分为会计造假和失误两种情况，前者是由会计人员的主观故意造成的，后者由会计人员的大意或者经验不足造成。无论哪种情况发生，都会直接表现为会计记录（Accounting Records）中出现一系列异常值。异常值是指会计记录中的个别值，其数值明显偏离正常范围。会计记录是各种会计账簿、会计凭证、会计报表，以及发票、合同等其他原始资料的统称，有时也专指账簿记录。会计记录是指对经过会计确认、会计计量的经济业务采用一定方法的符号化的结果。在会计记录中，对于经过确认而可以进入会计信息系统处理的每项数据，要运用预先设计的账户（账户是会计要素的再分类与具体化）和有关文字及金额，按复式记账规则的要求在账簿上加以登记。

基于业务场景的 EREA 会计模型，记录异常值可为 3 种类型，分别是资源记录异常、经济事件记录异常、参与者记录异常。这些异常值会直接或者间接导致会计账户数据失真。按照 REA 会计模型，会计账户是一系列实体之间的关系，如果实体记录异常，那么会计账户也会出现异常，这种异常会导致会计账户信息失真。一个会计账户，如果其实体组件发生的记录异常越多，那么该账户的记录越不可靠，通过累计每个账户涉及的实体记录异常次数，可反映该账户的失真程度，具体流程如图 4.6 所示。

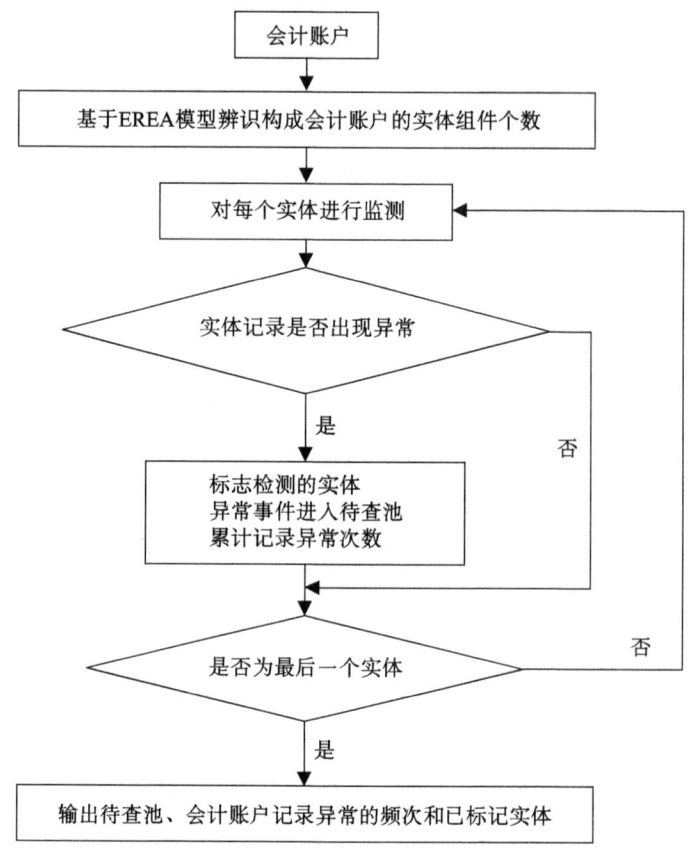

图 4.6 会计账户记录异常检测流程

4.4.4 企业会计信息真实性灰推测模型

尽管我们可以从理论上分析哪些因素会导致会计信息失真，但会计信息失真与具体的业务办理和工作环境有关，特别是与会计人员的心理和素质有关，而这些主观因素是很难了解清楚的，因此企业会计信息系统是一个灰盒，不可能完全清楚它所有的运行情况，基于灰理论的基本原理并根据有限的情报数据评估企业会计信息的真实性是适宜的。

灰色现象里含有已知的、未知的与非确知的种种信息，包含含糊不清的机理，称为灰色不确定性。① 信息不完全、关系不明确就难以用一般方法分析。灰色系统理论提出了灰关联空间，灰关联空间是升华了的信息空间。事实上，距离是信息，影响是信息，关系是信息，在灰关联空间建立的是灰模型，用距离、影响和关系作为考证事物的手段，以克服一般统计方法追求大样本、渴望典型动态、计算工作量大，有时与定性分析相径庭的弱点。②

人们通过概率与数理统计，解决样本量大、数据多但缺乏明显规律的问题，即"大样本不确定性"问题；人们用模糊数学处理人的经验与认知先验信息的不确定问题，即"认知不确定性"问题；灰理论中的默认原理为人们认识不确定问题提供了一种科学的方法。③ 本书将基于默认原理抽象出会计信息真实性的新的度量指标——灰度指标。以下讨论基于灰盒法的若干概念和命题。

4.4.4.1 离散谱映射

定义 4.4 令 $Pjt.$ 为映射，对于集合 $T = \{t_i | i \in I = \{1, 2, \cdots, n\}\}$ 有：

$Pjt. : T \rightarrow \rho$，$Pjt. : \phi \rightarrow 0$

其中，ρ 为数字，ϕ 为空集，则称 $Pjt.$ 为离散谱映射，ρ 为谱（值），当 $\rho = n$ 时，则称 $Pjt.$ 为正则的离散谱映射；否则，为非正则的离散谱映射。本书规定 $Pjt.$ 为非正则的离散谱映射，而且扩展定义为：

$$\rho = \sum_{i}^{n} t_i \tag{4.1}$$

命题 4.1 若 $T_1, T_2, \cdots, T_n$ 为两两互不相交的集合，$\rho_1, \rho_2, \cdots, \rho_n$ 分别为其对应的非正则的离散谱映射（值），则：

$$Pjt.(T_1 \cup T_2 \cup \cdots \cup T_n) = \sum_{i}^{n} \rho_i \tag{4.2}$$

证明 对于任意集合 T_i 的非正则的离散谱映射（值）ρ_i，由定义 4.1 知：$\rho_i = \sum_{j=1}^{m_{ii}} t_{ij}$，其中 m_i 为集合 T_i 的势（元素的个数），t_{ij} 为其元素。因为 $T_1, T_2, \cdots, T_n$ 为两两互不相交的集合，所以在 n 个集合中任意两个元素 t_{ij} 都不相等，故有：$Pjt.(T_1 \cup T_2 \cup \cdots \cup T_n) = \sum^{n} Pjt.T_i = \sum^{n} \sum^{m_{ii}} t_{ij} = \sum^{n} \rho_i$

---

① 邓聚龙：《灰预测与灰决策》，华中科技大学出版社 2002 年版。
② 邓聚龙：《灰色系统理论教程》，华中理工大学出版社 1990 年版。
③ 孙凡等："计算机会计信息真实性的宏观评测研究"，《生产力研究》2005 年第 5 期。

所以，命题 4.1 得证。

4.4.4.2 默认原理[①]

定义 4.5 默认，是指认为有必要考虑 T，若没有理由否认，则考虑 T。

定义 4.6 默认的事物、数字、对象与观念的全体称为默认空间。

命题 4.2 默认是具有不确定度的承认，默认空间越大，不确定度越大。

证明 显见。

4.4.4.3 默认空间的灰度[②]

定义 4.7 令 И 为命题，T 为 И 表现的离散默认空间。则称 $g^{\circ}_{.T}$ 为 И 表现的本征离散默认灰度，则：

$$g^{\circ}_{.T} = \frac{1}{\ln Pjt. T} \tag{4.3}$$

亦简称 $g^{\circ}_{.T}$ 为 T 的本征离散默认灰度。

4.5 本章小结

企业会计信息真实性的评估工作可以为审计工作提供支持，与会计信息真实性的审计工作之间是相辅相成的关系。本书提出了面向企业内部审计人员的会计真实性评估模型的理论框架，该框架综合了企业大数据的结构化模型、企业业务场景的语义形式化模型、基于业务场景的企业会计信息失真因素检测模型、基于失真因素的企业会计信息真实性灰测度模型 4 种模型，充分利用企业财务业务大数据和自动化方法对企业会计信息真实性进行判断，使评估工作由经验驱动变为数据驱动，由事后判断变为事中实时分析判断与预警，依据会计信息真实性灰推测模型能够及时且相对准确地判断企业会计信息的真实性，也能极大地降低评估工作的成本。

[①] 邓聚龙：《灰理论基础》，华中科技大学出版社 2002 年版。
[②] 邓聚龙：《灰理论基础》，华中科技大学出版社 2002 年版。

第5章 基于REA扩展模型的企业会计信息真实性评估模型的设计与应用研究

本章将以第4章提出的基于REA扩展模型的企业会计信息真实性评估模型为依据，结合内部审计工作规则和计算机信息处理的要求，以企业的销售与收款事项、采购与付款事项、生产与存货事项、人力资源与工资事项、筹资事项、投资事项和货币资金事项等7种为对象，给出各类事项以及企业整体业务会计信息真实性评估模型的设计内容与应用中应注意的关键因素。

5.1 设计思路研究

第一，企业会计信息失真是由企业经营管理过程中出现的违反会计业务规则的异常事件导致的，为了能够发现尤其是让机器发现企业会计信息生产过程中存在的各种质量劣化因素，进而为会计信息真实性的评估提供依据，需要基于企业的业务场景提取异常事件并对之进行分析，基于默认理论，从公式（4.3）出发，对于命题 И，会计信息是否真实，T 为 И 表现的离散默认空间，定义会计信息的真实性为：

$$g_T^r = \frac{1}{\ln(e + Pjt.\ T)} \tag{5.1}$$

其中，T 映射为会计环境中影响会计信息真实性的因素组成的离散集；e 为自然对数的底，约为2.718281828，是一个无理数。公式（5.1）添加 e 的作用在于当 $Pjt.\ T$ 为0时，保证 g_T^r 的值为100%，$0 \leq g_T^r \leq 1$，g_T^r 越大，会计信息的真实性越高，反之，真实性越低。

以下分析 T 的构成情况。定义为：

$$T = T_1 \cup T_2 \cup T_3 \cup T_4 \cup T_5 \cup T_6 \cup T_7 \tag{5.2}$$

其中，T_1 为销售收入与收款事项中的会计记录异常因素构成的离散集；T_2

为采购与付款事项中的会计记录异常因素构成的离散集；T_3 为生产与存货事项中的会计记录异常因素构成的离散集；T_4 为人力资源与工资事项中的会计记录异常因素构成的离散集；T_5 为筹资事项中的会计记录异常因素构成的离散集；T_6 为投资事项中的会计记录异常因素构成的离散集；T_7 为货币资金事项中的会计记录异常因素构成的离散集。

因此，由公式（5.1）和公式（5.2）得出由以上7种事项组成的企业总体业务体现的会计信息真实性的灰指标：

$$g_T^r = \frac{1}{\ln(e+Pjt.T)} = \frac{1}{\ln(e+\sum_{i=1}^{7} Pjt.T_i)} = \frac{1}{\ln(e+\sum_{i=1}^{7} \rho_i)} \tag{5.3}$$

同时，由各类业务体现的企业会计信息真实性的灰推测指标分别为：

$$g_{T_1}^r = \frac{1}{\ln(e+Pjt.T_1)} = \frac{1}{\ln(e+\rho_1)} \tag{5.4}$$

$$g_{T_2}^r = \frac{1}{\ln(e+Pjt.T_2)} = \frac{1}{\ln(e+\rho_2)} \tag{5.5}$$

$$g_{T_3}^r = \frac{1}{\ln(e+Pjt.T_3)} = \frac{1}{\ln(e+\rho_3)} \tag{5.6}$$

$$g_{T_4}^r = \frac{1}{\ln(e+Pjt.T_4)} = \frac{1}{\ln(e+\rho_4)} \tag{5.7}$$

$$g_{T_5}^r = \frac{1}{\ln(e+Pjt.T_5)} = \frac{1}{\ln(e+\rho_5)} \tag{5.8}$$

$$g_{T_6}^r = \frac{1}{\ln(e+Pjt.T_6)} = \frac{1}{\ln(e+\rho_6)} \tag{5.9}$$

$$g_{T_7}^r = \frac{1}{\ln(e+Pjt.T_7)} = \frac{1}{\ln(e+\rho_7)} \tag{5.10}$$

第二，本书将从内部审计人员的视角出发使用扩展REA会计模型（EREA会计模型）对企业经营管理活动中的7种主要事项进行结构化建模，以便准确计算各类事项中会计记录异常因素的个数和会计信息的灰推测指标。设计思路如图5.1所示，首先对每种事项进行结构化的文字描述，然后基于EREA会计模型进行形式化的符号语义建模，再次按照事项发生的真实性原则设计便于计算机进行自动化处理的会计记录异常检测算法，最后基于公式（5.3）至公式（5.8）计算各种事项的会计信息真实性的灰推测指标值。

第 5 章 基于 REA 扩展模型的企业会计信息真实性评估模型的设计与应用研究

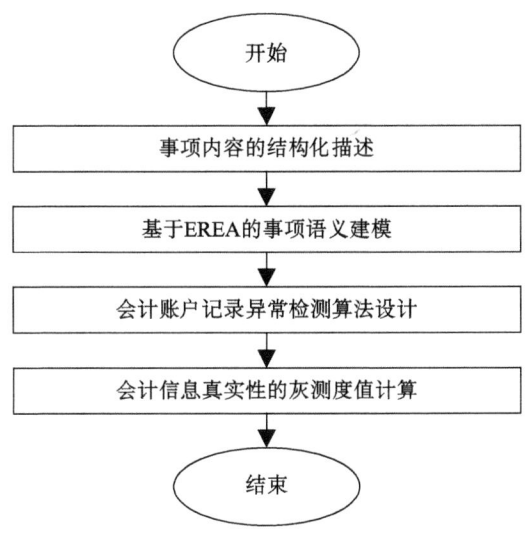

图 5.1　详细设计思路

第三，本书将采用双数据源的模式，第一种数据源为企业内部的 ERP 等业务系统，第二种数据源为企业的内部网络。从第一种数据源中抽取原始的会计凭证，从第二种数据源中采集对财务业务活动的描述数据，但这些描述数据一般是非结构化的，需要通过本书设计的模型进行结构化处理使其变为结构化数据，与原始的会计凭证进行比对，从而印证会计记录的真实性。这种模式能够显著增加评估结果的可靠性，具体的操作流程将在第 6 章案例分析中作详细的介绍。

5.2　面向企业各类业务事项的会计信息真实性评估模型

5.2.1　销售收入与收款事项评估模型

5.2.1.1　销售收入与收款事项描述

企业的销售与收款事项主要是由企业为顾客提供商品或劳务、收回现金等经营活动组成。以商品的销售为例，该事项涉及的主要业务活动有接受顾客订单、批准赊销信用、按销售单供货、按销售单发运货物、收款与应收账款管理等，上述业务活动通常涉及订单管理部门、信用管理部门、仓库部门、发运部门、财务部门和外部监管部门。订单管理部门的职责是区分现销和赊销，根据企业管理层的授权标准选择接受赊销订单，订单管理部门在批准了顾客订单之后，通常均应编制一式多联的销售单。信用管理部门的职责是批准赊销信用，在收到销售单后，应将销售单与该顾客已被授权的赊销信用额度以及至今尚欠的账款余额加以比较，以决定是否继续给予赊销。仓库部门的职责是按批准的销售单供货，防止未经授权擅自发货的行为。发运部门的职责是按销售单发运货物，确保发运商品与销售单相符。财务部门的职责是向顾客开具账单，按销售发票编制记账凭证，再据以登记销售明细账和应收账款明细账或库存现金、银行存款日记账，办理和记录现金、银行存款收入，记录销售折扣与折让，注销坏账，提取坏账准备等。外部监管部门的职责是对销售活动进行监管。

大多数企业都有大量的销售交易，因而管理层有必要对这些交易进行控制，以保证相关会计信息的真实性。从评估的角度来看，评估人员需要甄别被评估单位管理层对财务报表中有关销售与收款事项的确认、计量、列报和披露做出的明确的或隐含的表达是否遵循了真实发生原则，具体表现为业务实体的存在性和业务关系的合理性两个方面。这是因为按照实体—关系建模方法的基本观点：世界由一组称为实体的基本对象及这些对象间的关系组成。实体属于客观实在的范畴，既代表具体的事物也代表抽象的事物。属性是实体具有的特征或性质。实体是通过属性表现其自身存在的，属性分为时间、地域、人物或对象、原因、结果、方式等，不同实体的单个或多个属性之间存在的确定的关系就是实体之间的合理关系。

5.2.1.2 基于 EREA 的销售收入与收款事项语义建模

在销售收入与收款事项中，各类业务实体集合如下：

R = {商品，销货方提供的服务}

E = {收到顾客订单，签订销售合同，发送商品并向顾客开具账单，确认应收账款，收款，货物退回或折价，销售折让，退款}

A = {销货方，购货方，第三方}

在销售收入与收款事项中，业务关系是指由各种具体的业务实体组成的关系，比较重要的业务关系如下：

应收账款（商品，收到顾客订单，签订销售合同，发送商品并向顾客开具账单，确认应收账款，销货方，购货方，第三方，销货方提供的服务）；

收入（商品，收到顾客订单，签订销售合同，发送商品并向顾客开具账单，销货方，购货方，第三方，销货方提供的服务）；

第5章 基于 REA 扩展模型的企业会计信息真实性评估模型的设计与应用研究

未实现收入（收到顾客订单，签订销售合同，收款，销货方，购货方，第三方）；

销售退回与折让（商品，收到顾客订单，签订销售合同，发送商品并向顾客开具账单，销售折让，收款，货物退回或折价，退款，销货方，购货方，第三方，销货方提供的服务）。

在这里，实体间的关系统一用关系名（实体1，实体2，…，实体n）的形式表示。

按照事项会计的基本原理，销售收入与收款事项的真实发生原则可表示为：

$E \Rightarrow C$

上式表示由经济事件可以推导出会计记录，换句话说，即会计记录应与经济事件相符。

利用前文建立的企业经济事件描述模型，销售收入与收款事项的真实发生原则可进一步地表示为各种经济事件及其属性之间的关联关系，具体如下：

假设：收到顾客订单事件用 E_1 表示，签订销售合同事件用 E_2 表示，发送商品并向顾客开具账单事件用 E_3 表示，记录应收账款事件用 E_4 表示，收款事件用 E_5 表示，货物退回或折价事件用 E_6 表示，销售折让事件用 E_7 表示，退款事件用 E_8 表示，事件发生时间（when）、地点（where）、人物（who）、原因（why）、内容（what）、方式（how）6 种属性分别用 p_{i1}、p_{i2}、p_{i3}、p_{i4}、p_{i5}、p_{i6} 表示，这里 $i=(1,2,3,4,5,6,7,8)$ 代表8个经济事件，那么企业销售收入与收款事项的财务业务规则可表示为8种经济事件之间的单属性和多属性之间的关联关系，如表5.1所示。

表 5.1　企业销售收入与收款事项中事件之间的关联关系

	时间	地点	人物	原因	内容	方式
收到顾客订单事件（E_1）	p_{11}	p_{12} 可为销售部门所在地或移动办公地址	$p_{13} \in A$	p_{14} 为增加销售收入或其他	$p_{15}=${商品名称，商品代码}	p_{16} 由 p_{11}、p_{12}、p_{13}、p_{14}、p_{15} 决定
签订销售合同事件（E_2）	$p_{21} \geq p_{11}$	p_{22} 可为销售部门所在地或移动办公地址	$p_{23} \in A$	$p_{24}=p_{14}$	p_{25} 中的商品名称、代码与 p_{15} 中的相同	p_{26} 由 p_{21}、p_{22}、p_{23}、p_{24}、p_{25} 决定

续表

	时间	地点	人物	原因	内容	方式
发送商品并向顾客开具账单事件（E_3）	$p_{31} \geq p_{21}$	p_{32}为仓储待售商品所在地	$p_{33} \in A$	$p_{34} = p_{24}$	p_{35}中商品的价格、数量与p_{25}中的相同	p_{36}由p_{31}、p_{32}、p_{33}、p_{34}、p_{35}决定
记录应收账款事件（E_4）	$p_{41} \geq p_{31}$	p_{42}为财务部门所在地或移动办公地址	$p_{43} \in A$	$p_{44} = p_{34}$	p_{45}与p_{35}中的账单价格相同	p_{46}由p_{41}、p_{42}、p_{43}、p_{44}、p_{45}决定
收款事件（E_5）	$p_{51} \geq p_{41}$	p_{52}为开户银行所在地	$p_{53} \in A$	$p_{54} = p_{44}$	$p_{55} = p_{45} - p_{25}$的销售折扣	p_{56}为支票、汇票、本票、托收承付等
货物退回或折价事件（E_6）	$p_{61} \geq p_{41}$	p_{62}为销售部门所在地或仓储办公地址	$p_{63} \in A$	p_{64}为商品质量问题	$p_{65} = p_{35}$	p_{66}由p_{61}、p_{62}、p_{63}、p_{64}、p_{65}决定
销售折让事件（E_7）	$p_{71} \geq p_{51}$	p_{72}为财务部门所在地或移动办公地址	$p_{73} \in A$	p_{74}为促销	$p_{75} = p_{35}$	p_{76}由p_{71}、p_{72}、p_{73}、p_{74}、p_{75}决定
退款事件（E_8）	$p_{81} \geq p_{51}$	p_{82}为财务部门所在地或移动办公地址	$p_{83} \in A$	$p_{84} = p_{64}$	$p_{85} = p_{65}$	p_{86}由p_{81}、p_{82}、p_{83}、p_{84}、p_{85}决定

5.2.1.3 会计账户记录异常检测算法

依据 EREA 语义模型，销售收入与收款事项中涉及的会计账户主要包括应收账款、收入、未实现收入（预收账款）、销售退回与折让，按照 EREA 会计模型，这些账户是不同实体之间的联系，相关实体包括：

①商品，记为 e_1；

②收到顾客订单，记为 e_2；

③签订销售合同，记为 e_3；

④发送商品并向顾客开具账单，记为 e_4；

⑤确认应收账款，记为 e_5；

⑥收款，记为 e_6；

⑦销货方，记为 e_7；

⑧购货方，记为 e_8；

⑨第三方，记为 e_9；

第 5 章 基于 REA 扩展模型的企业会计信息真实性评估模型的设计与应用研究

⑩销货方提供的服务,记为 e_{10};

⑪货物退回或折价,记为 e_{11};

⑫销售折让,记为 e_{12};

⑬退款,记为 e_{13}。

如果分别用 YSZK、SR、WSXSR、XSTHYZR 表示关系应收账款、收入、未实现收入(预收账款)、销售退回与折让,那么依据 EREA 会计模型:

$YSZK = (e_1, e_2, e_3, e_4, e_5, e_7, e_8, e_9, e_{10})$

$SR = (e_1, e_2, e_3, e_4, e_7, e_8, e_9, e_{10})$

$WSXSR = (e_2, e_3, e_6, e_7, e_8, e_9)$

$XSTHYZR = (e_1, e_2, e_3, e_4, e_5, e_6, e_7, e_8, e_9, e_{10}, e_{11}, e_{12}, e_{13})$

如果用 $T(R)$ 表示关系 R 的元数,即构成关系 R 的实体个数,那么:

$T(YSZK) = 9$ $T(SR) = 8$ $T(WSXSR) = 6$ $T(XSTHYZR) = 13$

如果用 $W(R, N)$ 表示关系 R 中第 N 个元素,那么:

$W(YSZK, 1) = e_1, \cdots, W(YSZK, 9) = e_{10}$

$W(SR, 1) = e_1, \cdots, W(SR, 8) = e_{10}$

$W(WSXSR, 1) = e_2, \cdots, W(WSXSR, 6) = e_9$

$W(XSTHYZR, 1) = e_1, \cdots, W(XSTHYZR, 13) = e_{13}$

如果用 $ERR(C_{1l})$ 表示账户 C_{1l} 中出现的记录异常数目,$l = 1, 2, 3, 4$,这里 $C_{1l} \in C_1 = \{YSZK, SR, WSXSR, XSTHYZR\}$,用 V_1 表示集合 C_1 包含元素的个数,那么 $V_1 = 4$,而且 $ERR(C_{1l})$ 的算法如下:

算法 5.1 销售收入与收款事项中涉及重要会计账户记录异常数目的计算为:

Begin:

for $(j = 1, j \leq V_1, j++)$

$ERR(C_{1j}) = 0$

for $(i = 1, i \leq T(C_{1j}), i++)$

If $PD(W(C_{1j}, i))$ goto d

Else $ERR(C_{1j}) = ERR(C_{1j}) + 1$,异常事件进入异常池

d: *next i*

　　next j

End

Sub $PD(W(C_{1j},i))$ //判断会计账户 C_{1j} 的第 i 个构成实体是否正常

If $W(C_{1j},i) \in REA$ 模型中的资源,

  if 资源 R 存在, return TRUE,

  else return FALSE;

If $W(C_{1j},i) \in REA$ 模型中的参与者,

  If 参与者 A 存在, return TRUE,

  else return FALSE;

If $W(C_{1j},i) \in REA$ 模型中的经济事件,

  If 经济事件 E 符合表 5.1 的要求, return TRUE,

  else return FALSE;

else return FALSE

  END SUB

5.2.1.4 会计信息真实性的灰度值的计算

销售收入与收款事项是企业实现经营目标非常重要的一个环节,也是会计信息使用者比较关注的对象,这些因素对会计信息质量的影响是比较显著的。具体可以从以下 4 个方面加以判断:

① 应收账款($YSZK$);

② 收入(SR);

③ 未实现收入($WSXSR$);

④ 销售退回与折让($XSTHYZR$);

销售收入与收款事项中各因素对会计信息真实性的影响衡量属于一个模糊范畴,根据各因素对会计信息真实性影响的重要程度可用若干级别描述。以五级别描述为例,规定 5 个级别的值分别为 1.0、0.8、0.6、0.4、0.2,如果用 a_{1i} 表示 T_1 中诸因素的影响权重,则:

$$a_{1i} \in \{0.8, 0.6, 0.4, 0.2\}, i = 1, 2, \cdots, 4$$

另外,销售收入与收款事项中各因素对会计信息真实性的影响程度还与各因素中出现的记录异常频次 $ERR(C_l)$ 有关,这里 $C_l \in C = \{YSZK, SR, WSXSR, XSTHYZR\}$,$l = 1,2,3,4$,综合这两方面的情况,集合为:

$$T_1 = \{[ERR(YSZK), a_{11}], [ERR(SR), a_{12}], [ERR(WSXSR), a_{13}], [REE(XSTHYZR), a_{14}]\}$$ 同时,由公式(4.1)和公式(4.2)可推导出:

$$Pjt.\ T_1 = \rho_1 = \sum_{i=1}^{4} ERR(C_i) a_{1i} \tag{5.11}$$

最后，由公式（5.1）、公式（5.2）、公式（5.4）、公式（5.11）得出销售收入与收款事项中会计信息的真实性的计算公式为：

$$g_{T_1}^r = \frac{1}{\ln[e + \sum_{i=1}^{4} ERR(C_i) a_{1i}]} \tag{5.12}$$

5.2.2 采购与付款事项评估模型

5.2.2.1 采购与付款事项描述

采购与付款事项是指企业购买各种原材料和劳务、验收入库并支付贷款、准备投入生产经营过程的一系列业务总和。一般要经过请购—订货—验收—付款等4个基本程序。以原材料的采购为例，典型的采购及付款事项主要涉及企业两个重要部门：仓储部门和财务部门。仓储部门的主要职责是：请购单的编制与审批、编制订购单、验收原材料、储存已验原材料；原材料验收入库后，仓库保管编制入库单，将原材料分类妥善保管；存放原材料的仓储区应相对独立，限制无关人员接近。财务部门的主要职责包括：编制付款凭单、确认与记录负债；必须做到记录现金支出的人员不得经手现金、有价证券和其他资产。

大多数企业都有该项业务，管理层有必要加强控制，以保证相关会计信息的真实性。从评估的角度来看，评估人员需要甄别被评估单位管理层对财务报表中有关采购与付款事项的确认、计量、列报和披露做出的明确的或隐含的表达是否遵循了真实发生原则，具体表现为业务实体的存在性以及业务关系的合理性两个方面。

5.2.2.2 基于 EREA 的采购与付款事项语义建模

在采购与付款事项中，各类业务实体集合如下：

R = ｛物品，供应商提供的服务｝

E = ｛请购，需求确定，选择供应商，订单发布，签订采购合同，货物验收，采购退回，发票确认，货款支付｝

A = ｛供应商，购货方，第三方｝

在采购与付款事项中，比较重要的业务关系如下：

应付账款（物品，请购，需求确定，选择供应商，订单发布，签订采购合同，货物验收，采购退回，发票确认，供应商，购货方，第三方，供应商提供的服务）；

预付账款（物品，请购，需求确定，选择供应商，订单发布，签订采购合同，供应商，购货方）。

同样依据事项会计的基本原理，采购与付款事项的真实发生原则可统一表示为：

$E \Rightarrow C$

上式表示由经济事件可以推导出会计记录，换句话说，即会计记录应与经济事件相符。

利用前文建立的企业经济事件描述模型，采购与付款事项的真实发生原则可进一步地表示为各种经济事件及其属性之间的关联关系，具体如下：

假设：请购事件用 E_1 表示，需求确定事件用 E_2 表示，选择供应商事件用 E_3 表示，订单发布事件用 E_4 表示，签订采购合同事件用 E_5 表示，货物验收事件用 E_6 表示，采购退回事件用 E_7 表示，发票确认事件用 E_8 表示，货款支付事件用 E_9 表示，事件发生时间（when）、地点（where）、人物（who）、原因（why）、内容（what）、方式（how）6 种属性仍分别用 p_{i1}、p_{i2}、p_{i3}、p_{i4}、p_{i5}、p_{i6} 表示，这里 $i = (1, 2, 3, 4, 5, 6, 7, 8, 9)$ 代表 9 个经济事件，则企业采购与付款事项的财务业务规可表示为 9 种经济事件之间的单属性和多属性之间的关联关系，如表 5.2 所示。

表 5.2　　　　企业采购与付款事项中事件之间的关联关系

	时间	地点	人物	原因	内容	方式
请购事件（E_1）	p_{11}	p_{12} 可为采购部门所在地或移动办公地址	$p_{13} \in A$	p_{14} 为以合理采购成本弥补库存不足或者其他	p_{15} 为欲采购物品的代码、数量等内容	p_{16} 由 p_{11}、p_{12}、p_{13}、p_{14}、p_{15} 决定
需求确定事件（E_2）	$p_{21} \geq p_{11}$	p_{22} 可为采购审核部门所在地或移动办公地址	$p_{23} \in A$	p_{24} 为以合理采购成本弥补库存不足，此时 $p_{24} = p_{14}$，否则 $p_{24} \neq p_{14}$	p_{25} 为核准采购物品代码、数量等信息，可能与 p_{15} 中的相同，也可能不同	p_{26} 为审核机制

续表

	时间	地点	人物	原因	内容	方式
选择供应商事件（E_3）	$p_{31} \geqslant p_{21}$	p_{32} 为采购部门所在地或移动办公地址	$p_{33} \in A$	p_{34} 为实现合理采购成本或其他，如为前者，$p_{34} = p_{24}$，否则，$p_{34} \neq p_{24}$	p_{35} 为选定的供应商	p_{36} 为随机选择、领导指定等
订单发布事件（E_4）	$p_{41} \geqslant p_{31}$	p_{42} 为采购部门所在地或移动办公地址	$p_{43} \in A$	p_{44} 为实现合理采购成本或其他，如为前者，$p_{44} = p_{34}$，否则，$p_{44} \neq p_{34}$	$p_{45} = p_{25}$	p_{46} 由 p_{41}、p_{42}、p_{43}、p_{44}、p_{45} 决定
签订采购合同事件（E_5）	$p_{51} \geqslant p_{41}$	p_{52} 为采购部门所在地或移动办公地址	$p_{53} \in A$	p_{54} 为实现合理采购成本或其他，如为前者 $p_{54} = p_{44}$，否则，$p_{54} \neq p_{44}$	p_{55} 为买卖双方确定的购销物品的代码、单价、数量、总额等信息	p_{56} 由 p_{51}、p_{52}、p_{53}、p_{54}、p_{55} 决定
货物验收事件（E_6）	$p_{61} \geqslant p_{51}$	p_{62} 为货物仓储部门所在地	$p_{63} \in A$	p_{64} 为保证采购货物的质量或其他，如为前者，$p_{64} = p_{54}$，否则，$p_{64} \neq p_{54}$	p_{65} 为验收物品的名称、代码等。正常情况下 $p_{65} = p_{55}$ 否则，货物验收不合格	p_{66} 由 p_{61}、p_{62}、p_{63}、p_{64}、p_{65} 决定
采购退回事件（E_7）	$p_{71} \geqslant p_{61}$	p_{72} 为采购部门所在地或移动办公地址	$p_{73} \in A$	p_{74} 为保证采购货物的质量或其他，如为前者，$p_{74} = p_{64}$，否则，$p_{74} \neq p_{64}$	p_{75} 为退回物品的代码、单价、数量、总额等信息	p_{76} 由 p_{71}、p_{72}、p_{73}、p_{74}、p_{75} 决定
发票确认事件（E_8）	$p_{81} \geqslant p_{71}$	p_{82} 为采购部门所在地或移动办公地址	$p_{83} \in A$	p_{84} 为保证采购货款的正确性	p_{85} 为实际采购物品的代码、单价、数量、总额等信息。从总额来看，$p_{85} = p_{55} - p_{75}$	p_{86} 为自动确认或人工确认
货款支付事件（E_9）	$p_{91} \geqslant p_{81}$	p_{92} 为采购方财务部门所在地或移动办公地址	$p_{93} \in A$	p_{84} 为履行采购合同	$p_{95} = p_{85}$	p_{96} 为支票、汇票、本票、托收承付等

5.2.2.3 会计账户记录异常的检测算法

采购与付款事项中涉及的会计账户主要包括应付账款和预付账款，按照 EREA 会计模型，这些账户是不同实体之间的联系，相关实体包括：

①物品，记为 e_1；

②请购，记为 e_2；

③需求确定，记为 e_3；

④选择供应商，记为 e_4；

⑤订单发布，记为 e_5；

⑥签订采购合同，记为 e_6；

⑦货物验收，记为 e_7；

⑧采购退回，记为 e_8；

⑨发票确认，记为 e_9；

⑩货款支付，记为 e_{10}；

⑪供应商，记为 e_{11}；

⑫购货方，记为 e_{12}；

⑬第三方，记为 e_{13}；

⑭供应商提供的服务，记为 e_{14}。

如果分别用 $YFZK$、$UFZK$ 表示关系应付账款和预付账款，那么依据 EREA 会计模型：

$YFZK = (e_1, e_2, e_3, e_4, e_5, e_6, e_7, e_8, e_9, e_{11}, e_{12}, e_{13}, e_{14})$

$UFZK = (e_1, e_2, e_3, e_4, e_5, e_6, e_{11}, e_{12})$

如果用 $T(R)$ 表示关系 R 的元数，即构成关系 R 的实体个数，那么：

$T(YFZK) = 13 \quad T(UFZK) = 8$

如果用 $W(R,N)$ 表示关系 R 中第 N 个元素，那么：

$W(YFZK, 1) = e_1, \cdots, W(YFZK, 13) = e_{14}$

$W(UFZK, 1) = e_1, \cdots, W(UFZK, 8) = e_{12}$

如果用 $ERR(C_l)$ 表示账户 C_l 中出现的记录异常数目，$l = 1, 2$，这里 $C_{2l} \in C_2 = \{YFZK, UFZK\}$ 用 V_2 表示集合 C_2 包含元素的个数，那么 $V_2 = 2$，而且 $ERR(C_l)$ 的算法如下：

算法 5.2 采购与付款事项中涉及重要会计账户记录异常数目的计算为：

Begin:

$for(j=1, j \leq V_2, j++)$

$ERR(C_{2j}) = 0$

$for(i=1, i \leq T(C_{2j}), i++)$

If $PD(W(C_{2j}, i))$ goto d

Else $ERR(C_{2j}) = ERR(C_{2j}) + 1$

d: *next i*

next j

End

Sub $PD(W(C_{2j}, i))$ //判断会计账户 C_{2j} 的第 i 个构成实体是否正常

If $W(C_{2j}, i) \in REA$ 模型中的资源,

  if 资源 R 存在, return TRUE,

  else   return FALSE;

If $W(C_{2j}, i) \in REA$ 模型中的参与者,

  If 参与者 A 存在, return TRUE,

  else   return FALSE;

If $W(C_{2j}, i) \in REA$ 模型中的经济事件,

  If 经济事件 E 符合表 5.2 的要求, return TRUE,

  else   return FALSE;

else   return FALSE

  END SUB

5.2.2.4 会计信息真实性的灰值的计算

采购与付款事项是销售类企业实现经营目标必不可少的一个环节，也是大多数生产类企业不可或缺的一个环节，本事项主要反映企业的对外往来信息，具体包括以下两个账户：

①应付账款（YFZK）；

②预付账款（UFZK）。

如果用 a_{2i} 表示 T_2 中各因素的影响权重，$i=1,2$，用 $ERR(C_l)$ 表示各因素中出现的记录异常频次，这里 $C_l \in C = \{YFZK, UFZK\}$，$l = 1, 2$，则 $T_2 = \{[ERR(YFZK), a_{21}], [ERR(UFZK), a_{22}]\}$

同时，由公式（4.1）和公式（4.2）可推导出：

$$Pjt.\ T_2 = \rho_2 = \sum_{i=1}^{2} ERR(C_i) a_{2i} \tag{5.13}$$

最后，由公式（5.1）、公式（5.2）、公式（5.5）、公式（5.13）得出采购与付款事项中会计信息的真实性的计算公式为：

$$g_{T_2}^r = \frac{1}{\ln\left[e + \sum_{i=1}^{2} ERR(C_i) a_{2i}\right]} \tag{5.14}$$

5.2.3 生产与存货事项的评估模型

5.2.3.1 生产与存货事项描述

生产与存货事项是由原材料转化为产成品的有关活动组成。该事项涉及的主要业务活动包括：制订生产计划和安排生产；发出原材料，生产产品；核算产品成本；储存产成品；发出产成品、记录存货；等等。上述业务活动通常涉及生产计划部门、仓库部门、生产部门、人事部门、会计部门以及外部监管部门等。生产计划部门的职责是根据顾客订单或者对销售预测和存货需求的分析决定生产授权。如决定授权生产，即签发预先编号的生产通知单，该部门通常应将发出的所有生产通知单编号加以记录并控制。此外，还需要编制一份材料需求报告，列示需要的材料、零件及其库存。仓库部门的责任是根据生产部门已批准和签字的领料单发出原材料，并根据生产部门开具的入库单接收产成品。领料单可以一单一料，也可以一单多料。通常需一式三联，分别由领料部门、仓库部门和会计部门保管使用。生产部门在收到生产通知单并领取原材料后，便将生产任务分解到每一个生产工人，并将领取的原材料交给生产工人，据以执行生产任务。人事部门的责任是为生产配备好人员，并通过科学的薪酬制度调动工人的积极性。生产过程中的各种记录、生产通知单、领科单、计工单、入库单等文件资料都要汇集到会计部门，会计部门的职责是对其进行检查和核对，了解和控制生产过程中存货的实物流转，会同有关部门对生产过程中的成本进行核算和控制。外部监管部门的职责是对生产活动进行监管，如环保部门的监管工作。

无论是生产型组织还是商业型组织，生产存货事项都是必不可少的环节，管理层理所当然重视对存货事项的控制，以保证相关会计信息的真实性。从评估的角度来看，评估人员需要甄别被评估单位管理层对财务报表中有关生产存货事项的确认、计量、列报和披露做出的明确的或隐含的表达是否遵循了真实发生原则,具体表现为业务实体的存在性和业务关系的合理性两个方面。

5.2.3.2 基于 EREA 的生产与存货事项语义建模

在生产与存货事项中,各类业务实体集合如下:

R = {物品,生产中使用的专利和专有技术等}

E = {生产,储存,出货}

A = {入货方,提货方,仓管方}

在生产与存货事项中,比较重要的业务关系如下:

存货(物品,储存,出货,入货方,提货方,仓管方);

生产成本(物品,生产,生产中使用的专利和专有技术等);

销售成本(物品,出货,入货方,提货方,仓管方,生产中使用的专利和专有技术等)。

生产与存货事项的真实发生原则可统一表示为:

$E \Rightarrow C$

上式表示由经济事件可以推导出会计记录,换句话说,即会计记录应与经济事件相符。

利用前文建立的企业经济事件描述模型,生产与存货事项的真实发生原则可进一步地表示为各种经济事件及其属性之间的关系,如表 5.3 所示。

表 5.3　　　　生产与存货事项中经济事件之间的关联关系

	时间	地点	人物	原因	内容	方式
生产 (E_1)	p_{11}	p_{12} 为企业生产部门所在地或委托加工部门所在地	$p_{13} \in A$	p_{14} 为获取利润、赢得财政支持、抢占市场等	p_{15} 为产品代码、规格、数量、生产成本等	p_{16} 由 p_{11}、p_{12}、p_{13}、p_{14}、p_{15} 决定
储存 (E_2)	$p_{21} \geqslant p_{11}$	p_{22} 为企业仓库所在地或委托加工部门仓库所在地	$p_{23} \in A$	$p_{24} = p_{14}$	如果储存物品仅为生产品,则 $p_{25} = p_{15}$,否则 $p_{25} \neq p_{15}$	p_{26} 由 p_{21}、p_{22}、p_{23}、p_{24}、p_{25} 决定
出货 (E_3)	$p_{31} \geqslant p_{21}$	$p_{32} = p_{22}$	$p_{33} \in A$	p_{34} 为销售、投资、捐赠、非货币性交易等	$p_{35} = p_{25}$	p_{36} 由 p_{31}、p_{32}、p_{33}、p_{34}、p_{35} 决定

5.2.3.3　会计账户记录异常的检测算法

生产与存货事项中涉及的会计账户主要包括存货、生产成本和销售成本，按照 EREA 会计模型，这些账户是不同实体之间的联系，相关实体包括：

①物品，记为 e_1；

②生产，记为 e_2；

③储存，记为 e_3；

④出货，记为 e_4；

⑤入货方，记为 e_5；

⑥提货方，记为 e_6；

⑦仓管方，记为 e_7；

⑧生产中使用的专利专有技术等，记为 e_8。

如果分别用 CH、$SCCB$、$XSCB$ 表示关系存货、生产成本和销售成本，那么依据 EREA 会计模型：

$CH = (e_1, e_3, e_4, e_5, e_6, e_7)$

$SCCB = (e_1, e_2, e_8)$

$XSCB = (e_1, e_2, e_4, e_5, e_6, e_7)$

用 $T(R)$ 表示关系 R 的元数，即构成关系 R 的实体个数，那么：

$T(CH) = 6 \quad T(SCCB) = 3 \quad T(XSCB) = 7$

用 $W(R, N)$ 表示关系 R 中第 N 个元素，那么：

$W(CH, 1) = e_1, \cdots, W(CH, 6) = e_7$

$W(SCCB, 1) = e_1, \cdots, W(SCCB, 3) = e_8$

$W(XSCB, 1) = e_1, \cdots, W(XSCB, 7) = e_7$

如果用 $ERR(C_{3l})$ 表示账户 C_{3l} 中出现的记录异常数目，$l = 1, 2, 3$，这里 $C_{3l} \in C_3 = \{CH, SCCB, XSCB\}$，用 V_3 表示集合 C_3 所包含元素的个数，那么 $V_3 = 3$，而且 $ERR(C_{3l})$ 的算法如下：

算法 5.3　生产与存货事项中涉及重要会计账户记录异常数目的计算如下：

$Begin$：

$for(j = 1, j \leq V_3, j++)$

$ERR(C_{3j}) = 0$

$for(i = 1, i \leq T(C_{3j}), i++)$

If $PD(W(C_{3j},i))$ goto d

Else $ERR(C_{3j}) = ERR(C_{3j}) + 1$

$d:nexti$

$nextj$

End

Sub $PD(W(C_{3j},i))$ //判断会计账户 C_{3j} 的第 i 个构成实体是否正常

If $W(C_{3j},i) \in REA$ 模型中的资源,

　　if 资源 R 存在, return TRUE,

　　else   return FALSE;

If $W(C_{3j},i) \in REA$ 模型中的参与者,

　　If 参与者 A 存在, return TRUE,

　　else   return FALSE;

If $W(C_{3j},i) \in REA$ 模型中的经济事件,

　　If 经济事件 E 符合表 5.3 的要求, return TRUE,

　　else   return FALSE;

else   return FALSE

　　END SUB

5.2.3.4 会计信息真实性的灰值的计算

生产与存货事项是生产类企业实现经营目标必不可少的一个环节,本事项主要反映企业的生产成本和生产能力的信息,是外部使用者比较关注的信息,具体包括以下 3 个账户:

①存货（CH）;

②生产成本（$SCCB$）;

③销售成本（$XSCB$）。

如果用 a_{3i} 表示 T_3 中各因素的影响权重, $i=1,2,3$,用 $ERR(C_l)$ 表示各因素中出现的记录异常频次,这里 $C_l \in C = \{CH,SCCB,XSCB\}, l=1,2,3$,则 $T_3 = \{[ERR(CH),a_{31}],[ERR(SCCB),a_{32}],[ERR(XSCB),a_{33}]\}$ 。

同时,由公式（4.1）和公式（4.2）可推导出:

$$Pjt. T_3 = \rho_3 = \sum_{i=1}^{3} ERR(C_i)a_{3i} \qquad (5.15)$$

最后,由公式（5.1）、公式（5.2）、公式（5.6）、公式（5.15）得出生产

与存货事项中会计信息的真实性的计算公式为：

$$g_{T_3}^r = \frac{1}{\ln[e + \sum_{i=1}^{3} ERR(C_i)a_{3i}]} \tag{5.16}$$

5.2.4 人力资源与工资事项的评估模型

5.2.4.1 人力资源与工资事项描述

人力资源与工资事项始于雇用适当的员工，结束于向员工就其提供的服务支付相应的报酬。在这个事项中还包括取得员工提供的与公司目标一致的服务以及对这些服务进行适当的记录和会计处理。

人力资源与工资事项对于大多数企业来说都是很关键的，管理层应该非常重视该事项的科学管理，以保证相关会计信息的真实性。从评估的角度来看，评估人员需要甄别被评估单位管理层对财务报表中有关人力资源与工资事项的确认、计量、列报和披露做出的明确的或隐含的表达是否遵循了真实发生原则，具体表现为业务实体的存在性和业务关系的合理性两个方面。

5.2.4.2 基于 EREA 模型的业务语义建模

在人力资源与工资事项中，各类业务实体集合如下：

R = {劳动者创造的实物产品，劳动者创造的无形资产}

E = {雇用劳动者，支付报酬}

A = {资方、劳方}

在人力资源与工资事项中，比较重要的业务关系如下：

应付职工薪酬（劳动者创造的实物产品，雇用劳动者，资方，劳方，劳动者创造的无形资产）。

人力资源与工资事项的真实发生原则可统一表示为：

$E \Rightarrow C$

上式表示由经济事件可以推导出会计记录，换句话说，即会计记录应与经济事件相符。

利用前文建立的企业经济事件描述模型，人力资源与工资事项的真实发生原则可进一步地表示为各种经济事件及其属性之间的关联关系，如表 5.4 所示。

表 5.4　　　　　　　人力资源与工资事项中经济事件之间的关联关系

	时间	地点	人物	原因	内容	方式
雇用劳动者（E_1）	p_{11}	p_{12} 为企业人力资源部门所在地或其他	$p_{13} \in A$	p_{14} 为实现企业的战略或其他	p_{15} 为所雇用员工的基本信息	p_{16} 由 p_{11}、p_{12}、p_{13}、p_{14}、p_{15} 决定
支付报酬（E_2）	$p_{21} \geq p_{11}$	p_{22} 为企业财务部门所在地或其他	$p_{23} \in A$	$p_{24} = p_{14}$	员工薪酬结构与数量	p_{26} 由 p_{21}、p_{22}、p_{23}、p_{24}、p_{25} 决定

5.2.4.3　会计账户记录异常的检测算法

人力资源与工资事项中涉及的会计账户主要为应付职工薪酬，按照 EREA 会计模型，该账户是不同实体之间的联系，相关实体包括：

①劳动者创造的实物产品，记为 e_1；

②雇用劳动者，记为 e_2；

③支付报酬，记为 e_3；

④资方，记为 e_4；

⑤劳方，记为 e_5；

⑥劳动者创造的无形资产，记为 e_6。

如果用 YFZGXC 表示关系应付职工薪酬，那么依据 EREA 会计模型：

$YFZGXC = (e_1, e_2, e_4, e_5, e_6)$；

用 $T(R)$ 表示关系 R 的元数，即构成关系 R 的实体个数，那么：

$T(YFZGXC) = 5$

如果用 $W(R, N)$ 表示关系 R 中第 N 个元素，那么：

$W(YFZGXC, 1) = e_1, \cdots, W(YFZGXC, 5) = e_6$

如果用 ERR（C_{4l}）表示账户 C_{4l} 中出现的记录异常数目，$l = 1$，这里 $C_{4l} \in C_4 = \{YFZGXC\}$，用 V_4 表示集合 C_4 包含元素的个数，那么 $V_4 = 1$，而且 ERR（C_{4l}）的算法如下：

算法 5.4　人力资源与工资事项中涉及重要会计账户记录异常数目的计算为：

$Begin$：

$for(j = 1, j \leq V_4, j++)$

$ERR(C_{4j}) = 0$

$for(i=1, i \leqslant T(C_{4j}), i++)$

If $PD(W(C_{4j}, i))$ goto d

Else $ERR(C_{4j}) = ERR(C_{4j}) + 1$

$d: next\, i$

$next\, j$

End

Sub $PD(W(C_{4j}, i))$//判断会计账户 C_{4j} 的第 i 个构成实体是否正常

If $W(C_{4j}, i) \in REA$ 模型中的资源,

if 资源 R 存在, return TRUE,

else   return FALSE;

If $W(C_{4j}, i) \in REA$ 模型中的参与者,

If 参与者 A 存在, return TRUE,

else   return FALSE;

If $W(C_{4j}, i) \in REA$ 模型中的经济事件,

If 经济事件 E 符合表 5.4 的要求, return TRUE,

else   return FALSE;

else   return FALSE

END SUB

5.2.4.4 会计信息真实性的灰值的计算

人力资源与工资事项几乎是所有类型企业实现经营目标必不可少的一个环节，本事项既反映企业的经营成本也反映企业的经营之道和社会责任信息，也是外部使用者经常关注的信息，具体账户为应付职工薪酬（YFZGXC）。

如果用 a_{4i} 表示 T_4 中各因素的影响权重，$i=1$，用 $ERR(C_l)$ 表示各因素中出现的记录异常频次，这里 $C_l \in C = \{YFZGXC\}$，$l=1$，那么 $T_4 = \{ERR(YFZGXC), a_{41}\}$。

同时，由公式（4.1）、公式（4.2）可推导出：

$$Pjt. T_4 = \rho_4 = \sum_{i=1}^{1} ERR(C_i) a_{4i} \tag{5.17}$$

最后，由公式（5.1）、公式（5.2）、公式（5.7）、公式（5.17）得出人力资源与工资事项中会计信息的真实性的计算公式为：

$$g_{T_4}^r = \frac{1}{\ln[e + \sum_{i=1}^{1} ERR(C_i) a_{4i}]} \tag{5.18}$$

5.2.5 筹资事项的评估模型

5.2.5.1 筹资事项的描述

筹资活动是企业为了满足生存和发展的需要，通过改变企业资本及债务规模和构成而筹集资金的活动，主要由借款交易和股东权益交易组成。业务活动涉及筹资方、投资方、第三方。筹资方就企业重要的筹资活动进行决策、授权、审批和实施，具体而言，由筹资方的董事会授权其高级管理层进行筹资决策及审批工作，筹资方的财务部门负责实施工作。投资方也是如此，要对企业重要的投资活动进行决策、授权、审批和实施。第三方是指为企业筹投资活动服务的组织，如投资银行、担保公司和监管部门等。投资银行接受企业的委托完成筹资业务，担保公司为企业的筹资业务提供资金担保，监管部门对企业发行股票等事项履行监督职能。

筹资事项十分重要，因为它是大多数企业筹资的首要来源。管理层应加强对筹资事项的控制，以保障会计信息的真实性。从评估的角度来看，评估人员需要甄别被评估单位管理层对财务报表中有关筹资事项的确认、计量、列报和披露做出的明确的或隐含的表达是否遵循了真实发生原则，原则具体表现为业务实体的存在性和业务关系的合理性两个方面。

5.2.5.2 基于 EREA 的筹资事项语义建模

在筹资事项中，各类业务实体集合如下：

R = {货币资金，筹集的无形资产}

E = {提出筹资请求，确定筹资需求，选择融资方式，获取资金，支付利息和股利}

A = {债权人，投资人，筹资方，提供筹资咨询及服务者}

在筹资事项中，比较重要的业务关系如下：

应付债券（货币资金，提出筹资请求，确定筹资需求，选择融资方式，获取资金，债权人，筹资方，提供筹资咨询及服务者）

长期借款（货币资金，提出筹资请求，确定筹资需求，选择融资方式，获取资金，债权人，筹资方）

实收资本（货币资金，提出筹资请求，确定筹资需求，选择融资方式，获取资金，投资人，筹资方，提供筹资咨询及服务者，筹集的无形资产）

应付利息（债权人，筹资方，货币资金，筹集的无形资产，提出筹资请求，确定筹资需求，选择融资方式，获取资金，支付利息）

应付股利（货币资金，提出筹资请求，确定筹资需求，选择融资方式，获取资金，支付股利，投资人，筹资方，提供筹资咨询及服务者，筹集的无形资产）

同样，依据事项会计的基本原理，筹资事项的真实发生原则可统一表示为：

$E \Rightarrow C$

上式表示由经济事件可以推导出会计记录，换句话说，即会计记录应与经济事件相符。

利用前文建立的企业经济事件描述模型，筹资事项的真实发生原则可进一步地表示为各种经济事件之间的关联关系，如表 5.5 所示。

表 5.5　　　　企业筹资事项中经济事件之间的关联关系

	时间	地点	人物	原因	内容	方式
提出筹资请求事件（E_1）	p_{11}	p_{12} 为财务部门所在地或移动办公地址	$p_{13} \in A$	p_{14}	$p_{15}=\{$资金种类，拟筹集量，时间要求，支付的利息与股利等$\}$	p_{16} 由 p_{11}、p_{12}、p_{13}、p_{14}、p_{15} 决定
确定筹资需求事件（E_2）	$p_{21} \geqslant p_{11}$	p_{22} 为筹资审核部门所在地或移动办公地址	$p_{23} \in A$	$p_{24}=p_{14}$	p_{25} 可能与 p_{15} 相同，也可能不同	p_{26} 由 p_{21}、p_{22}、p_{23}、p_{24}、p_{25} 决定
选择融资方式事件（E_3）	$p_{31} \geqslant p_{21}$	p_{32} 为财务部门所在地或移动办公地址	$p_{33} \in A$	$p_{34}=p_{24}$	p_{35} 为发行债券或股票，私募，借款	p_{36} 由 p_{31}、p_{32}、p_{33}、p_{34}、p_{35} 决定
获取资金事件（E_4）	$p_{41} \geqslant p_{31}$	p_{42} 为财务部门及企业开户银行所在地	$p_{43} \in A$	$p_{44}=p_{34}$	$p_{45}=p_{25}$	p_{46} 由 p_{41}、p_{42}、p_{43}、p_{44}、p_{45} 决定
支付利息和股利事件（E_5）	$p_{51} \geqslant p_{41}$	p_{52} 为财务部门及企业开户银行所在地	$p_{53} \in A$	$p_{54}=p_{44}$	$p_{55}=p_{25}$	p_{56} 由 p_{51}、p_{52}、p_{53}、p_{54}、p_{55} 决定

5.2.5.3　筹资事项中会计账户记录异常的检测算法

筹资事项中涉及的会计账户主要包括应付债券、长期借款、实收资本、应付

第 5 章 基于 REA 扩展模型的企业会计信息真实性评估模型的设计与应用研究

利息、应付股利，按照 EREA 会计模型，这些账户是不同实体之间的联系，相关实体包括：

①货币资金，记为 e_1；

②提出筹资请求，记为 e_2；

③确定筹资需求，记为 e_3；

④选择融资方式，记为 e_4；

⑤获取资金，记为 e_5；

⑥支付利息和股利，记为 e_6；

⑦债权人，记为 e_7；

⑧投资人，记为 e_8；

⑨筹资方，记为 e_9；

⑩提供筹资咨询及服务者，记为 e_{10}；

⑪筹集的无形资产，记为 e_{11}。

分别用 YFZQ、CQJK、SSZB、YFLX、YFGL 表示关系应付债券、长期借款、实收资本、应付利息、应付股利，那么依据 EREA 会计模型：

$YFZQ = (e_1, e_2, e_3, e_4, e_5, e_7, e_9, e_{10})$

$CQJK = (e_1, e_2, e_3, e_4, e_5, e_7, e_9)$

$SSZB = (e_1, e_2, e_3, e_4, e_5, e_8, e_9, e_{10}, e_{11})$

$YFLX = (e_1, e_2, e_3, e_4, e_5, e_6, e_7, e_9, e_{10})$

$YFGL = (e_1, e_2, e_3, e_4, e_5, e_6, e_8, e_9, e_{10}, e_{11})$

用 $T(R)$ 表示关系 R 的元数，即构成关系 R 的实体个数，那么：

$T(YFZQ) = 8$、$T(CQJK) = 7$、$T(SSZB) = 9$、$T(YFLX) = 9$、$T(YFGL) = 10$

用 $W(R, N)$ 表示关系 R 中第 N 个元素，那么：

$W(YFZQ, 1) = e_1, \cdots, W(YFZQ, 8) = e_{10}$

$W(CQJK, 1) = e_1, \cdots, W(CQJK, 7) = e_9$

$W(SSZB, 1) = e_1, \cdots, W(SSZB, 9) = e_{11}$

$W(YFLX, 1) = e_1, \cdots, W(YFLX, 9) = e_{10}$

$W(YFGL, 1) = e_1, \cdots, W(YFGL, 10) = e_{11}$

如果用 $ERR(C_{5l})$ 表示账户 C_{5l} 中出现的记录异常数目，$l = 1, 2, 3, 4, 5$，这里 $C_{5l} \in C_5 = \{YFZQ, CQJK, SSZB, YFLX, YFGL\}$，用 V_5 表示集合 C_5 包含元素的个数，那么 $V_5 = 5$，而且 $ERR(C_{5l})$ 的算法如下：

算法 5.5 筹资事项中涉及重要会计账户记录异常数目的计算为：

Begin：

$for(j=1, j \leqslant V_5, j++)$

$ERR(C_{5j})=0$

$for(i=1, i \leqslant T(C_{5j}), i++)$

If $PD(W(C_{5j},i))$ goto d

Else $ERR(C_{5j})=ERR(C_{5j})+1$

d：next i

next j

End

Sub $PD(W(C_{5j},i))$ //判断会计账户 C_{5j} 的第 i 个构成实体是否正常

If $W(C_{5j},i) \in REA$ 模型中的资源，

　　if 资源 R 存在，return TRUE，

　　　else   return FALSE；

If $W(C_{5j},i) \in REA$ 模型中的参与者，

　　If 参与者 A 存在，return TRUE，

　　　else   return FALSE；

If $W(C_{5j},i) \in REA$ 模型中的经济事件，

　　If 经济事件 E 符合表 5.5 的要求，return TRUE，

　　　else   return FALSE；

else   return FALSE

END SUB

5.2.5.4　筹资事项会计信息真实性的灰值的计算

筹资事项也是所有类型企业实现经营目标必不可少的一个环节，本事项反映企业的资金来源和资金成本信息，具体包括以下账户：

①应付债券（YFZQ）；

②长期借款（CQJK）；

③实收资本（SSZB）；

④应付利息（YFLX）；

⑤应付股利（YFGL）。

如果用 a_{5i} 表示 T_5 中各因素的影响权重，$i=1,2,3,4,5$，用 $ERR(C_l)$ 表示各因素中出现的记录异常频次，这里 $C_l \in C = \{YFZQ, CQJK, SSZB, YFLX, YFGL\}$，$l=1,2,3,4,5$，那么 $T_5 = \{[ERR(YFZQ), a_{51}], [ERR(CQJK), a_{52}], [ERR(SSZB), a_{53}], [ERR(YFLX), a_{54}], [ERR(YFGL), a_{55}]\}$

同时，由公式（4.1）和公式（4.2）可推导出：

$$Pjt.T_5 = \rho_5 = \sum_{i=1}^{5} ERR(C_i) a_{5i} \tag{5.19}$$

最后，由公式（5.1）、公式（5.2）、公式（5.8）、公式（5.19）得出筹资事项中会计信息的真实性的计算公式为：

$$g_{T_5}^r = \frac{1}{\ln\left[e + \sum_{i=1}^{5} ERR(C_i) a_{5i}\right]} \tag{5.20}$$

5.2.6 投资事项的评估模型

5.2.6.1 投资事项的描述

投资活动是企业为通过分配增加财富，或为谋求其他利益，将资产让渡给其他单位而获得另一项资产的活动，主要由投资交易和债权性投资交易组成。上述业务活动涉及投资方、筹资方、第三方。投资方要对企业重要的投资活动进行决策、授权、审批和实施；筹资方是接受投资的一方；第三方是指为企业筹投资活动服务的组织，如投资银行、担保公司和监管部门等。

投资事项对于企业来说是至关重要的一个环节，它基本上决定了企业的目标能否实现，管理层要特别重视对该事项的控制，以保障会计信息的真实性。从评估的角度来看，评估人员需要甄别被评估单位管理层对财务报表中有关投资事项的确认、计量、列报和披露做出的明确的或隐含的表达是否遵循了真实发生原则，具体表现为业务实体的存在性和业务关系的合理性两个方面。

5.2.6.2 基于 EREA 的投资事项语义建模

在企业投资事项中，各类业务集合如下：

R = {有形资产，无形资产}

E = {确定投资目标，可行性论证，购买债权或股权，保管，收入}

A = {投资方，被投资方，第三方}

在企业投资事项中，比较重要的业务关系如下：

投资收益（有形资产，确定投资目标，可行性论证，购买债权或股权，保管，收入，投资方，被投资方，第三方，无形资产）；

利得和损失（有形资产，确定投资目标，可行性论证，购买债权或股权，保管，投资方，被投资方，第三方，无形资产）。

依据事项会计的基本原理，企业投资事项的真实发生原则可统一表示为：

$E \Rightarrow C$

上式表示由经济事件可以推导出会计记录，换句话说，即会计记录应与经济事件相符。

利用前文建立的企业经济事件描述模型，投资事项的真实发生原则可进一步表示为各种经济事件之间的关联关系，具体如表5.6所示。

表5.6　　　　　企业投资事项中经济事件之间的关联关系

	时间	地点	人物	原因	内容	方式
确定投资目标事件（E_1）	p_{11}	p_{12}为财务部门所在地或移动办公地址	$p_{13} \in A$	p_{14}	p_{15} = ｛投资项目，投资规模，投入时间，收益预期｝	p_{16}由p_{11}、p_{12}、p_{13}、p_{14}、p_{15}决定
可行性论证事件（E_2）	$p_{21} \geqslant p_{11}$	p_{22}为筹资审核部门所在地或移动办公地址	$p_{23} \in A$	$p_{24} = p_{14}$	p_{25}可能与p_{15}相同，也可能不同	p_{26}由p_{21}、p_{22}、p_{23}、p_{24}、p_{25}决定
购买债权或股权事件（E_3）	$p_{31} \geqslant p_{21}$	p_{32}为财务部门所在地或移动办公地址	$p_{33} \in A$	$p_{34} = p_{24}$	$p_{35} = p_{25}$	p_{36}由p_{31}、p_{32}、p_{33}、p_{34}、p_{35}决定
保管与记录事件（E_4）	$p_{41} \geqslant p_{31}$	p_{42}为财务部门及企业开户银行所在地	$p_{43} \in A$	$p_{44} = p_{34}$	$p_{45} = p_{25}$	p_{46}由p_{41}、p_{42}、p_{43}、p_{44}、p_{45}决定
收入事件（E_5）	$p_{51} \geqslant p_{41}$	p_{52}为财务部门及企业开户银行所在地	$p_{53} \in A$	$p_{54} = p_{44}$	p_{55}为投资收益，或利得与损失	p_{56}由p_{51}、p_{52}、p_{53}、p_{54}、p_{55}决定

5.2.6.3　投资事项中会计账户记录异常的检测算法

投资事项中涉及的会计账户主要包括投资收益、利得和损失，这些账户是不同实体之间的联系，相关实体包括：

①有形资产，记为e_1；

②确定投资目标，记为e_2；

③可行性论证,记为 e_3;

④购买债权或股权,记为 e_4;

⑤保管,记为 e_5;

⑥收入,记为 e_6;

⑦投资方,记为 e_7;

⑧被投资方,记为 e_8;

⑨第三方,记为 e_9;

⑩无形资产,记为 e_{10}。

分别用 $TZSY$、$LDHSS$ 表示关系投资收益、利得和损失,那么依据 EREA 会计模型:

$TZSY = (e_1, e_2, e_3, e_4, e_5, e_6, e_7, e_8, e_9, e_{10})$

$LDHSS = (e_1, e_2, e_3, e_4, e_5, e_7, e_8, e_9, e_{10})$

用 $T(R)$ 表示关系 R 的元数,即构成关系 R 的实体个数,那么:

$T(TZSY) = 10 \quad T(LDHSS) = 9$

用 $W(R, N)$ 表示关系 R 中第 N 个元素,那么:

$W(TZSY, 1) = e_1, \cdots, W(TZSY, 10) = e_{10}$

$W(LDHSS, 1) = e_1, \cdots, W(LDHSS, 9) = e_{10}$

如果用 $ERR(C_{6l})$ 表示账户 C_{6l} 中出现的记录异常数目,$l = 1, 2$,这里 $C_{6l} \in C_6 = \{TZSY, LDHSS\}$,用 V_6 表示集合 C_6 包含元素的个数,那么 $V_6 = 2$,而且 $ERR(C_{6l})$ 的算法如下:

算法 5.6 投资事项中涉及重要会计账户记录异常数目的计算为:

$Begin$:

$for(j = 1, j \leq V_6, j++)$

$ERR(C_{6j}) = 0$

$for(i = 1, i \leq T(C_{6j}), i++)$

If $PD(W(C_{6j}, i)) \quad$ goto d

Else $\quad ERR(C_{6j}) = ERR(C_{6j}) + 1$

$d: next\ i$

$next\ j$

End

Sub $PD(W(C_{6j}, i))$ //判断会计账户 C_{6j} 的第 i 个构成实体是否正常

If $W(C_{6j},i) \in REA$ 模型中的资源,
  if 资源 R 存在, return TRUE,
  else return FALSE;
If $W(C_{6j},i) \in REA$ 模型中的参与者,
  If 参与者 A 存在, return TRUE,
  else return FALSE;
If $W(C_{6j},i) \in REA$ 模型中的经济事件,
  If 经济事件 E 符合表 5.6 的要求, return TRUE,
  else return FALSE;
else return FALSE
  END SUB

5.2.6.4 投资事项会计信息真实性的灰值的计算

投资事项是许多企业在经营过程中重要的一个环节,本事项反映企业在资本市场的经营成果,具体包括以下两个账户:

①投资收益（TZSY）;

②利得和损失（LDHSS）。

如果用 a_{6i} 表示 T_6 中各账户的影响权重,$i=1$,2,用 $ERR(C_l)$ 表示各因素中出现的记录异常频次,这里 $C_l \in C = \{TZSY, LDHSS\}$,$l=1$,2,那么 $T_6 = \{[ERR(TZSY), a_{61}], [ERR(LDHSS), a_{62}]\}$

同时,由公式（4.1）和公式（4.2）可推导出:

$$Pjt.T_6 = \rho_6 = \sum_{i=1}^{2} ERR(C_i) a_{6i} \tag{5.21}$$

最后,由公式（5.1）、公式（5.2）、公式（5.9）、公式（5.21）得出投资事项中会计信息的真实性的计算公式为:

$$g_{T_6}^r = \frac{1}{\ln[e + \sum_{i=1}^{2} ERR(C_i) a_{6i}]} \tag{5.22}$$

5.2.7 货币资金事项的评估模型

5.2.7.1 货币资金事项的描述

货币资金包括库存现金和存放于金融机构中的、可随时动用的存款。货币资

金通常包含在多个业务事项中。除了存货事项外，货币资金是每个事项的组成部分。一般情况下，管理层应采取措施以保证交易被记录及交易后货币资金的安全，以保障会计信息的真实性。从评估的角度来看，评估人员需要甄别被评估单位管理层对财务报表中有关货币事项的确认、计量、列报和披露做出的明确的或隐含的表达是否遵循了真实发生原则，具体表现为业务实体的存在性和业务关系的合理性两个方面。

5.2.7.2 基于EREA的资金事项语义建模

在资金事项中，各类业务实体集合如下：

R = {货币资金}

E = {审核，收付，送存，盘点，对账}

A = {企业出纳，会计，银行}

在资金事项中，比较重要的业务关系如下：

库存现金（货币资金，审核，收付，盘点，对账，企业出纳，会计）；

银行存款（货币资金，审核，收付，送存，盘点，对账，企业出纳，会计，银行）。

同理，依据事项会计的基本原理，企业资金事项的真实发生原则可统一表示为：

$E \Rightarrow C$

上式表示由经济事件可以推导出会计记录，换句话说，即会计记录应与经济事件相符。

利用前文建立的企业经济事件描述模型，企业资金事项的真实发生原则可进一步表示为各种经济事件之间的关联关系，具体如表5.7所示。

表5.7　　企业资金事项中经济事件之间的关联关系

	时间	地点	人物	原因	内容	方式
审核事件（E_1）	p_{11}	p_{12}为财务部门所在地或移动办公地址	$p_{13} \in A$	p_{14}	p_{15} = {收支项目，金额}	p_{16}由p_{11}、p_{12}、p_{13}、p_{14}、p_{15}决定
收付事件（E_2）	$p_{21} \geqslant p_{11}$	p_{22}为财务部门或开户银行办公所在地	$p_{23} \in A$	$p_{24} = p_{14}$	$p_{25} = p_{15}$	p_{26}由p_{21}、p_{22}、p_{23}、p_{24}、p_{25}决定

续表

	时间	地点	人物	原因	内容	方式
送存事件 (E_3)	$p_{31} \geqslant p_{21}$	p_{32}为开户银行办公所在地	$p_{33} \in A$	$p_{34} = p_{24}$	p_{35}为送存款金额、存期等	p_{36}由p_{31}、p_{32}、p_{33}、p_{34}、p_{35}决定
盘点事件 (E_4)	$p_{41} \geqslant p_{31}$	$p_{42} = p_{22}$	$p_{43} \in A$	$p_{44} = p_{34}$	p_{45}为盘点额	p_{46}由p_{41}、p_{42}、p_{43}、p_{44}、p_{45}决定
记录与对账事件(E_5)	$p_{51} \geqslant p_{41}$	$p_{52} = p_{22}$	$p_{53} \in A$	$p_{54} = p_{44}$	$p_{55} \in p_{15} \cup p_{25} \cup p_{35} \cup p_{45}$	p_{56}由p_{51}、p_{52}、p_{53}、p_{54}、p_{55}决定

5.2.7.3 会计账户记录异常的检测算法

货币资金事项中涉及的会计账户主要包括库存现金和银行存款,这些账户是不同实体之间的联系,实体包括:

①货币资金,记为e_1;

②审核,记为e_2;

③收付,记为e_3;

④送存,记为e_4;

⑤盘点,记为e_5;

⑥对账,记为e_6;

⑦企业出纳,记为e_7;

⑧会计,记为e_8;

⑨银行,记为e_9。

分别用$KCXJ$、$YHCK$表示关系库存现金和银行存款,那么依据 EREA 会计模型:

$KCXJ = (e_1, e_2, e_3, e_5, e_6, e_7, e_8)$

$YHCK = (e_1, e_2, e_3, e_4, e_5, e_6, e_7, e_8, e_9)$

用$T(R)$表示关系R的元数,即构成关系R的实体个数,那么:

$T(KCXJ) = 7 \quad T(YHCK) = 9$

用$W(R, N)$表示关系R中第N个元素,那么:

$W(KCXJ, 1) = e_1, \cdots, W(KCXJ, 7) = e_8$

$W(YHCK, 1) = e_1, \cdots, W(YHCK, 9) = e_9$

如用 $ERR(C_{7l})$ 表示账户 C_{7l} 中出现的记录异常数目，$l=1,2$，这里 $C_{7l} \in C_7 = \{KCXJ, YHCK\}$，用 V_7 表示集合 C_7 包含元素的个数，那么 $V_7 = 2$，而且 $ERR(C_{7l})$ 的算法如下：

算法 5.7 货币资金事项中涉及重要会计账户记录异常数目的计算为：

$Begin$：

$for(j=1, j \leqslant V_7, j++)$

$ERR(C_{7j}) = 0$

$for(i=1, i \leqslant T(C_{7j}), i++)$

If $PD(W(C_{7j}, i))$　　goto d

Else　$ERR(C_{7j}) = ERR(C_{7j}) + 1$

$d:nexti$

$nextj$

End

Sub $PD(W(C_{7j}, i))$ //判断会计账户 C_{7j} 的第 i 个构成实体是否正常

If $W(C_{7j}, i) \in REA$ 模型中的有形资源，

　　if 资源 R 存在，return TRUE，

　　else　return FALSE；

If $W(C_{7j}, i) \in REA$ 模型中的参与者，

　　If 参与者 A 存在，return TRUE，

　　else　return FALSE；

If $W(C_{7j}, i) \in REA$ 模型中的经济事件，

　　If 经济事件 E 符合表 5.7 的要求，return TRUE，

　　else　return FALSE；

else　return FALSE

　　　END SUB

5.2.7.4　货币资金事项会计信息真实性的灰值的计算

货币资金事项是各种类型企业在经营过程中不可或缺的一个环节，本事项反映企业资金的流动性情况，具体包括以下账户：

① 库存现金（$KCXJ$）；

② 银行存款（$YHCK$）。

用 a_{7i} 表示 T_7 中各因素的影响权重，$i=1$，2，用 ERR（C_l）表示各因素中出现的记录异常频次，这里 $C_l \in C = \{KCXJ, YHCK\}$，$l=1$，2，那么 $T_7 = \{[ERR(KCXJ), a_{71}], [ERR(YHCK), a_{72}]\}$。

同时，由公式（4.1）和公式（4.2）可推导出：

$$Pjt. T_7 = \rho_7 = \sum_{i=1}^{2} ERR(C_i) a_{7i} \tag{5.23}$$

最后，由公式（5.1）、公式（5.2）、公式（5.10）、公式（5.23）得出货币资金事项中会计信息的真实性的计算公式为：

$$g_{T_7}^r = \frac{1}{\ln\left[e + \sum_{i=1}^{2} ERR(C_i) a_{7i}\right]} \tag{5.24}$$

5.3 面向企业整体业务的会计信息真实性评估模型

企业会计信息质量指企业全部经营管理活动产生的会计信息质量，囊括销售收入与收款、采购与付款、生产与存货、人力资源与工资、筹资、投资、货币资金等各种事项，假设各事项对企业会计信息真实性的影响权重为 β_i，$i=1$，2，…，7，由公式（4.1）、公式（4.2）、公式（5.3）可得出：

$$g_T^r = \frac{1}{\ln\left[e + \sum_{i=1}^{7} \beta_i \sum_{j=1}^{v_i} ERR(C_{ij}) a_{ij}\right]} \tag{5.25}$$

使用公式（5.25）、公式（5.12）、公式（5.14）、公式（5.16）、公式（5.18）、公式（5.20）、公式（5.22）、公式（5.24）分别计算企业会计信息以及各个事项会计信息质量的前提是确定包括销售收入与收款、采购与付款、生产与存货、人力资源与工资、筹资、投资、货币资金等在内的各事项中有关会计账户中会计记录出现的异常频次 ERR（C_l）以及各会计账户在会计信息中的权重 a_{ij}，其中 i 代表评估工作中考虑的业务事项数目，j 代表会计科目的数目，本书提取了应收账款、收入、未实现收入（预收账款）、销售退回与折让、应付账款、预付账款、存货、生产成本、销售成本、应付职工薪酬、应付债券、长期借款、实收资本、应付利息、应付股利、投资收益、利得和损失、库存现金和银行存款等 19 个比较重要的会计账户考察会计信息质量，根据实际情况，还可以扩展或缩减相关会计账户的数量。各会计账户中出现的记录异常频次 ERR（C_l）是测评会计信息质量的一个关键参数，本书从实体—关系的视角出发，将相关会计账户视为不同实体之间的联系，基于扩展 REA 业务场景模型和企业大数据模型，根据有形资源、无形资源和参与者的存在情况以及经济事件发生时其时间、地点、人物、原因、内容和方式等 6 个要素之间存在的内在逻辑判断会计账户记录异常情况，充分利用企业大数据的全面性提高判断的准确性。另外，各会计账户在会计信息中的权重 a_{ij} 也是测评会计信息质量的一个关键参数，一般情况下，这个值无法直接得到，必须经过一些调查实验。在实际中，权重的确定通常都或多或少地包含了人们的某种心理因素，具有一定的主观性。但是，如果经过较科学的方法加工，还是可以反映或较好地反映客观事实的。

5.4　模型的应用步骤及关键因素

5.4.1　模型应用的关键因素

本章构建的企业会计信息真实性的测度模型的目标是克服传统方法中存在的自动化程度低、时效性差和结论不可靠的缺陷，以描述企业经营管理活动的业务数据为依托，采用机器处理的自动化方法，全面准确地评价企业会计信息的真实性。将企业会计信息真实性的评判工作由从经验驱动变为数据驱动，提高评判会计信息的真实性。

模型应用的关键因素为：

第一，真实的会计信息应该是对企业经营活动的如实反映，体现在会计原始记录与经营活动事件一一对应关系上，如果会计记录与经营活动事件的内容无法达到一一对应，那么会计信息就会发生失真。

第二，为了全面地反映经营活动事件的面貌，会计记录应该从经营活动事件发生的时间（when）、地点（where）、人物（who）、原因（why）、内容（what）、方式（how）6 个方面加以记录。

第三，为了使判断结果更准确，会计记录要基于 REA 会计模型从微观经济学的视角反映企业经营活动事件中的业务场景。同时，为了使企业大数据便于计算机处理，反映企业经营活动事件的会计记录要严格地按照实体—关系的模型结构，保证数据语义的形式化。

第四，依据信息论的基本原理，发生概率小的异常业务事件所含的信息质量高，为了更有效地评估企业会计信息的真实性，模型基于企业发生的异常业务事件进行评估。

第五，从评估人员的视角来看，企业会计信息系统永远是一个灰色系统，即评估人员不可能完全了解和掌握企业会计信息系统的运作情况，因此模型基于灰理论评估企业会计信息的真实性。

真实性是会计信息的生命线，保障会计信息的真实性是会计行业乃至全社会的责任。虽然通过审计工作能够发现和遏止会计信息的失真现象，但是无法从根本上保障会计信息的真实性。基于现代信息化技术的智能评价方法和系统能够为广大会计信息用户提供一种便捷和低成本的渠道了解企业会计信息的真实性，降低企业内部人员和外部人员的信息不对称性，有利于充分利用信息市场机制倒逼企业进行会计工作改革，主动提供真实的会计信息。

5.4.2 模型的应用步骤

为了解决企业会计信息真实性问题，站在企业内部审计人员的视角，本书提出了信息化环境下的自动化评估模型，具体的应用步骤为：首先，从企业内外部信息系统中采集数据，这些数据是混杂数据，既有结构化的财务报表数据，也有非结构化的网页新闻等数据，不便于计算机直接处理，因此使用 Zachman 模型从混杂的数据集里抽取相关数据组成结构化的中间数据集，Zachman 模型的定义详见 4.4.1 节的内容，数据抽取方式详见 6.4 节的内容。其次，在结构化的中间数据的基础上，利用 EREA 会计模型进行语义建模，反映企业的业务内容和逻辑，业务内容用 EREA 的形式表示和记录，业务逻辑反映了真实的业务的内在规定，不同类型的业务具有不同的内在逻辑，详见表 5.1、表 5.2、表 5.3、表 5.4、表 5.5、表 5.6、表 5.7 中的内容，业务内容 REA 建模实例详见 6.5.1 节的内容；再次，利用会计记录异常检测模型基于以上各表提供的业务逻辑语义模型对业务内容记录进行判断，从中发现异常的会计记录，将其放入异常记录池中等待进一步的处理。最后，在异常记录池所提供信息的基础上利用灰推测模型分别就企业单项业务和整体业务记录信息的真实性进行推测，推测计算方法详见公式（5.12）、公式（5.14）、公式（5.16）、公式（5.18）、公式（5.20）、公式（5.22）、公式（5.24）和公式（5.25）的规定，计算实例见 6.6 节的内容。

5.5 本章小结

为了克服传统评价方法存在的不足，提高企业会计信息真实性评估工作的准确性和及时性，依据系统论、信息论、控制论、灰理论的基本原理，充分利用计算机的自动化处理技术，构建了会计信息真实性评估模型。该模型为现代信息技术与企业会计信息真实性评估工作相结合提供了一种方法，也是对企业会计信息真实性评估工作由经验驱动转向数据驱动的一种尝试，在第 6 章将用一个案例分析该模型的效用。

本模型面向企业经营活动中的销售收入与收款、采购与付款、生产与存货、人力资源与工资、筹资、投资和货币资金 7 种基本事项评估企业会计信息的真实性。可以单独就每个事项产生的会计信息的真实性进行评估，也可以将 7 种事项综合起来评估企业会计信息的真实性。具体的方法和步骤如下：

第一，抽取企业经营活动中所有对会计信息真实性产生影响的事件，并从事件发生的时间（when）、地点（where）、人物（who）、原因（why）、内容（what）、方式（how）6 个方面描述业务事件，形成企业经营活动事件大数据。

第二，在企业经营活动事件的基础上，按照扩展 REA 业务模型的规范重新组织大数据，形成既能够反映企业经营活动的业务场景，又能以实体—关系概念模型的范式形式化地表达语义的中间数据集。

第三，基于中间数据集，按照各事项中业务事件发生应该遵循的时间逻辑关系、地点逻辑关系、人物逻辑关系、原因逻辑关系、内容逻辑关系、方式逻辑关系（见表 5.1、表 5.2、表 5.3、表 5.4、表 5.5、表 5.6、表 5.7）判定会计记录的正确性，筛选出记录异常事件及其发生的频次，可用计算机自动化处理，详见算法 5.1、算法 5.2、算法 5.3、算法 5.4、算法 5.5、算法 5.6、算法 5.7。

第四，在获取会计记录异常事件及其频次信息后，依据灰理论中默认原理，将会计记录异常事件频次影射为会计信息失真程度，即会计记录异常事件发生越频繁，会计信息的失真程度就越高。可以就各个事项求出其对应的会计信息的真实性程度，也可以将 7 个事项综合起来求出企业会计信息的真实性程度，详见公式（5.12）、公式（5.14）、公式（5.16）、公式（5.18）、公式（5.20）、公式（5.22）、公式（5.24）和公式（5.25）。

在使用模型的时候可以根据企业的不同情况调整模型的参数。首先，可以增加企业经营活动涉及的事项数目，本书选取了销售收入与收款、采购与付款、生产与存货、人力资源与工资、筹资、投资和货币资金 7 种基本事项，在实际使用模型时，可根据企业经营活动的实际情况减少或者增加业务事项的数目，只要对选定的业务事项按照前面指出的方法和步骤建立可使用的中间数据集即可。其次，可以根据不同事项对会计信息整体真实性的影响程度的不同，调整其权重系数 β_i，在公式（5.25）中为 β_i，$i=1,2,\cdots,7$。最后，可以根据不同的会计科目对会计信息真实性的影响程度调整其影响系数 a_{ij}，其中 i 代表评估工作中考虑的业务事项数目，j 代表会计科目的数目。通过这些调整，能够使模型的适用性更强，评估结果更准确。

第6章 案例分析

本书的研究思路是利用企业的财务业务数据推断财务数据的真实性，为了便于机器自动化处理，需要形式化地描述企业的业务，因此采用了 Z 模型和 REA 会计模型实现这个目标。Z 模型的作用是对采集的相关数据进行结构化建模，提高待处理数据的质量，形成可用的中间数据集。REA 会计模型的作用是在中间数据集的基础上识别出企业关键业务的事件、资源、参与者 3 个要素及其相关特征并进行形式化的描述，且业务 3 个要素及其特征的形式化描述要与企业业务运作的习惯或者惯例相符，这样便于为要素特征变量取值，也方便进行真伪对比。另外，基于 EREA 会计模型识别并记录资源、事件、参与者之间的审计关系，这种审计关系首先体现为由会计科目代表资源、事件、参与者之间的联系，其次体现为针对该科目进行的业务规则的审查（包括该科目涉及的资源实体和参与者实体是否存在，事件实体是否合乎逻辑）。本章以 A 企业为调研对象，按照评估模型的思路与程式对其会计信息的真实性进行评估，进一步阐释企业会计信息真实性的评估方法。

6.1 企业简介

A 企业成立于 1964 年，1999 年转型为中央直属科技型企业。主要从事煤炭开采、掘进、运输、支护技术与装备的研究和开发，是国内专业配备最齐全的煤机装备供应商和服务商之一。其母公司是国内煤炭行业唯一的综合性科研、设计单位，涵盖了从煤矿设计、矿井建设、采掘工艺、煤机装备、洗选工艺设备、安全技术仪器设备、煤炭清洁利用等煤炭行业的整个产业链。

A 企业现有在职职工 1 803 人，其中教授级高级工程师及研究员 48 人，具有高级职称的人员 130 人，享受政府特殊津贴专家 32 人，包括多位国内煤炭行业知名专家和学科带头人。A 企业是"煤炭采掘机械装备国家工程实验室"项目承担单位，设有国家煤炭掘进机械质量监督检验中心、国家煤炭刮板运输机械标准化委员会、国家掘进机标准化委员会、中国煤炭学会短壁机械化开采专业委员会和山西省煤机技术研发中心等。目前，A 企业共取得国家和省部级科研项目 1 600 余项，其中达到国内或国际领先水平的科研项目 468 项，获得国家和省部级奖励的有 192 项，批准授权专利 211 项。

经过 50 余年的风雨历程，A 企业在煤及半煤岩巷道掘进技术与设备、无轨辅助运输关键技术与设备、短壁机械化开采技术与设备、液压支架和液压元部件技术与设备、刮板输送机械及其元部件技术与设备、煤矿电气技术与设备等六大专业领域取得了可喜的成绩，形成了煤及半煤岩巷道掘进机、无轨辅助运输车辆、短壁机械化开采成套设备、综采技术与设备、神东进口设备国产化和设备大修五大核心产业。

A 企业以"成为国际领先的煤机装备科技企业"为企业文化愿景，坚持"四个一"工程，首先坚持以"安全、可靠、效益、质量"为方针，为煤矿安全高效生产提供优质产品和服务，为企业创造效益，为社会创造效益。其次，以实现"以人为本、科技报国"为宗旨，推动科技创新，提高行业技术水平，以创造经济社会效益、报效国家为己任，通过推动技术进步，实现生产方式和手段的持续完善，提高煤矿生产的现代化，增强生产安全性，最大程度改善煤矿作业条件，保障生命安全。在企业内部，帮助职工实现价值，让职工感受到创业的快感，分享到改革发展的胜利成果；再次，以"秉承持续创造，特色发展"为理念，加强科技创新，掌握核心技术，以特色争得先机，领先竞争对手。最后，以"真诚永远，活力无限"为品质追求，就是以一流的品质和服务奉献于用户，时刻保持契约意识，诚信经营。

A 企业设有董事会、监事会、总经理和副总经理，控股子公司有山西天地赛福蒂有限责任公司、成都天地直方发动机有限公司、山西天地矿山技术装备有限公司、榆林天地煤机有限责任公司、贵州煤机有限责任公司，参股公司有平顶山东联采掘机械有限责任公司、晋城金鼎天地煤机装备有限责任公司。分院的内设机构包括：质量管理部、工艺技术部、生产技术部、纪检审计部、企业管理部、财务部、离退休部、人力资源部、计划发展部、院办公室、党委办公室、科技发展部；同时，设有科产中心、特种车辆研发中心、掘进机公司、胶轮车公司、物资供应中心、销售中心等。A 企业的组织结构如图 6.1 所示。

第6章 案例分析

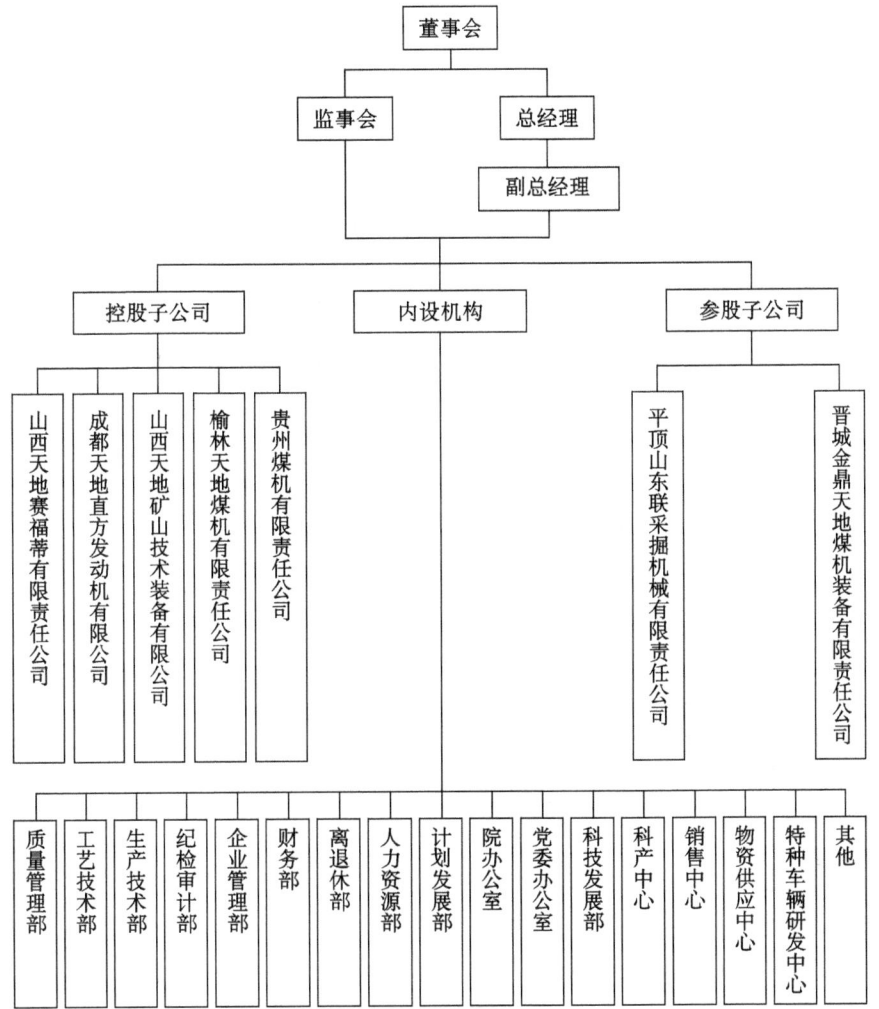

图 6.1　A 企业组织结构

6.2　信息处理平台设计

基于企业内部网络及互联网，企业 ERP 系统、微博、微信等网络平台可以收集到企业在日常经营管理活动中的大量信息，这些信息全面和详尽地反映了企业的各类业务活动情况，对于会计信息真实性评价具有重要的作用。本书基于专门设计的信息系统，收集和处理互联网大数据。

信息平台的组成结构如图 6.2 所示，主要由 5 种技术构成。

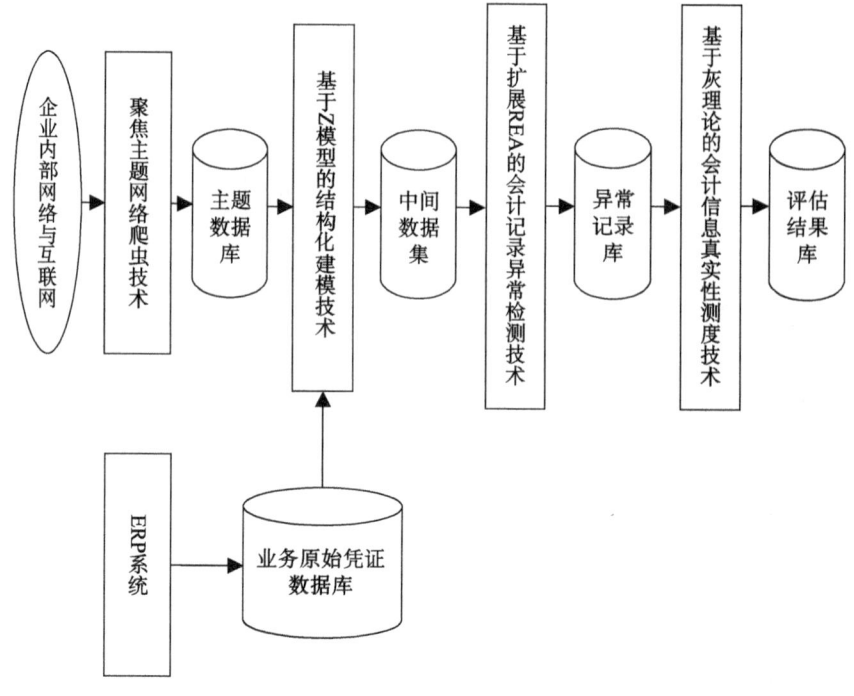

图 6.2 信息平台的组成

6.2.1 聚焦主题网络爬虫技术

网络爬虫是从企业内部网络和互联网中存贮的庞大的、碎片化的、种类繁多的信息中,自动地搜索和提取相关信息并形成数据库的技术。网络爬虫技术一般分类两种类型,普通爬虫技术和聚焦爬虫技术。普通爬虫技术是从预置若干统一资源定位符(URL)中抓取网页数据,并不断将 URL 放入队列中,直到满足一定的停止条件为止。与普通爬虫技术不同,聚焦爬虫技术是有选择的从 URL 中抓取数据,选择的依据是"特定主题",也就是面向特定主题从网络上抓取数据,并形成数据库以待分析。聚焦爬虫技术的数据抓取过程是先将页面爬取下来后,再对页面进行去噪处理,利用主题提取策略(关键字、分类聚类算法等)进行主题提取,最后对比设定好的主题,如果主题一致,或在一定的阀值内,则保存页面进一步进行数据清洗,若主题偏差超过一点阀值,则直接丢弃页面。聚焦爬虫技术的优点是链接页面全覆盖,不会出现数据遗漏。

6.2.2 基于 Z 模型的企业大数据结构化建模技术

基于 Z 模型的企业大数据结构化建模技术是将由网络爬虫技术收集的非结构

数据转变为结构化数据的技术,按照 Zachman 模型,从不同的观察视角出发描述企业已经、正在或者即将发生的每个事件,并符号化事件发生的时间(when)、地点(where)、人物(who)、原因(why)、内容(what)、方式(how)6 种要素,形成结构化的事件大数据。

6.2.3 基于扩展 REA 的会计记录异常检测技术

基于扩展 REA 的会计记录异常检测技术,以结构化建模和语义形式化建模后的企业活动事实(称为中间数据)为基准,与会计记录进行比对,从而发现会计记录的不实之处,并对不真实的会计记录进行统计。比对工作可以采用人工方式,也可以采用计算机智能分类方法。本书分别采用自动比对和人工比对方式对企业业务活动与会计记录进行符合性测试。两种方式的思路都是:首先将所选取的样本用扩展的 REA 会计模型表示,然后将中间数据也用扩展的 REA 会计模型表示,最后以 REA 会计模型为基础,将样本与中间数据进行匹配,匹配一致或者基本一致的为正常记录,匹配不一致的为异常记录。匹配分为两种:一是实体匹配,二是事件之间的逻辑匹配。前者主要检查资源实体和参与者实体是否存在,后者重点检查事件实体是否合乎逻辑。

6.2.4 基于灰色系统理论的会计信息真实性测度技术

基于灰色系统理论的会计信息真实性测度技术,其目标是根据异常记录库的情况利用公式计算企业会计信息真实性的程度,实现方式分为全自动化和半自动化两种。全自动化是指通过开发专门的软件自动收集数据、计算并展示结果;半自动化是指利用现有的软件工具(如 EXCEL)中的数学函数实现了对数计算功能,同时利用它提供的画图功能制作指标图。本书采用半自动化方式进行企业会计信息真实性灰度指标的计算。

6.3 数据采集

6.3.1 基于第一类数据源的企业业务活动数据采集

利用专门设计的信息处理平台,采用集搜客爬虫技术从企业内部网及互联网中收集了 A 企业 2015 年度的主要业务活动,聚焦主题分为领导关怀、交流合作、科技创新、生产经营、内部管理、党群工作和集团荣誉7项,这些内容存放在主题数据库中,作为后续分析工作的输入数据。

本书采用了集搜客爬虫软件,利用火狐浏览器,以领导关怀、交流合作、科技创新、生产经营、内部管理、党群工作和集团荣誉为关键词及集团与分公司的链接关系定义规则,从企业内部网及互联网上爬取的内容如表6.1所示。

表6.1　　　　　　　　基于集搜客爬虫技术的数据爬取结果

分类	规则	创建时间	新闻栏目	内容
院内新闻	规则1	2016年8月7日 8:36:39	领导关怀	1月,山西省煤炭工业厅巡视员××、直属机关党委副书记××一行来院慰问老干部、老党员
院内新闻	规则1	2016年8月7日 8:36:39	领导关怀	7月31日,太原市副市长××来院调研指导并召开了联系企业座谈会
院内新闻	规则1	2016年8月7日 8:36:39	领导关怀	8月1日,国资委第一巡视组××副组长一行,在集团公司党委书记××等陪同下来院巡视检查
院内新闻	规则1	2016年8月7日 8:36:39	领导关怀	8月23日,集团公司党委常委、天地科技总经理××及集团公司副总经理××来院就应收账款和存货问题召开了会议
院内新闻	规则1	2016年8月7日 8:36:39	领导关怀	8月24日,太原市总工会、太原市经济技术开发区工会等领导就开展职工创新创效工作及创建职工创新工作室活动进行调研和考察
院内新闻	规则1	2016年8月7日 8:36:39	领导关怀	9月16日至18日,第四届中国(太原)国际能源产业博览会在太原市举行。省委书记、省长、国家安监局副局长、集团公司总经理等领导先后到院展区参观指导
院内新闻	规则1	2016年8月7日 8:36:39	领导关怀	9月20日,集团公司党委常委、副总经理××来院调研改制工作
院内新闻	规则1	2016年8月7日 8:36:39	领导关怀	11月27日,集团公司党委书记来院指导工作
院内新闻	规则1	2016年8月7日 8:36:39	领导关怀	11月28日,中国煤炭机械工业协会会长和处长一行到产业基地进行调研工作
院内新闻	规则2	2016年8月7日 8:36:39	交流合作	4月10日,与中煤华晋能源公司签订战略合作协议,未来将对其进行投资

续表

分类	规则	创建时间	新闻栏目	内容
院内新闻	规则2	2016年8月7日 8：36：39	交流合作	4月16日，与神东煤炭集团签订《高效快速洗煤机配套技术与装备合作开发协议》
院内新闻	规则2	2016年8月7日 8：36：39	交流合作	4月24日至25日，乌克兰安全认证代表团一行来院进行安全认证实地考察和技术交流
院内新闻	规则2	2016年8月7日 8：36：39	交流合作	5月9日，中国国机重工集团有限公司常务副总经理××一行来院考察
院内新闻	规则2	2016年8月7日 8：36：40	交流合作	5月25日，与德国CFH公司进行第三轮会谈，院领导与德国CFH公司代表R.博特在会谈备忘录上签字，本公司将购买CFH公司的部分商标和专利权
院内新闻	规则2	2016年8月7日 8：36：40	交流合作	7月3日，与山西西山中煤机械制造有限公司举行战略合作协议签订仪式，将成为该公司的机械产品供应商
院内新闻	规则2	2016年8月7日 8：36：40	交流合作	8月20日，作为规模大、效益好的驻晋中央企业，受到山西省政府的邀请参加了首届世界晋商大会
院内新闻	规则2	2016年8月7日 8：36：40	交流合作	9月10日，中煤平朔集团有限公司执行董事伊茂森一行就共同承担的863计划项目来院进行交流
院内新闻	规则2	2016年8月7日 8：36：40	交流合作	10月10日，中国神华能源副总裁××、神东煤炭集团公司董事长××等领导莅临内蒙古分公司指导工作
院内新闻	规则2	2016年8月7日 8：36：40	交流合作	11月10日，神东煤炭集团董事长××一行来院访问交流
院内新闻	规则2	2016年8月7日 8：36：40	交流合作	11月14日，院领导带队赴川煤集团进行技术交流
院内新闻	规则2	2016年8月7日 8：36：40	交流合作	11月15日，院领导带队赴云南中寮矿业和四川开元集团考察交流
院内新闻	规则2	2016年8月7日 8：36：40	交流合作	11月15日至18日，EBH315掘进机顺利通过验收，运往俄罗斯，这是我院自主出口的第一台矿用产品
院内新闻	规则2	2016年8月7日 8：36：40	交流合作	12月11日，青海能源发展集团总经理××一行来院参观考察

续表

分类	规则	创建时间	新闻栏目	内容
院内新闻	规则3	2016年8月7日 8：36：40	科技创新	科研立项工作取得重大突破，"智能化超重型岩巷掘进机研制""露天开采煤矿特殊煤层条件连续开采技术与设备""矿用防爆高比能量蓄电池动力技术的研究"3个项目首次获得国家高技术研究发展计划（"863计划"）的批准立项；"煤矿井下连续掘采机"首次被列为国家重大科技成果转化项目，"安全高效矿井胶轮运输关键技术与装备"项目持续得到中央国有资本经营预算重大技术创新及产业化资金支持；本年度争取各类科研费用创建院以来的新高
院内新闻	规则3	2016年8月7日 8：36：40	科技创新	共获得省部级奖励10项，其中"特厚煤层大采高综放开采成套技术与装备"荣获中国煤炭工业科学技术特等奖；"半煤岩及岩巷快速掘进技术与装备"等4个项目获得国家能源局、中国煤炭工业科学和山西省科技进步二等奖。在集团首届科技奖中我院拔得头筹，"煤柱及不规则块段开采关键技术""井下无轨辅助运输技术与装备"获得集团科技进步一等奖
院内新闻	规则3	2016年8月7日 8：36：40	科技创新	10月15日，我院成为中国无机盐工业协会钾盐（肥）行业分会的常务理事单位，加入该行业分会，为短壁机械化成套技术与装备在钾盐矿的推广使用奠定了基础
院内新闻	规则3	2016年8月7日 8：36：40	科技创新	11月12日，由我院承担建设的"煤矿采掘机械装备国家工程实验室"通过了验收
院内新闻	规则3	2016年8月7日 8：36：40	科技创新	12月11日，"煤炭掘采技术与装备山西省科技创新重点团队"获得山西省科技厅的批准
院内新闻	规则3	2016年8月7日 8：36：40	科技创新	12月19日，由我院承担建设的国家发展改革委高技术产业发展项目"提高矿井回收率煤机装备关键技术研发及试验平台"顺利通过了验收，该平台是国家工程试验室的拓展和补充

续表

分类	规则	创建时间	新闻栏目	内容
院内新闻	规则3	2016年8月7日 8：36：40	科技创新	12月，获得了由科技部颁发的"国家火炬计划重点高新技术企业"殊荣，成为山西省高新技术企业的典型性重点企业
院内新闻	规则3	2016年8月7日 8：36：40	科技创新	12月，通过了科技部"高新技术企业"的复审，继续享受高新技术企业相关税收优惠政策
院内新闻	规则4	2016年8月7日 8：36：40	安全生产	1月，公司采用出售控股公司股份和出租房地产等方式为本年度的投资及生产活动筹集了所需资金，从运行效果来看，这些筹资方式风险小、筹资成本也比较低
院内新闻	规则4	2016年8月7日 8：36：40	安全生产	从2月起，全面实施产品质量保障跟踪服务，让技术人员到购买单位的生产一线，随时解决产品运行过程中出现的故障问题，各类机械产品销售量得到极大提高
院内新闻	规则4	2016年8月7日 8：36：40	安全生产	3月，召开了采购工作会议，根据会议安排要保证生产用车辆和办公用品的足量供应，加强与国外先进企业的合作，引进先进技术与品牌，以开拓国外市场
院内新闻	规则4	2016年8月7日 8：36：40	安全生产	4月，召开专利工作会议，根据会议安排采用灵活多样的方式开发专利，提高了专利在企业总资产中的占比
院内新闻	规则4	2016年8月7日 8：36：40	安全生产	公司采用权益性投资、债权性投资方式进行风险投资
院内新闻	规则4	2016年8月7日 8：36：40	安全生产	与中天集团达成技术合作协议，购买该公司发行的债券
院内新闻	规则4	2016年8月7日 8：36：40	安全生产	12月，公司集中对职工进行了体检和安全教育培训
院内新闻	规则4	2016年8月7日 8：36：40	安全生产	开展了安全生产标准化建设工作，提高了生产管理水平，进一步保障了人员安全
院内新闻	规则4	2016年8月7日 8：36：40	安全生产	全年强化货款的清欠和回收工作
院内新闻	规则4	2016年8月7日 8：36：40	安全生产	完成产品装配超过1 000台，实现产值创历史新高

续表

分类	规则	创建时间	新闻栏目	内容
院内新闻	规则5	2016年8月7日 8：36：40	行业资讯	信息化建设取得初步成果，具备上线运行条件
院内新闻	规则5	2016年8月7日 8：36：40	行业资讯	按照集团统一部署，开展了内控体系建设和管理提升活动
院内新闻	规则5	2016年8月7日 8：36：40	行业资讯	3月，6S管理试点工作顺利通过集团公司验收
院内新闻	规则5	2016年8月7日 8：36：40	行业资讯	5月，山西天地矿山技术装备有限公司注册成立，作为本公司的子公司开始正式运行
院内新闻	规则6	2016年8月7日 8：36：40	党群工作	1月20日，召开第三届职工代表大会暨第六届工会会员代表大会、2014年度工作总结表彰会。会议完成了新一届工会委员会委员、经审委委员的换届选举工作，对我院2014年度先进单位、先进集体及先进个人进行了表彰
院内新闻	规则6	2016年8月7日 8：36：40	党群工作	3月24日，举行公开选拔中层干部竞聘演讲答辩会，积极推进选人用人新机制
院内新闻	规则6	2016年8月7日 8：36：40	党群工作	3月，由我院承办，集团公司主办的第一届"中国煤科杯"职工羽毛球赛（太原赛区）在并举行，院羽毛球队以团体第二名的成绩晋级决赛
院内新闻	规则6	2016年8月7日 8：36：40	党群工作	党委为进一步引申创先争优活动，在全院范围内深入开展保持党的纯洁性学习教育和基层组织建设年活动
院内新闻	规则6	2016年8月7日 8：36：40	党群工作	党委工作制度建设年，修订完善制度15项
院内新闻	规则6	2016年8月7日 8：36：40	党群工作	5月，在太原市第十三届人大第四次全体会议上，院党委书记当选为太原市人大常务委员会委员
院内新闻	规则6	2016年8月7日 8：36：40	党群工作	5月16日，召开第一次团代会，听取和审议了院团委工作报告，选举产生了共青团第一届委员会
院内新闻	规则6	2016年8月7日 8：36：40	党群工作	5月25日，参加了集团公司首届职工运动会，并取得团体总分第五名

续表

分类	规则	创建时间	新闻栏目	内容
院内新闻	规则6	2016年8月7日 8:36:40	党群工作	6月29日,举行庆"七一""共产党员先锋岗"授牌仪式,36名共产党员受表彰
院内新闻	规则6	2016年8月7日 8:36:40	党群工作	7月30日至8月3日,协助集团公司完成党校第十期培训
院内新闻	规则6	2016年8月7日 8:36:40	党群工作	9月27日,选手××在集团公司举行的"青春之歌"青年才艺大赛中荣获二等奖
院内新闻	规则6	2016年8月7日 8:36:40	党群工作	11月8日,党的十八大胜利召开,院领导、党委书记与部分代表一起收看了开幕式盛况
企业公告	规则7	2016年8月7日 8:36:40	集团荣誉	1月,院工会获"全国能源化学系统先进工会"集团荣誉称号
企业公告	规则7	2016年8月7日 8:36:40	集团荣誉	1月,3名同志分别荣获集团公司"青年岗位能手""优秀共青团员""优秀共青团干"称号
企业公告	规则7	2016年8月7日 8:36:40	集团荣誉	2月,我院院长当选为山西省煤炭工业协会常务副理事长
企业公告	规则7	2016年8月7日 8:36:40	集团荣誉	2月,院工会被山西省总工会授予"山西省五星级基层工会"称号
企业公告	规则7	2016年8月7日 8:36:40	集团荣誉	4月25日,山西煤机被太原市劳动竞赛委员会授予"太原市转型跨越引领示范单位"及太原市"五一劳动奖状";科技产业中心被授予太原市"五一劳动奖状";科技产业中心综采面顺槽超前支护支架研制组被授予"太原市职工创新示范岗"称号;我院院长被授予"太原市转型跨越先锋"及太原市"五一劳动奖章";特种车辆研发中心研究员×××被授予太原市"五一劳动奖章"
企业公告	规则7	2016年8月7日 8:36:40	集团荣誉	12月,山西煤机被山西省企业联合会、山西省企业家协会授予"山西省100强企业"和"山西省制造业100强企业"称号
企业公告	规则7	2016年8月7日 8:36:40	集团荣誉	12月,院团委被集团公司授予2015年度"五四红旗团委"称号

6.3.2 基于第二类数据源的企业业务活动数据采集

本部分选择 A 企业在 2015 年度的会计账户记录为研究对象,共有 20 多万笔业务,这些业务涉及销售收入与收款、采购与付款、生产与存货、人力资源与工资、筹资、投资、货币资金 7 种事项。尽管业务数量巨大,但对每一类业务的处理方法是相同的,尤其对于计算机自动账务处理而言,对同一类业务采用的处理方法相同,处理速度和效率极高,因此业务量大的问题主要表现为业务种类多样的问题,基于此笔者从 20 多万笔业务选择涉及上述 7 种事项的 16 笔业务作为样本,每笔业务由主要的原始凭证及其简要的业务描述构成,详见附录 2。本书将利用这些样本对企业会计信息真实性评估方法的有效性进行考量和验证。

6.4 基于 Z 模型的企业大数据的结构化建模

并不是所有的业务活动信息对会计信息真实性的评估都有用,需要采用结构化技术从大量的业务信息中抽取对评估工作有用的信息。在表 6.1 的基础上,本书采用基于 Z 模型的结构化建模方法,从大量的原始记录中寻找并抽取与会计信息真实性评估直接相关的记录。因此,首先选择了企业会计记录样本,并按照 Z 模型的要求从样本中抽取了业务时间、地点、人物、原因、内容和方式 6 种约 300 个词条作为关键词,其次采用词频统计法与主题数据库中的记录进行词条匹配,匹配的记录保留下来形成中间数据集。表 6.2 是从评估人员的视角出发对选取的 7 种业务的样本进行属性抽取和结构化建模的结果,以此为依据,采用文档词频统计算法(TF - IDF)的聚焦主题内容自动采集技术,从 6.3 节收集的企业业务活动原始数据中(见表 6.1)抽取相关的业务记录为中间数据,抽取结果如表 6.3 所示。

表 6.2　基于 Z 模型的企业业务活动原始凭证的结构化建模

属性 业务序号	时间 (when)	地点 (where)	人物 (who)	原因 (why)	内容 (what)	方式 (how)
1	2015-8-3	山西省太原市并州南路246号、太原市长河街1号	张力、和凯、李杰、罗红、张艺、刘强、尹厚、郑文、王力、蒋华、武丽	提高销售量	向山西西山中煤机械制造有限公司销售掘进机 10 台	现销、银行转账

续表

属性 业务序号	时间 (when)	地点 (where)	人物 (who)	原因 (why)	内容 (what)	方式 (how)
2	2015-11-8	山西省太原市并州南路246号、内蒙古自治区呼和浩特市金水路35号	张力、和凯、李杰、罗红、张艺、刘强、尹厚、王莉、牛明、朱海、罗田	提高销售量	向神东煤炭集团销售洗煤设备3套	现销、银行转账
3	2015-3-8	山西省太原市并州南路246号、太原市兴华北路1号	张广、李明、尹杰、赵兰、马小华	服务于生产管理	从金杯公司购入货车一辆	现购、银行转账
4	2015-5-18	山西省太原市并州南路246号	郑文、R.博特	开拓国外市场	从德国CFH公司购买一项商标权	分期付款
5	2015-6-7	山西省太原市并州南路246号	李里、王文懒	提高专利数量	开发出一项生产用专利技术	委托研究、银行转账
6	2015-8-5	山西省太原市并州南路246号	郑文、万方、赵兰、马小华	获取专有设备、提高研发能力	以长期股权投资交换天地矿山技术装备有限公司拥有的煤炭生产专有设备	非货币性交易
7	2015-10-5	山西省太原市并州南路246号	白杨、牛丽、赵兰、牛理	服务于生产管理	购买办公用品	现购
8	2015-12-25	山西省太原市并州南路246号	金庸、王兵	安全生产	安全培训	全员培训
9	2015-12-31	山西省太原市并州南路246号	李志宏、师长	职工体检	生产工人体检	银行转账
10	2015-1-10	山西省太原市并州南路246号	郑文、王力、蒋华、武丽	筹集资金	出售控股公司股份	银行转账
11	2015-1-18	山西省太原市并州南路246号	郑文、李虎俊、席满、蒋武、胡雨、强溪、于天、黄成	筹集资金	出租房地产	银行转账

续表

属性 业务序号	时间 (when)	地点 (where)	人物 (who)	原因 (why)	内容 (what)	方式 (how)
12	2015-4-2	山西省太原市并州南路246号	郑文、李宁	权益性投资	取得中煤华晋能源公司10%的股权	银行转账
13	2015-4-8	山西省太原市并州南路246号		债权性投资	购入中天集团发行的债券	银行转账
14	2015-5-2	山西省太原市并州南路246号	赵武、胡法、邓文龙、启路、赵兰、马小华	提高设备的生产能力	技术改造	更换部件
15	2015-1-1	山西省太原市并州南路246号	王成	加快回款速度	收到科研经费	银行转账

表6.3　基于数据爬取结果的企业业务活动结构化建模结果

序号	使用的关键词	抽取结果
1	2015年1月，筹集资金、出售控股公司股份、出租房地产	1月，公司采用了出售控股公司股份和出租房地产等方式为本年度的投资及生产活动筹集了所需资金，从运行效果来看，这些筹资方式风险小、筹资成本也比较低
2	提高销售量	从2月起，全面实施产品质量保障跟踪服务，让技术人员到购买单位的生产一线，随时解决产品运行过程中出现的故障问题，各类机械产品销售量得到极大提高
3	神东煤炭集团	4月16日，与神东煤炭集团签订《高效快速洗煤机配套技术与装备合作开发协议》
4	山西西山中煤机械制造有限公司	7月3日，与山西西山中煤机械制造有限公司举行战略合作协议签订仪式，将成为该公司的机械产品供应商
5	开拓国外市场	3月，召开了采购工作会议，根据会议安排加强原材料、零配件和办公用品采购的科学管理，加强与国外先进企业的合作，引进先进技术与品牌，以开拓国外市场
6	从德国CFH公司购买一项商标权	5月25日，与德国CFH公司进行第三轮会谈，院领导与德国CFH公司代表R.博特在会谈备忘录上签字，本院将购买CFH公司的部分商标和专利权
7	开发出一项生产用专利技术	4月，召开专利工作会议，根据会议安排采用灵活多样的方式开发专利，提高了专利在企业总资产中的占比
8	山西天地矿山技术装备有限公司	山西天地矿山技术装备有限公司注册成立，作为本公司的子公司开始正式运行

续表

序号	使用的关键词	抽取结果
9	办公用品	3月,召开采购工作会议,根据会议安排要保证生产用车辆和办公用品的足量供应,加强与国外先进企业的合作,引进先进技术与品牌,以开拓国外市场
10	安全培训、体检	12月,公司集中对职工进行了体检和安全教育培训
11	安全生产	开展安全生产标准化建设工作,提高了生产管理水平,进一步保障了人员安全
12	中煤华晋能源公司	公司采用权益性投资、债权性投资方式进行风险投资。与中煤华晋能源公司签订战略合作协议,未来将对其进行投资
13	购入中天集团发行的债券	公司采用权益性投资、债权性投资方式进行风险投资。与中天集团达成技术合作协议,购买该公司发行的债券
14	技术创新、资金支持、科研经费等	科研立项工作取得重大突破,"智能化超重型岩巷掘进机研制""露天开采煤矿特殊煤层条件连续开采技术与设备""矿用防爆高比能量蓄电池动力技术的研究"3个项目首次获得国家高技术研究发展计划(863计划)的批准立项;"煤矿井下连续摘采机"首次被列为国家重大科技成果转化项目,"安全高效矿井胶轮运输关键技术与装备"项目持续得到中央国有资本经营预算重大技术创新及产业化资金支持;本年度争取各类科研费用创建院以来的新高
15	收到蓝海集团电汇前期欠货款	全年强化货款的清欠和回收工作

6.5 基于扩展的 REA 会计模型的会计记录异常检测

企业对业务事实的记录是否如实反映了业务活动内容是会计信息真实性的直接体现。随着会计核算软件的普遍使用和核算工作自动化程度的不断提高,会计信息造假越来越多来源于业务事实造假,也就是原始凭证的造假,而非会计处理的造假。因此,会计信息真实性的识别很大程度上转变为原始凭证真实性的识别。本部分以整理后的中间数据集为基准,与选取的样本进行文本比对,如果比对结果一致,那么会计记录的业务就是真实的,如果比对不一致,则会计记录的业务就存在问题,须经过进一步验证确定其真伪。文本比对方法与结果如表6.4所示,其中参与比对的文本是用REA建模方法分别对会计账户记录和经整理后的中间数据进行概念建模,抽取其中的代表经济资源、经济事件和参与者的关键词而形成的,比对的结果是在16笔业务中14笔业务会计记录产生的基于REA会计模型的关键词与从整理后的中间数据抽取的基于REA的关键词完全一致或基本吻合，而剩余的 2 笔业务其会计记录与清洗后中间数据的 REA 关键词无法匹配，出现异常。

表 6.4　　　　　　　　　　　比对内容与结果

业务序号	会计账户记录			中间数据描述			检测结果
	经济资源	经济事件	参与者	经济资源	经济事件	参与者	
1	掘进机	销售	A 公司、山西西山中煤机械制造有限公司、张力、和凯、李杰、罗红、张艺、刘强、尹厚、郑文、王力、蒋华、武丽	机械产品	销售	A 公司、山西西山中煤机械制造有限公司	正常
2	洗煤设备	销售	A 公司、神东煤炭集团、张力、和凯、李杰、罗红、张艺、刘强、尹厚、王莉、牛明、朱海、罗田	机械产品	销售	A 公司、神东煤炭集团	正常
3	货车	采购	A 公司、金杯公司、张广、李明、尹杰、赵兰、马小华	生产用车辆	采购	A 公司	正常
4	商标权	购买	A 公司、德国 CFH 公司、郑文、R. 博特	商标权	购买	A 公司、德国 CFH 公司	正常
5	生产用专利技术	开发	A 公司、新华科技公司、李里、王文懒	生产用专利技术	开发	A 公司	正常
6	办公用品	采购	白杨、牛丽、赵兰、牛理	办公用品	采购		正常
7	掘进机	生产	赵兰、马小华	无	无	无	异常
8	培训费	培训	A 公司职工、太原市培训中心、金庸、王兵	安全教育培训	A 公司职工		正常
9	体检费用	体检	A 公司全体生产工人、太原市体检中心、李志宏		体检	A 公司职工	正常
10	股票	出售	A 公司、山西天地矿山技术装备有限公司、郑文、王力、蒋华、武丽	股票	出售	A 公司、山西天地矿山技术装备有限公司	正常

续表

业务序号	会计账户记录			中间数据描述			检测结果
	经济资源	经济事件	参与者	经济资源	经济事件	参与者	
11	房地产	出租	A公司、鼎太公司、郑文、李虎俊、席满、蒋武、胡雨、强溪、于天、黄成	房地产	出租	A公司	正常
12	股票	购入	A公司、中煤华晋能源公司	股票	购入	A公司、中煤华晋能源公司	正常
13	债券	购入	A公司、中天集团	债券	购入	A公司、中天集团	正常
14	固定资产	技术改造	A公司、赵武、胡法、邓文龙、启路、赵兰、马小华	无	无	无	异常
15	科研经费	科研立项	A公司、国家自然科学基金委、王成	科研经费	科研立项	A公司	正常
16	货款	收回货款	A公司、蓝海集团、王雯、李梅	货款	货款的清欠和回收	A公司	正常

为了确定经文本比对出现异常的业务是否失真，须进一步采用验证经济事件发生逻辑的方法对会计记录进行甄别。所谓经济事件发生逻辑是指，经济事件发生时应遵循的时间（when）、地点（where）、人物（who）、原因（why）、内容（what）、方式（how）方面存在的逻辑关系。在表6.4中第7笔业务的经济事件是"一车间2015年生产了200台掘进机"，从生产方式（how）入手，进行调研发现，一车间使用数控机床进行加工和装配，能源是电力，2015年度一车间共用电100 000千瓦时，而从以往的成本数据来看，生产1台掘进机耗电1 000千瓦时，由此可见，一车间耗用100 000千瓦时电力只能生产100台掘进机，不可能生产200台，因此这笔业务的会计记录是虚假的；第14笔业务的经济事件是"公司对一项重要固定资产进行技术改造"，从技术改造的内容（what）来看，发现该事件的基本内容是"更换了一个重要部件"，进一步调查得知，该部件并非新技术产品，和原来使用的部件为同一类产品，由此可以断定，此业务实为设备维修，不属于技术改造的范畴，维修活动的费用不能资本化，只能费用化。

6.5.1 自动化方式

自动比对方式是按照第 4 章和第 5 章提出的会计记录异常检测模型由计算机软件实施的检测工作。具体步骤为：首先，将会计账户记录按照 REA 会计模型的构造分解为经济资源、经济事件和参与者 3 种实体；其次，将描述企业相关活动事实的中间数据也按照 REA 会计模型的结构分解为 3 种实体；最后，比较会计账户实体与中间数据实体是否一致。在经济事件实体分析中，参照中间数据提供的信息从时间、地点、人物、原因、内容、方式 6 种属性判断会计账户记录的经济事件的合理性。表 6.4 展示了自动化检测内容及结果，表明通过将会计账户记录与中间数据描述进行存在性比对，发现 16 笔业务中有 2 笔业务存在异常，异常率为 12.5%。

6.5.2 人工方式

除了采用自动化检测方法外，本书采用了人工方式对选用的凭证样本进行异常检测。目的是验证两种方式的异常检测率是否一致。检测人员为会计学硕士研究生，人数为 10 人，让这些人员对 16 张原始凭证的异常情况进行独立判断，各检测人员的判断结果如表 6.5 和表 6.6 所示。

表 6.5　　　　　　　　　　人工检测记录

业务编号 \ 人员编号	1	2	3	4	5	6	7	8	9	10
1	√	√	√	√	√	√	√	√	√	√
2	√	√	√	√	√	√	√	√	√	√
3	√	√	√	√	√	√	√	√	√	√
4	√	√	√	√	√	√	√	√	√	√
5	√	√	√	√	√	√	√	√	√	√
6	√	√	√	√	√	√	√	√	√	√
7	×	×	×	×	×	√	×	×	×	×
8	√	√	√	√	√	√	√	√	√	√
9	√	√	√	√	√	√	√	√	√	√
10	√	√	√	√	√	√	√	√	√	√
11	√	√	√	√	√	√	√	√	√	√

续表

业务编号 \ 人员编号	1	2	3	4	5	6	7	8	9	10
12	√	√	√	√	√	√	√	√	√	√
13	√	√	√	√	√	√	√	√	√	√
14	×	×	×	×	×	×	×	×	×	×
15	√	√	√	√	√	√	√	√	√	√
16	√	×	√	√	√	√	√	√	√	√

注：√表示检测结果为正常，×表示检测结果为异常。

表 6.6　　　　　　　　　　人工检测结果

人员编号	异常率	判断理由
1	12.5%	第 7 笔业务生产成本核算单凭证内容有误，第 14 笔业务原始凭证不实
2	18.8%	第 7 笔业务生产成本核算单凭证内容有误，第 14 笔业务原始凭证不实，第 16 笔业务电汇凭证疑为假回款单
3	12.5%	第 7 笔业务生产成本核算单凭证内容有误，第 14 笔业务原始凭证不实
4	12.5%	第 7 笔业务生产成本核算单凭证内容有误，第 14 笔业务原始凭证不实
5	12.5%	第 7 笔业务生产成本核算单凭证内容有误，第 14 笔业务原始凭证不实
6	12.5%	第 7 笔业务生产成本核算单凭证内容有误，第 14 笔业务原始凭证不实
7	12.5%	第 7 笔业务生产成本核算单凭证内容有误，第 14 笔业务原始凭证不实
8	12.5%	第 7 笔业务生产成本核算单凭证内容有误，第 14 笔业务原始凭证不实
9	12.5%	第 7 笔业务生产成本核算单凭证内容有误，第 14 笔业务原始凭证不实
10	12.5%	第 7 笔业务生产成本核算单凭证内容有误，第 14 笔业务原始凭证不实

6.5.3　人工方式与自动化符合性检测结果的比较

为了检验人工检测和自动化检测异常率是否相同，采用配对样本 t 检验的方法，待检验的假设为：

H_0：人工方式和自动化方式检测的异常率相同

H_1：人工方式和自动化方式检测的异常率不同

样本数据分别为 10 个检测人员对 16 笔业务检测的异常率和使用装有专门的检测程序的 10 台次不同的计算机所得的异常率，检验结果如表 6.7 所示。

表 6.7　　　　　　　　　　配对样本 t 检验结果

	配对差异					t 检验	自由度	显著性水平（P）（双尾）
	均值	标准差	标准误	95%置信区间的差异值				
				低	高			
Pair 1　VAR00001 - VAR00002	0.00610	0.01929	0.00610	-0.00770	0.01990	1.000	9	0.343

由表 6.7 可知，t = 1.0，本次检验的显著性水平 P = 0.343，无法拒绝原假设 H_0，也就是说采用本书设计的自动化的异常检测方法与人工检测在检测结果的准确性方面没有显著性差异。

6.6　基于灰理论的企业会计信息真实性的测度

本书选取了 A 公司在 2015 年发生的分别属于销售与收款、采购与付款、生产与存货、人力资源与工资、筹资、投资和货币资金 7 种业务事项中的 16 笔业务，按照会计账户记录的真实情况，分别采用自动化和人工两种方式对会计账户记录的异常情况进行了检测，发生的平均异常率为 12.5%。按照第 5 章提出的企业会计信息真实性的灰值的计算公式，基于自动检测的结果，分别计算各种业务事项产生的会计信息的真实性灰推测值和由 7 种业务事项构成的企业整体会计信息真实性的灰推测值。

第一，计算各种事项产生的会计信息真实性的灰推测值，对于销售收入与收款事项而言，当月发生了 2 笔业务，经检测会计记录无异常，依据公式（5.12）得出：

$$g_{T_1}^r = \frac{1}{\ln[e + \sum_{i=1}^{4} ERR(C_i) a_{1i}]} = \frac{1}{\ln e} = 100\%$$

销售收入与收款事项灰指标取值为 100%，表明其在当月没有虚假会计信息。

对于采购与付款事项而言，当月发生了 2 笔业务，经检测会计记录无异常，依据公式（5.14）得出：

$$g^r_{T_2} = \frac{1}{\ln\left[e + \sum_{i=1}^{2} ERR(C_i)a_{2i}\right]} = \frac{1}{\ln e} = 100\%$$

采购与付款事项灰指标取值为100%，表明其在当月没有虚假会计信息。

对于生产与存货事项而言，当月发生了3笔业务，经检测2笔业务会计记录无异常，1笔业务的会计记录异常，涉及生产成本账户，假定每个账户在计算公式中的权重相同，都为33.3%，依据公式（5.16）得出：

$$g^r_{T_3} = \frac{1}{\ln\left[e + \sum_{i=1}^{3} ERR(C_i)a_{3i}\right]} = \frac{1}{\ln(e + 0.33)} = 89.7\%$$

生产与存货业务事项灰指标取值为89.7%，小于100%，表明其在当月存在虚假会计信息。

对于人力资源与工资事项而言，当月发生了2笔业务，经检测会计记录无异常，依据公式（5.18）得出：

$$g^r_{T_4} = \frac{1}{\ln\left[e + \sum_{i=1}^{1} ERR(C_i)a_{4i}\right]} = \frac{1}{\ln e} = 100\%$$

人力资源与工资事项灰指标取值为100%，表明其在当月没有虚假会计信息。

对于筹资事项而言，当月发生了2笔业务，经检测会计记录无异常，依据公式（5.20）得出：

$$g^r_{T_5} = \frac{1}{\ln\left[e + \sum_{i=1}^{5} ERR(C_i)a_{5i}\right]} = \frac{1}{\ln e} = 100\%$$

筹资事项灰指标取值为100%，表明其在当月没有虚假会计信息。

对于投资事项而言，当月发生了3笔业务，经检测2笔业务会计记录无异常，1笔业务的会计记录异常，涉及投资利得与损失账户，假定每种账户在计算公式中的权重相同，都为50%，依据公式（5.22）得出：

$$g^r_{T_6} = \frac{1}{\ln\left[e + \sum_{i=1}^{2} ERR(C_i)a_{6i}\right]} = \frac{1}{\ln(e + 0.5)} = 85.6\%$$

投资事项灰指标取值为85.6%，小于100%，表明其在当月存在虚假会计信息。

对于货币资金事项而言，当月发生了2笔业务，经检测会计记录无异常，依据公式 5.24 得出：

$$g^r_{T_7} = \frac{1}{\ln[e + \sum_{i=1}^{2} ERR(C_i) a_{7i}]} = \frac{1}{\ln e} = 100\%$$

货币资金事项灰指标取值为 100%，表明其在当月没有虚假会计信息。

第二，计算由 7 种业务事项构成的企业整体业务会计信息真实性的灰推测值，假定各事项对会计信息真实性的影响程度一样，也就是其权重相同，记为 $\beta_i = \frac{1}{7}$，$i = 1, 2, \cdots, 5$。同时，假定各账户对会计信息真实性的影响程度一样，即其权重相同，记为 $a_{ij} = \frac{1}{19}$，$i = 1, 2, \cdots, 5$，$j = 1, 2$，那么

$$g^r_T = \frac{1}{\ln[e + \sum_{i=1}^{7} \beta_i \sum_{j=1}^{v_I} ERR(C_{ij}) a_{ij}]} = \frac{1}{\ln(e + 0.015)} = 99.45\%$$

企业整体业务的会计信息真实性灰指标为 99.45%，小于 100%，说明在各项业务记录中存在虚假记录。

灰度指标的值与会计信息真实性程度呈正相关但非线性关系，如图 6.3 所示。横坐标表示会计账户记录出现的个数，纵坐标表示会计信息真实性的高低。由图可知，如果会计账户记录全部正确，那么会计信息真实性的灰度值为 1，表明会计信息是真实的；如果会计账户记录不完全正确，也就是存在记录错误，那么灰度值就小于 1，而且记录的错误数越多，灰度值就越小，直至趋于 0。从图中还可以看出，会计账户记录错误次数对会计信息真实性灰度值的影响不是线性递减的，而是在错误次数比较少的情况下，如 10 次以内时，每出现一个记录错误，灰度值会比较大的下降，如果错误次数超过 10 次，每增加一个错误，尽管灰度值仍在下降，但下降幅度减小了。这种现象符合信息学的原理，就是概率小的事件给人们带来的信息量大，这种现象也符合人类对灰色系统的认知规律，即基于少量的数据推断总体的趋势。

99.45% 的指标值表明就 A 公司会计部门记录的 2015 年度发生的业务来说，其提供的会计信息不是完全真实的。评估人员可以此为依据，进一步形成评估报告，审计人员也可以此为依据，进一步寻找和锁定审计证据，发表审计意见。此案例表明，借助大数据技术，对企业会计信息真实性的评估不再依赖评估人员的经验，利用程序化的和智能化的算法对相关数据进行处理，就可准确地测评会计

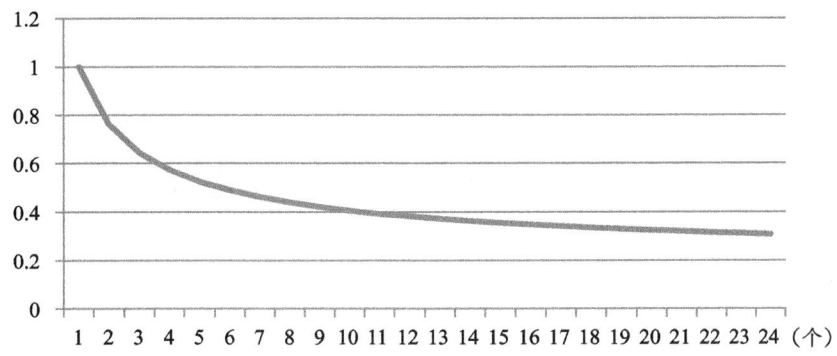

图 6.3 会计信息真实性的灰度值与会计记录错误个数的关系

信息的真实性，把传统的基于经验驱动的评估工作转变为基于数据驱动的新的评估方式。审计人员也可以利用此项技术推测企业会计信息真实性的总体情况，同时锁定审计证据，只要有足够的数据支持，任何人都可以使用此项技术判断企业会计信息的真实性水平，而不必再依赖专业化的评估或者审计人员，这正是这种技术的魅力所在。

6.7　本章小结

基于专门设计的信息处理平台，以 A 公司的会计信息为评估对象，选择 2015 年度为实验时间，采用人工和自动处理两种模式，通过数据的收集、结构化建模、基于业务场景的语义建模、会计记录的异常检测和基于灰理论的会计信息真实性推测步骤，证实了企业会计信息真实性的自动化检测绩效不低于人工检测的绩效，说明采用基于信息技术的自动化处理模式评估企业会计信息真实性具有可行性。

第 7 章 研究结论及建议

作为全书的结束部分,本章将结合第 1 章到第 6 章的内容,对整个研究过程中进行的工作及获得的结论做简要的总结,同时指出研究工作存在的不足,并对进一步的研究工作进行展望。

7.1 主要工作

会计信息的失真问题是随着会计的产生而产生的,从古至今,从未消失。时至今日,会计信息已经成为世人瞩目的公众产品。会计信息质量的高低已经不再仅仅是一家公司及其利益相关者的事情,而是关系整个资本市场的建设和现代企业制度建设成效的大事情,甚至是关系国家经济秩序和社会稳定的大事情。企业会计信息的失真曾给世界各国的经济社会发展带来重创并延缓了发展节奏,治理会计信息的失真现象已成为全世界的共识。

笔者在本书研究过程中主要做了以下 6 方面的工作:一是将企业会计信息真实性评估定位为审计工作的有益补充,提出了评估的概念并分析了企业会计信息评估的意义。二是将评估工作置于现代信息技术时代的背景下,回顾和总结了企业会计信息真实性评估的相关文献,并从研究方法和研究目标等层面分析了现有研究的不足,确立了本书研究的目标和起点。三是按照继承与发展的原则,充分借鉴了系统论、信息论、控制论、评估理论以及灰理论的基本思想,并形成了本书的理论指导体系。四是在基本理论的指导下,依据大数据及其技术的特点,构建了一个由 Zachman 体系结构模型、REA 语义形式化模型、会计记录异常识别模型和灰评估模型构成的企业会计信息真实性的综合评估模型。五是依据综合评估模型的评估目标和工作精度,设计了详细的算法以实现综合模型的功能,这些算法可直接转变为计算机的程序设计语言。六是以某集团公司的会计信息生产链为对象,应用综合模型进行案例研究,展示了综合评估模型的使用方法,印证了综合模型的有效性。

本书不仅证实了综合模型能够可靠地评估企业会计信息的真实性，而且指出了现代信息化技术改善传统的会计信息真实性审计绩效的方法和途径。本书在最后针对综合模型的完善提出了一些具体的建议。

7.2 本书的研究结论与贡献

本书采用文献研究、概念建模研究、案例研究相结合的方法，在大数据时代的背景下，从企业内部审计人员的视角探讨了企业会计信息真实性的评估方法及模型问题，从框架模型的内容以及案例分析的结果来看，可得到以下研究结论：

第一，企业会计信息真实性评估是一项复杂的系统工程，评估模型应该与时俱进，在信息化环境下，基于内部审计人员的角色，评估工作基本可以实现自动化，部分环节还可实现智能化。

第二，内部审计的数据搜集工作面向企业内部的业务系统和网络平台，借助适当的信息技术可以实现无障碍的自动化采集。同时，借助本书提出的结构化建模方法，在适度的人工干预的条件下，可从语义层面将非结构化或者结构化不良的数据转变为结构良好的易于机器处理的数据。

第三，基于信息化的智能技术，还有灰色评估理论的支持，能够准确高效地评估企业会计信息的真实性，为审计工作提供有力的支持。基于信息化技术的综合模型能够充分利用互联网大数据和计算机智能技术自动高效地从企业的日常业务活动中提取有用的信息，按照实际业务应该具有的在时间、地点、人物、原因、方式等方面的规律性和逻辑性判断企业日常业务记录的准确性，灰理论针对评估工作实际的信息获取能力和成本效益限制，提供了科学的真实性推测模型，将大数据智能技术和灰色评估理论相结合，能够准确高效地评估企业会计信息的真实性，为审计工作提供有力的支持。

第四，本书构建的基于 REA 扩展模型的企业会计信息真实性评估模型能够克服传统方法存在的自动化程度低、时效性差和结论不可靠的缺陷，基于企业业务数据互联网大数据，采用机器处理的自动化方法，全面准确地评估企业会计信息的真实性。本书的贡献在于将企业会计信息真实性的评判工作由经验驱动变为数据驱动，由事后评估变为事中评估，提高了企业会计信息真实性评估工作的效率和效益。

7.3 未来研究展望

2015年8月，国务院印发《促进大数据发展行动纲要》，要求在国民经济运行领域，充分运用大数据，实现对经济运行更为准确的监测、分析、预测、预警，提高决策的针对性、科学性和时效性，提升宏观调控以及产业发展、信用体系、市场监管等方面的管理效能，保障供需平衡，促进经济平稳运行发展目标的实现。

本书为利用大数据评估企业会计信息的真实性构建了一种方法，旨在抛砖引玉，推动大数据在会计信息质量评估工作中的应用。囿于条件的限制和个人认识的局限性，本书存在一些不足，欲将大数据及其技术深入地应用企业会计信息质量评估工作中，还需要一些相关研究的跟进。

7.3.1 研究的不足

第一，研究中对 Zachman 框架的应用不够全面。Zachman 框架是由 John Zachman 在 1987 年提出的一个企业信息系统需求分析的理论框架，现已成为许多大公司用来理解、表述企业信息基础设施的一个直观模型。按照 Zachman 框架对企业的经营活动进行建模，可为人们提供了"概念性"的业务模式、"逻辑性"的系统模型以及"物理性"的技术模型。本书基于 Zachman 框架的基本原理，从评估人员的视角出发构建了企业大数据的结构化概念建模模型，并将之应用于面向机器智能处理的会计信息真实性的评估之中。实际上，Zachman 框架是一个多视角、多维度的企业体系结构框架，所谓多视角是指 Zachman 框架倡导从各种类型的企业利益相关者出发描述企业的经营活动情况。对于企业的经营管理而言，有几种类型的人员各自发挥着不同的作用，分别是企业所有者、企业管理者、业务操作者、外部监管者、社会公众及评估人员，单从评估人员的视角出发构建企业结构化大数据模型显然内容是单薄的，如果能从其他角色出发，构建企业的结构化大数据，将会丰富企业大数据的内容，为真实性的评估提供更加有力的数据支撑。

第二，对企业业务事件之间存在的逻辑关系分析不够深入。本书采用了面向利用机器智能处理的方法评估企业会计信息的真实性，主要的工作原理是利用企业大数据之间的关联性，虽然笔者对以业务事件为中心的企业大数据之间的关联模式进行了定义，也提出了分别从企业业务事件发生的时间、地点、人物、原因、内容、方式6个方面建立企业大数据关联性的方法，但对业务事件之间在原因、内容、方式方面存在的逻辑关系分析不够深入，仅仅停留在概念说明的水平上，未能将逻辑关系模式化和公式化。

第三，对智能技术的应用研究不够深入。为了克服传统评价方法存在的不足，提高企业会计信息真实性评估工作的准确性和及时性，本书依据系统论、信息论、控制论、灰理论的基本原理，充分利用计算机的智能处理技术，构建了会计信息真实性评估模型。该模型的核心技术为机器的智能处理方法，本书围绕企业大数据的结构化概念模型、企业业务场景的语义形式化模型、基于业务场景的企业会计信息失真因素检测模型、基于失真因素的企业会计信息真实性灰测度模型阐述了智能工作的原理，但由于对企业大数据关联模式挖掘得不够，未能提出如何基于机器自动学习的方式提升评估工作效率的方法。

第四，会计信息真实性评价是一个复杂的系统工程，本书主要从事件逻辑真伪关系出发判断会计账户记录的真实性，而没有依据会计数据之间的勾稽关系对其真实性进行评价，此问题有待进一步研究解决。

7.3.2 进一步的研究建议

在对上述研究成果进行总结及分析其不足的基础上，将对未来研究提出一些看法，分为理论和实证两个部分：

7.3.2.1 理论

第一，对企业业务多视角立体化的概念建模问题需进行深入研究，鉴于企业业务是受多种因素影响的、不仅具有经济学特征还具有政治学和人文学特征的综合体，因此对企业业务进行多视角立体化认识和描述是必要的。同时，大数据时代的到来，为企业业务多视角立体化概念建模提供了充分的条件，可以利用多种类型的数据对企业业务进行实时的、全面的、连续的描述，获取高质量的企业业务大数据。

第二，对企业大数据之间的关联性问题进行深入研究。大数据的价值在于它蕴藏着丰富的信息和知识，以及事物发展的轨迹和遵循的规律。这些信息和知识是通过数据之间的关联性体现出来的。事物之间是普遍联系的，联系是多种多样的，这种联系体现为大数据之间的关联性，应该从大数据关联性的含义、种类、形式和描述方法等方面探讨大数据关联性的本质和作用，探讨大数据的利用方法。

7.3.2.2 实证

在实证方面，针对大数据在企业会计信息真实性评估中应解决的主要问题，本书认为可以在以下方面进行进一步的研究：

第一，采用实验研究的方法，验证基于机器智能的评估方法的有效性。选取不同质量水平的企业大数据作为实验对象，采用大数据的结构化建模模型、基于扩展 REA 的企业业务场景的概念建模、异常会计记录检测和灰推测模型求解会计信息的真实性，分析不同的数据类型、语义粒度、数据流动速度，以及数据真伪混杂程度对推测准确性的影响作用，为进一步改进评估模型提供经验支持。

第二，采用仿真研究的方法，挖掘企业业务事件之间的关联性。本书对企业中常见的 7 种业务事项中囊括的基本业务事件之间的关系做了一些简单的分析，主要是针对业务事件在时间、地点、人物 3 个属性上的纵向关联性（不同的业务事件通过某种属性所具有的关系）展开分析，这还远远不够，下一步应该针对业务事件在发生的原因、内容和方式 3 个属性上的纵向关联性展开研究，并在此基础上进一步挖掘企业业务事件在时间、地点、人物、原因、内容、方式 6 种属性上的横向关联性（即不同的业务事件在两种或两种以上属性的组合层面所具有的关系），探索基于企业大数据的知识发现方法和技术，为企业会计信息真实性评估智能算法的设计提供理论基础。

附 录

附录1 已发表的主要研究论文

附录1.1 XBRL格式财务报告提高股市有效性研究[①]

摘要：上交所和深交所于2009年初正式要求上市公司披露XBRL格式的财务报告。采用XBRL格式的财务报告可以降低金融消费者的信息处理成本，提高信息传递效率，使股价能够更充分地反映上市公司的经营信息，从而提高股票市场的有效性。本文利用上证综合指数、上证A股指数、上证B股指数、深证综合指数、深证成分指数、深证A股指数以及深证B股指数等7个指数的相关数据，实证检验上交所和深交所实施XBRL的效果。结果表明，无论以任何股票指数作为中国股票市场的代理指标，采用XBRL格式财务报告均可以降低其对随机游走的偏离程度，即提高中国股市的有效性。

关键字：XBRL 财务报告 股市有效性

一、引言及文献综述

XBRL是一种基于Internet生成和传输业务报告的计算机语言，借助可扩展标记语言（Extensible Markup Language，简称XML）的相关技术，通过对业务报告中的数据进行标准化定义和表示，使得计算机能够快速"读懂"会计账簿和财务报告，并支持批量阅读，同时通过内置验证机制，使得计算机能够实现对商业和金融报告的自动识别、处理、分析、比较与交流。XBRL很快取代已被广泛

[①] 本论文发表于《会计研究》2015年第12期，荣获2019年度山西省高等学校科学研究优秀成果奖（人文社会科学）一等奖；山西省第十次社会科学研究优秀成果三等奖。

应用近 20 年的电子数据分析检索系统的超文本标记语言（Hyper Text Markup Language 简称 HTML）。XBRL 技术通过电子信息的规范化、标准化和自动化，一方面有效减少了传统做法中手工录入数据的工作量和差错率，另一方面实现了从不同数据源提取相关业务数据，从而显著提高了数据的可靠性以及信息处理和利用的效率。

XBRL 在 1998 年首次提出，并于 1999 年成立 XBRL 国际组织。我国在这方面起步较晚，在 2004 年年初推出"标准化系统报送"，直到 2009 年上海证券交易所（以下简称上交所）和深圳证券交易所（以下简称深交所）正式要求以 XBRL 格式披露财务报告。

市场有效性理论是当代主流金融市场理论的重要组成部分。Fama（1965）指出在一个资本市场中，如果资产价格能够充分反映该资产所有的可得信息，那么该资产的价格应该始终等于其投资价值，则此资本市场具有有效性。近 20 多年来，大量学者通过验证股票市场的收益率是否服从随机游走检验其弱式有效性，但结论却不尽相同。学者们的结论大致可以分为 3 类：第一类认为股票市场具备弱式有效性；第二类认为股票市场不具备弱式有效性；第三类认为股票市场的弱式有效性是在不断演进的。

第一类认为中国股票市场具备弱式有效性的研究成果：宋颂兴和金伟根（1995）运用自相关系数法、Q 统计量法以及游程检验等方法分析了上海股票市场中 29 种股票的周收盘价数据，结论为上海股票市场已具备弱式有效性；林小明和王美金（1997）运用混沌理论检验了上证综合指数和深证成分指数的每日收盘价数据，实证结果表明中国股票市场已经具备弱式有效性；陈小悦等人（1997）运用全程单位根检验法和分段单位根检验法分析了深圳股票市场中 23 种股票和 8 种指数从 1991 年到 1996 年 11 月的每日收盘价数据，分析结果表明深圳股票市场已经达到弱式有效；范龙振和张子刚（1998）运用单位根检验法分析了深圳股票市场中 5 种股票 1995 年 7 月至 1995 年 10 月的日收盘价数据，分析结果表明深圳股票市场具备弱式有效性；张兆国等人（1999）利用游程检验分析了深圳成分指数的收盘价数据，实证结果表明深圳股票市场已经具备弱式有效性；陈立新（2002）运用游程检验分析了上证综合指数的日收盘价数据，实证结果表明上海股票市场已具备弱式有效性；张月飞等人（2006）运用单位根检验法分析了上证综合指数、深证成分指数以及香港恒生指数 1998 年 1 月至 2004 年 12 月的日收盘价数据，实证结果表明内地市场和香港市场均已具备弱式有效性；刘维奇和史金凤（2006）运用方差比检验法分析了 1990 年 12 月至 2006 年 7 月上证综合指数每周收盘价数据，实证结果表明上海证券市场已经具备弱式有效性；朱孔来和李静静（2013）运用游程检验、单位根检验、Johansen 协整检验、Granger 因果关系检验等多种检验方法分析了上证综合指数和深证综合指数 2000 年 1 月至 2011 年 4 月的日收盘价数据，实证结果支持了中国股票市场已具备弱式有效性的结论。

第二类认为中国股票市场不具备弱式有效性的研究成果：吴世农（1994）运用自相关系数法检验上海股票市场中 112 种股票和股价综合指数的每日收盘价数据，实证结果表明上海股票市场不具备弱式有效性；俞乔（1994）运用 Q 统计量法、游程检验、非参数检验法分析了上证综合指数和深证综合指数的日收盘价数据，实证结果表明沪深股市均未达到弱式有效；吴世农（1996）运用自相关系数法检验上海股票市场和深圳股票市场中 20 种股票的日收盘价数据，实证结果不支持中国股票市场具备弱式有效性的结论；魏玉根（2000）运用 TTS 模拟和复合检验法分析了上证综合指数的收盘价数据，分析结果表明我国股票市场不具备弱式有效性；张亦春和周颖刚（2001）运用广义谱检验法分析了 1993 年 1 月至 2000 年 1 月上证 A 股综合指数日收盘价数据，实证结果表明上海股票市场尚未达到弱式有效；解保华等人（2002）运用单位根检验法、方差比检验法、相关性检验法等多种方法分析了 1990 年 12 月至 2001 年 3 月上证综合指数和深证成分指数的周收盘价数据，实证结果表明中国股票市场尚不具备弱式有效性；陆蓉和徐龙炳（2004）运用 EGARCH 模型分析了 1990 年 12 月至 2003 年 1 月上证综合指数和 1991 年 4 月至 2003 年 1 月深证成分指数的日收盘价数据，实证结果表明中国股票市场尚未达到弱式有效。

第三类认为中国股票市场的弱式有效性是不断演进的研究成果：高鸿祯（1996）运用自相关系数法、延续性检验以及反应速度检验等方法考察了 1990 年 12 月到 1994 年 12 月上证综合指数的日收盘价数据，实证结果表明上海股票市场由无效向弱式有效过渡；陈小悦等人（1997）运用单位根检验法对 1991 年至 1996 年 11 月上海股票市场中 29 种股票和 8 种指数的日收盘价数据进行检验，实证结果表明上海股票市场 1993 年前未达到弱式有效，而 1993 年后达到弱式有效；张思奇等人（2000）运用 ARMA - ARCH - M 模型对上海 A 股综合指数的日收盘价数据进行分析，实证结果表明上海股票市场的有效程度正在逐步提高，已经具备某些弱式有效市场特征；李学等人（2001）运用全程游程检验、分段游程检验、动态游程检验等多种方法对沪深两市 A 股指数从开市到 1999 年 8 月 19 日的每日收盘价数据进行分析,实证结果表明中国股票市场 1991 年至 1992 年有效程度较低,1993 年以后有效性程度逐渐提高,基本达到弱式有效;史永东等人(2002)运用 Kalman 滤波模型分析上证综合指数、深圳成分指数及 6 只个股的周收盘价数据,实证结果表明中国股市的弱式有效性正在逐步提高;张兵和李晓明(2003)运用时变系数的 AR(2)自回归模型分析 1991 年 7 月至 2000 年 12 月上证综合指数、深圳成分指数及 6 只个股的周收盘价数据,实证结果表明中国股市在 1997 年之前市场无效,1997 年之后市场具备弱式有效性;陈灯塔和洪永淼(2003)运用全程广义谱检验法和分段广义谱检验法对沪深两市 8 种大盘指数从开市至 2002 年 10 月的每日收盘价数据进行了分析,实证结果表明虽然沪深两市的有效性均在逐步提高,但是两个股票市场均没有达到弱式有效;刘维奇和史金凤(2006)运用方差比检验法分析了 1995 年至 2006 年深证综合指数每周收盘价格数据,分析结果表明深证综合指数股指收益率序列在短期内服从随机游走,但是就长期而言不服从随机游走,相应的,在短期内具备弱式有效性,在长期内未达到弱式有效;高蓉等人(2012)运用广义谱检验法分析了上证综合指数以及深证成分指数的日收盘价数据,实证结果表明中国股市的弱式有效性在不断发生变化,即在股市建立初期,拒绝市场弱式有效性,随后市场的弱式有效性逐步提高。

二、研究假设

近年来,我国金融领域的开放程度不断提高,国内外投资者对上市公司的经营业绩和财务等相关信息的需求和关注程度日益增强。市场监管部门自 2004 年以来大力推广 XBRL 相关技术在资本市场中的应用,切实提高了我国上市公司的财务业务的规范化和标准化。

现有的研究从多个角度考察了采用 XBRL 格式财务报告对资本市场的影响,如,史永和张龙平(2014)验证了采用 XBRL 格式财务报告对股价同步性的影响;迟丽华和刘峰(2015)验证了采用 XBRL 格式财务报告对盈余公告后的股价漂移程度的影响。但是,研究采用 XBRL 财务报告格式对中国股市弱式有效性影响的文献却很少。

由于采用 XBRL 格式的财务报告可以有效减少数据的重复录入,提升数据的一致性和可比性,投资者和监管部门能够方便地利用计算机工具对财务报告进行充分挖掘，获得决策有用的信息。因此，XBRL 格式财务报告可以提高投资者的决策效率和决策精确度，从而提高资本市场的信息传播效率和资源配置效率，从而提高中国股市的市场的弱式有效性。综上所述，提出以下假设：

假设：采用 XBRL 格式的财务报告能够提高中国股市的市场的弱式有效性

为了验证上述假设的正确性，本文检验了采用 XBRL 格式财务报告对上证指数、上证 A 股指数、上证 B 股指数、深证综合指数、深证成分指数、深证 A 股指数以及深证 B 股指数的收益率序列对随机游走的偏离程度的影响，考察其对中国股市弱式有效性的影响。

本文接下来的安排如下：第三部分说明本文的数据来源及其描述性统计；第四部分着重介绍本文使用的检验模型，即自相关系数法、Q 统计量法以及 Wild Bootstrap 自动方差比检验法；第五部分报告本文的实证结果；第六部分总结全文。

三、数据来源与描述性统计

本文的样本选取沪深两市从正式开业的 1990 年 12 月 19 日到 2015 年 9 月 11 日的 7 只股票指数的日数据，这些交易数据来自 Wind 数据库。7 只股票指数分别为上证综合指数、上证 A 股指数、上证 B 股指数、深证综合指数、深证成分指数、深证 A 股指数以及深证 B 股指数。它们基本代表了中国股市的总体表现。表 1 列出了所有股票指数在整个样本期间及沪深两市采用 XBRL 格式财务报表前后的两个子样本期间收益率序列的描述统计：样本均值、样本标准差、样本偏度和样本峰度。表 1 的 A 部分、B 部分和 C 部分分别对全部样本、采用 XBRL 格式财务报告前以及采用 XBRL 格式财务报告后的样本进行了描述性统计。

表 1　　　　　　　　　　收益率数据的描述性统计

股票指数	开市日期	样本量（个）	均值	标准差	偏度	峰度	学生化范围[①]
A 部分：整个样本期间							
上证综合指数	19901219	6050	0.0006	0.0240	5.2541	145.8562	11.3009
上证 A 股指数	19901219	6050	0.0006	0.0248	5.4502	150.5834	37.5164
上证 B 股指数	19920221	5753	0.0002	0.0218	0.0954	5.1815	12.6487
深证综合指数	19951219	4780	0.0006	0.0190	−0.5028	3.6534	11.0893

---

① 学生化范围：$\text{studentizedrange} = \dfrac{\text{maxvalue} - \text{minvalue}}{\text{standarddeviation}}$

续表

股票指数	开市日期	样本量（个）	均值	标准差	偏度	峰度	学生化范围
A 部分：整个样本期间							
深证成分指数	19910403	6019	0.0004	0.0222	0.3582	13.4573	20.3997
深证 A 股指数	19951219	4780	0.0006	0.0192	-0.4920	3.6867	11.3009
深证 B 股指数	19951219	4780	0.0006	0.0215	0.0194	6.0593	13.5784
B 部分：从开市到 2009 年 2 月 27 日①							
上证综合指数	19901219	4458	0.0007	0.0264	5.3847	133.9440	10.8283
上证 A 股指数	19901219	4458	0.0007	0.0274	5.5203	136.3672	33.9469
上证 B 股指数	19920221	4161	0.0000	0.0233	0.2094	4.5153	11.8049
深证综合指数	19951219	3188	0.0006	0.0198	-0.4235	3.9699	10.6461
深证成分指数	19910403	4427	0.0005	0.0237	0.4771	13.7187	19.1397
深证 A 股指数	19951219	3188	0.0006	0.0200	-0.4111	3.9927	10.8283
深证 B 股指数	19951219	3188	0.0005	0.0242	0.0772	4.9824	12.0329
C 部分：从 2009 年 2 月 27 日到 2015 年 9 月 11 日							
上证综合指数	20090227	1591	0.0003	0.0153	-0.7980	4.5892	8.2023
上证 A 股指数	20090227	1591	0.0003	0.0153	-0.7964	4.5801	9.6910
上证 B 股指数	20090227	1591	0.0005	0.0170	-0.6278	6.9231	11.1012
深证综合指数	20090227	1591	0.0006	0.0173	-0.7246	2.1592	8.2123
深证成分指数	20090227	1591	0.0002	0.0175	-0.5450	2.6754	8.7287
深证 A 股指数	20090227	1591	0.0006	0.0173	-0.7227	2.1442	8.2023
深证 B 股指数	20090227	1591	0.0008	0.0144	-0.4702	3.3062	10.3391

其中，收益率的计算方式如公式（1）所示，P_t 代表股票指数在第 t 期的收盘价。

$$r_t = \ln(P_t) - \ln(P_{t-1}) \tag{1}$$

对于综合指数而言，收益率和波动率的规律不明显。沪深两市的日均收益在整个样本空间基本相当，但上证综合指数的波动率要高于深证综合指数；在采取 XBRL 格式的财务报告之前，上证综合指数的收益率略高于深证综合指数，波动率也略高；在采取 XBRL 格式的财务报告之后，深证综合指数的日均收益率显著高于上证综合指数，但波动率却略低于上证综合指数。

---

① 上交所 2008 年 12 月公布自 2008 年年度报告披露起，上交所要求所有上市公司同步提交定期报告 PDF 和 XBRL 实例文档，并在上交所网站公布，按照中国的证券法规定，年度报告必须在次年 4 月 30 日前公布，因此这就意味着在此之前，所有的上市公司应以 XBRL 格式公布财务报告，而由于本文无法确定上市公司公布财务报告的具体时间，因此本文取中值，即 2 月的最后一个交易日作为样本的区分点；深交所也于 2009 年 2 月推出"XBRL 上市公司信息服务平台"，同步披露 XBRL 财务报告。该平台最早可以提供在深市上市的所有上市公司从 2004 年开始的所有定期报告 XBRL 实例文件数据的查询，因此对于深市指数，本文同样取 2 月的最后一个交易日作为样本的区分点。

对于 A 股指数而言，收益率序列基本符合高风险高收益的基本特性。对于整个样本空间，上证综合指数的日均收益率略高于深证综合指数的收益率，同时，上证 A 股指数的波动率也略高；在采取 XBRL 格式的财务报告之前，上证 A 股指数的日均收益率略高于深证 A 股指数的收益率，同时，其波动率也略高；在采取 XBRL 格式的财务报告之后，上证 A 股指数的收益率略低于深证 A 股指数的收益率，同时，其波动率也略低。

对于 B 股指数而言，上证 B 股指数的日均收益率较低，但波动率却较高。上证 B 股指数在整个样本空间上的日均收益率均低于深证 B 股指数，但日均波动率基本相当；在采取 XBRL 格式的财务报告之前，上证 B 股指数的日均收益率要显著低于深证 B 股指数的日均收益率，但是它们的波动率基本相当；在采取 XBRL 格式的财务报告之后，上证 B 股指数的日均收益率要显著低于深证股指数的日均收益率，但波动率略高。

对于偏度而言，沪市的统计结果要优于深市。对于整个样本空间，沪市的所有指数均优于深市，尤其对于综合指数和 A 股指数，沪市显示为正偏，深市为负偏；在采取 XBRL 格式的财务报告之前，结果基本与整个样本空间相似；在采取 XBRL 格式的财务报告之后，所有的指数的偏度均显示为负偏。

四、检验模型

Lim 和 Brooks（2011）指出对市场有效性的检验实际上是检验被考察序列是否以某种形式偏离随机游走。本文采取自相关系数法、Q 统计量法以及 Wild Bootstrap 自动方差比检验法等股票市场弱有效性检验算法来考察采取 XBRL 格式财务报告对股票市场有效性的影响，即验证采取 XBRL 格式财务报告前后中国股市偏离随机游走的程度是否存在差异。

（一）自相关系数法

Fama（1965）指出：检验单一时间序列是否服从随机游走最简单、最直接的方法之一是考察其自相关系数的取值。如果收益率序列服从随机游走，那么其自相关系数为 0；反之，其自相关系数不为 0。

（二）Q 统计量法

Ljung and Box（1978 提出了 Ljung – Box 检验法。Ljung and Box（1978）所定义的 Q 统计量为：

$$Q(m) = T(T+2) \sum_{i=1}^{m} \frac{\rho_i^2}{T-i} \tag{2}$$

此外,根据 Tsay(2005)的思想确认 Q 统计量的自由度 m:$m \approx \ln(T)$,其中 T 为样本量。本文选取的滑动窗口长度为 500,并计算相应的 P-value。

(三)Wild Bootstrap 自动方差比检验法

本文采用 Kim(2009)所提出的 wild bootstrap 自动方差比检验算法(wild bootstrap automatic variance ratio test,WBAVR)对股票指数收益率序列是否以某种方式偏离随机游走进行检验。WBAVR 的思想源自 Choi(1999)引入的 AVR 检验法。AVR 的定义如式(2)所示:

$$AVR(k) = \sqrt{\frac{T}{k}} [VR(k) - 1] \sqrt{2} \qquad (3)$$

其中,根据 Lo 和 MacKinlay(1988)的方法,VR 可以被定义为:

$$VR(k) = 1 + 2 \sum_{i=1}^{T-1} m(\frac{i}{k}) \rho_i \qquad (4)$$

其中,ρ_i 是滞后 i 阶的自相关系数;k 是最优持有期①依据 Choi(1999)的方法,$m(\cdot)$ 可以被定义为:

$$m(x) = \frac{25}{12\pi^2 x^2} \left[\frac{\sin(6\pi x/5)}{6\pi x/5} - \cos(\frac{6\pi x}{5}) \right] \qquad (5)$$

Kim(2009)针对 AVR 算法的小样本缺陷采用 Bootstrap 方法进行修正,提出了 WBAVR 检验法。

五、实证结果

目前,验证资本市场制度改变对其有效性的影响的常用方法主要有两种,即非重叠子样本空间法和时间窗口滚动法(Rolling Estimation Windows)②,非重叠子样本空间法假设制度改变对资本市场的影响是在制度变革的时点发生,且其影响是一步到位的,但是更合理的假设是制度改变对股票市场的有效性的影响是随着时间的推进逐步产生的(Lim 和 Brooks,2011)。本文主要采用时间窗口滚动法验证采用 XBRL 格式财务报告对股票市场有效性的影响。

尽管时间窗口滚动法在实证分析中被普遍运用,但时间窗口的长度的确定的原则仍无定论。Timmermann(2008)指出时间窗口越短,该方法越能识别资本市场对随机游走的短暂偏离。但是,Lim 等(2013)指出在时间窗足够长的前提

---

① 由 Andrews(1991)提出的全数据依赖算法(Fully Data Dependent Method)所确定。
② 关于这两种方法的具体描述请见 Lim and Brooks(2011)。

下，统计检验才是有效性的。基于 Kim（2009）和 Lim 等（2013）的研究成果，本文将时间窗口的长度设定为 500 个交易日。

本文将通过依次验证采用 XBRL 格式财务报告对各主要股票指数的收益率序列偏离随机游走的程度的改变来验证其对股票市场有效性的影响。图 1 和图 2 分别展现了采用 XBRL 格式财务报表对上证综合指数、深证成分指数的影响①。

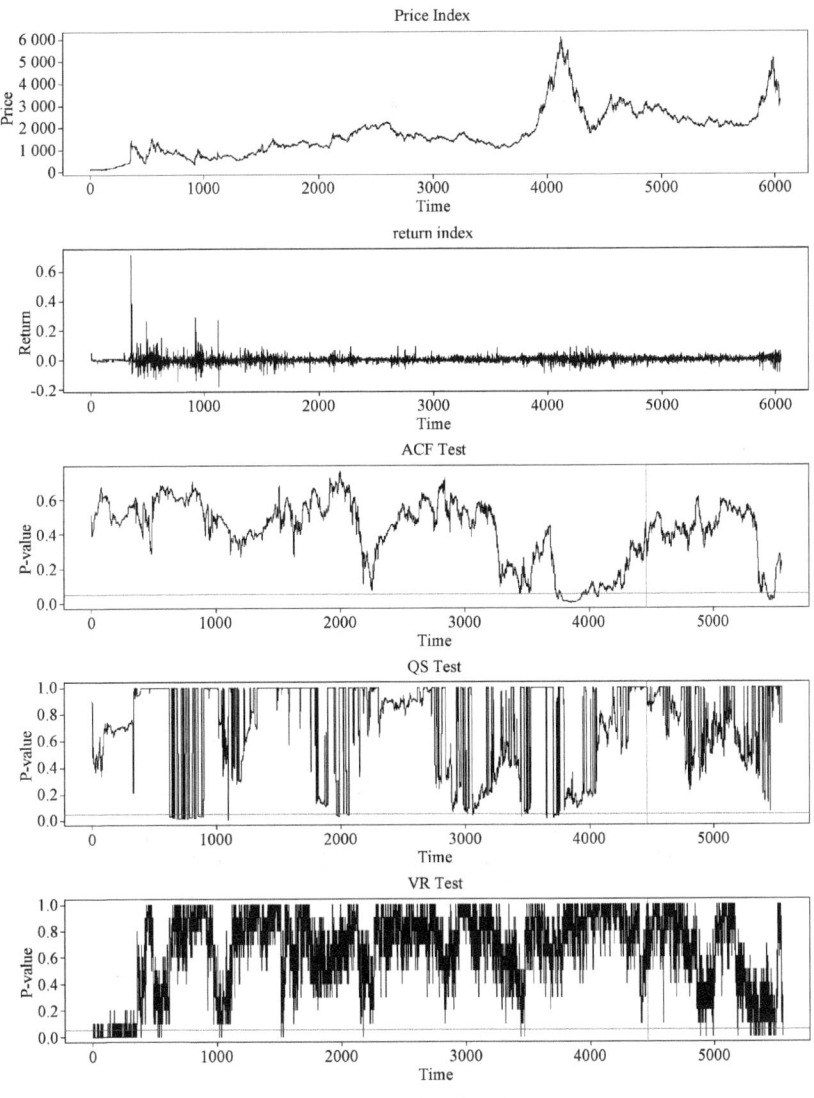

图 1　上证综合指数

---

① 由于篇幅所限，我们没有以图形的方式直观展示采用 XBRL 格式财务报表对上证 A 股指数、上证 B 股指数、深证综合指数、深证 A 股指数以及深证 B 股指数等 5 个指数的影响，但在表 2 中以统计变量的形式对其进行了总括说明。

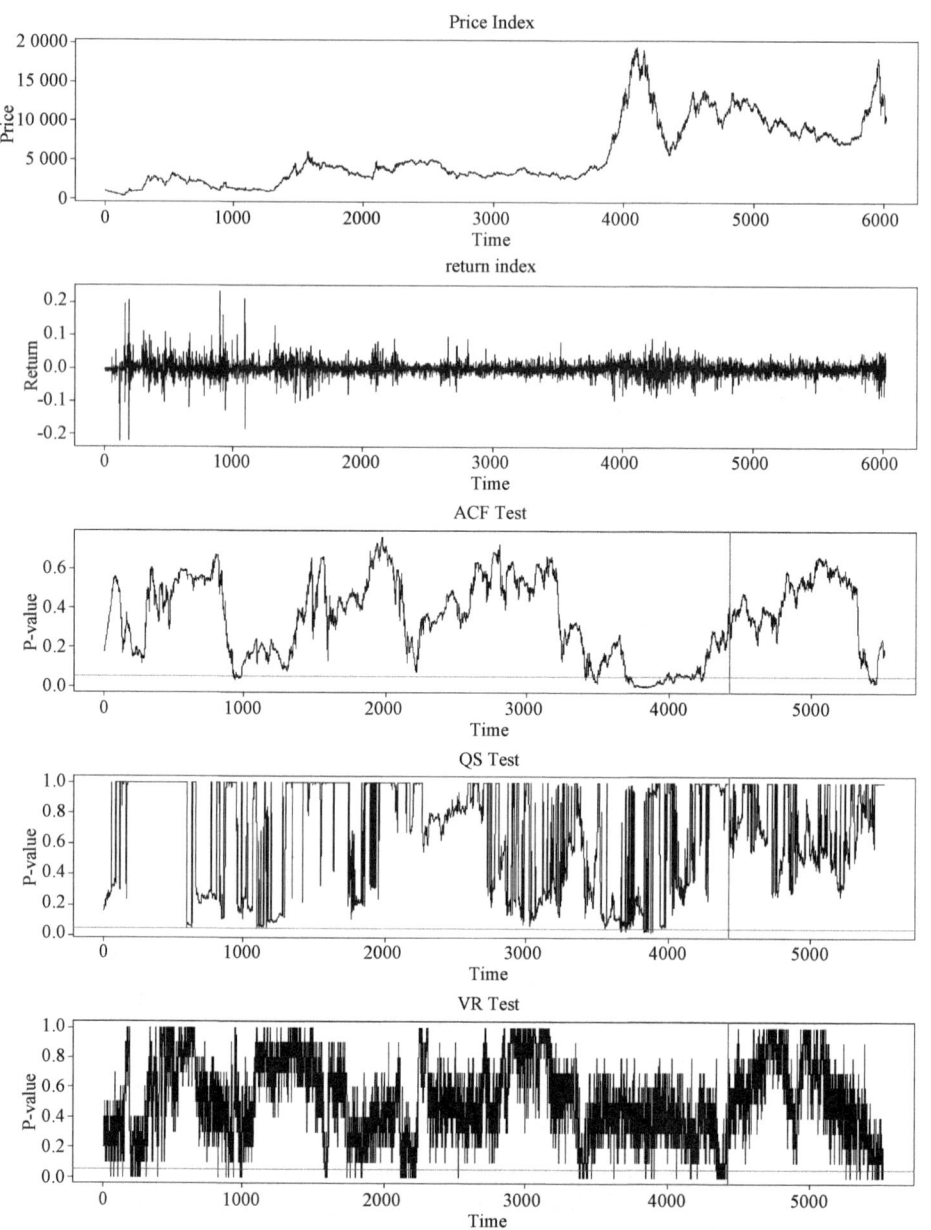

图 2 深证成分指数

以上每一个图形均对应一个指数，如图 1 对应上证综合指数。每一个图形依次展现目标指数、目标指数收益率、自相关系数的检验结果、Q 统计量法的检验结果以及 Wild Bootstrap 自动方差比检验法的检验结果。水平线代表取值 5% 的 P-value。垂线代表中国上交所和深交所在 2009 年初采用 XBRL 格式财务报表的时点。

如图1、图2所示,如果某种检验算法的 P-value 的取值低于5%,则代表该种检验算法支持股票指数收益率序列在某种形式[①]上偏离随机游走,即支持股票市场未达到弱式有效;此外,如果某一种检验算法的 P-value 在采用 XBRL 格式财务报告前后有显著提升,那么证明该序列对于随机游走某种形式的偏离程度有显著的降低,从而说明采用 XBRL 格式财务报告形式能够提高中国股市场的有效性。

从股票指数收益率曲线上来看(图1和图2的 return index 子图),无论是沪市、深市还是 A 股、B 股,这些指数都存在很明显的波动率聚集现象。同时,指数收益率序列呈现出不同的波动率聚集模式,对于上证综合指数和上证 A 股指数而言,指数收益率的波动主要在沪深两市开市之初比较剧烈,而其他指数收益率序列的波动程度并没有明显的变化趋势。

3 种检验算法的 P-value 曲线分别如图1和图2的 ACF Test 子图、QS Test 子图和 VR Test 子图所示。检验结果表明除个别区间以外,两个指数的收益率序列均没有在被检验方面偏离随机游走[②]。

从有效性的改善角度看,所有的7个指数收益率序列对随机游走的服从程度在采取 XBRL 格式财务报告前后均程不规则波动。虽然从直观上看,其有效程度在采用 XBRL 格式财务报告后略有改善,但是从上述图像上很难客观表现其对股票市场有效性的改善程度,因此本文需要客观地统计检验证明采用 XBRL 格式财务报告确实可以提高股票市场的有效性。具体而言,本文采用两独立样本 t 检验的方法验证在采用 XBRL 格式财务报告前后各种检验算法的 P-value 的均值是否显著变大。该检验的零假设及备择假设如下:

$H_0: \mu_{pre} \geqslant \mu_{post}$

$H_1: \mu_{pre} < \mu_{post}$

其中,μ_{pre} 表示采用 XBRL 格式财务报告前股票指数收益率序列随机游走检验算法的 P-value 的均值;μ_{post} 表示采用 XBRL 格式财务报告后股票指数收益率

---

① 股票指数收益率序列可以以很多方面偏离随机有游走,即具体的某种检验算法往往对应的是某一种偏离。因此,如果某种检验算法的检验结果支持股票市场有效,那么只能表明该股票指数收益率序列没有在这一方面偏离随机游走,但不能表明该序列是服从随机游走的;反之,则可表明该序列不服从随机游走,股票市场是非有效的。

② 个别区间往往对应某些特殊事件,如2008年的次贷危机、2015年的股市巨幅波动等。

序列随机游走检验算法的 P-value 的均值。如果采用 XBRL 格式财务报告会提高股票市场的有效性，那么必然可以拒绝原假设。

由于本文关注上证综合指数、上证 A 股指数、上证 B 股指数、深证综合指数、深证成分指数、深证 A 股指数以及深证 B 股指数等 7 个指数，而每个指数要进行 3 组有效性检验，即相关系数的检验、Q 统计量法的检验以及 Wild Bootstrap 自动方差比检验法的检验，因此本文进行 21 组两独立样本 t 检验，检验结果如表 2 所示。

表 2　采用 XBRL 格式财务报告对股票市场有效性影响的总结

检验算法	零假设	备择假设	P-value	较有效时段	XBRL 的效果
第一部分：上证综合指数					
自相关检验	$\mu_{pre} \geq \mu_{post}$	$\mu_{pre} < \mu_{post}$	P-value < 0.001	XBRL 实施后	支持
Q 统计量检验	$\mu_{pre} \geq \mu_{post}$	$\mu_{pre} < \mu_{post}$	P-value > 0.05	无法确定	无法确定
方差比检验	$\mu_{pre} \geq \mu_{post}$	$\mu_{pre} < \mu_{post}$	P-value > 0.05	无法确定	无法确定
第二部分：上证 A 股指数					
自相关检验	$\mu_{pre} \geq \mu_{post}$	$\mu_{pre} < \mu_{post}$	P-value > 0.05	无法确定	无法确定
Q 统计量检验	$\mu_{pre} \geq \mu_{post}$	$\mu_{pre} < \mu_{post}$	P-value < 0.05	XBRL 实施后	支持
方差比检验	$\mu_{pre} \geq \mu_{post}$	$\mu_{pre} < \mu_{post}$	P-value > 0.05	无法确定	无法确定
第三部分：上证 B 股指数					
自相关检验	$\mu_{pre} \geq \mu_{post}$	$\mu_{pre} < \mu_{post}$	P-value > 0.05	无法确定	无法确定
Q 统计量检验	$\mu_{pre} \geq \mu_{post}$	$\mu_{pre} < \mu_{post}$	P-value < 0.001	XBRL 实施后	支持
方差比检验	$\mu_{pre} \geq \mu_{post}$	$\mu_{pre} < \mu_{post}$	P-value < 0.001	XBRL 实施后	支持
第四部分：深证综合指数					
自相关检验	$\mu_{pre} \geq \mu_{post}$	$\mu_{pre} < \mu_{post}$	P-value > 0.05	无法确定	无法确定
Q 统计量检验	$\mu_{pre} \geq \mu_{post}$	$\mu_{pre} < \mu_{post}$	P-value < 0.001	XBRL 实施后	支持
方差比检验	$\mu_{pre} \geq \mu_{post}$	$\mu_{pre} < \mu_{post}$	P-value > 0.05	无法确定	无法确定
第五部分：深证成分指数					
自相关检验	$\mu_{pre} \geq \mu_{post}$	$\mu_{pre} < \mu_{post}$	P-value > 0.05	无法确定	无法确定
Q 统计量检验	$\mu_{pre} \geq \mu_{post}$	$\mu_{pre} < \mu_{post}$	P-value < 0.001	XBRL 实施后	支持
方差比检验	$\mu_{pre} \geq \mu_{post}$	$\mu_{pre} < \mu_{post}$	P-value > 0.05	无法确定	无法确定
第六部分：深证 A 股指数					
自相关检验	$\mu_{pre} \geq \mu_{post}$	$\mu_{pre} < \mu_{post}$	P-value > 0.05	无法确定	无法确定
Q 统计量检验	$\mu_{pre} \geq \mu_{post}$	$\mu_{pre} < \mu_{post}$	P-value < 0.001	XBRL 实施后	支持
方差比检验	$\mu_{pre} \geq \mu_{post}$	$\mu_{pre} < \mu_{post}$	P-value > 0.05	无法确定	无法确定
第七部分：深证 B 股指数					
自相关检验	$\mu_{pre} \geq \mu_{post}$	$\mu_{pre} < \mu_{post}$	P-value > 0.05	无法确定	无法确定

续表

检验算法	零假设	备择假设	P – value	较有效时段	XBRL 的效果
Q 统计量检验	$\mu_{pre} \geq \mu_{post}$	$\mu_{pre} < \mu_{post}$	P – value < 0.001	XBRL 实施后	支持
方差比检验	$\mu_{pre} \geq \mu_{post}$	$\mu_{pre} < \mu_{post}$	P – value > 0.05	无法确定	无法确定

检验结果表明，采取 XBRL 格式财务报告后，所有股票指数收益率序列对随机游走的偏离程度在某一方面或某几方面均有降低，即采取 XBRL 格式财务报告在一定程度上提高了股票市场的有效性。

六、结论

本文基于时间窗口滚动法的框架，利用相关系数的检验、Q 统计量法的检验以及 Wild Bootstrap 自动方差比检验法考察了上交所和深交所采用 XBRL 格式财务报告的对上证综合指数、上证 A 股指数、上证 B 股指数、深证综合指数、深证成分指数、深证 A 股指数以及深证 B 股指数等 7 个指数的收益率序列偏离随机游走程度的影响，从而验证了采用 XBRL 格式财务报告对中国股市有效性的影响。实证结果表明，无论以任何股票指数作为中国股票市场的代理指标，采用 XBRL 格式财务报告都可以降低其对随机游走的偏离程度，即可以提高中国股市的有效性。但是，必须指出的是采用 XBRL 格式财务报告对有效性的提升不能解决重大系统性风险对股市整体有效性的伤害。

参考文献

[1] 陈灯塔、洪永淼："中国股市是弱式有效的吗——基于一种新方法的实证研究"，《经济学季刊》2003 年第 1 期，第 97—124 页。

[2] 陈立新："上海股票市场有效性实证研究"，《中国软科学》2002 年第 5 期，第 36—39 页。

[3] 陈小悦、陈晓、顾斌："中国股市弱型效率的实证研究"，《会计研究》1997 年第 9 期，第 13—17 页。

[4] 迟丽华、刘峰："XBRL 财务报告的同步披露与盈余公告后漂移现象的相关性研究"，《生产力研究》，2015 年第 4 期，第 144—146 页。

[5] 范龙振、张子刚："深圳股票市场的弱有效性"，《管理工程学报》1998 年第 1 期，第 35—38 页。

[6] 高鸿祯："关于上海股市效率性的探讨"，《厦门大学学报》1996 年第 4

期，第 13—18 页。

［7］高蓉、周爱民、向兵："股市动态弱式有效性研究——基于滚动广义谱方法"，《投资研究》2012 年第 12 期，第 137—147 页。

［8］解保华、高荣兴、马征："中国股票市场有效性实证检验"，《数量经济技术经济研究》2002 年第 5 期，第 100—103 页。

［9］林小明、王美金："我国股票市场的混沌现象与市场有效性"，《数量经济技术经济研究》1997 年第 4 期，第 51—53 页。

［10］李学、刘建民、靳云汇："中国证券市场有效性的游程检验"，《统计研究》2001 年第 12 期，第 43—46 页。

［11］刘维奇、史金凤："我国证券市场有效性的 Wild Bootstrap 方差比检验"，《统计研究》2006 年第 11 期，第 73—78 页。

［12］陆蓉、徐龙炳：""牛市"和"熊市"对信息的不平衡反应研究"，《经济研究》2004 年第 3 期，第 65—72 页。

［13］史永东、何海江、沈德华："中国股市有效性动态变化的实证研究"，《系统工程理论与实践》2002 年第 12 期，第 88—92 页。

［14］史永、张龙平："XBRL 财务报告实施效果研究——基于股价同步性的视角"，《会计研究》2014 年第 3 期，第 86—95 页。

［15］宋颂兴、金伟根："上海股市市场有效实证研究"，《经济学家》1995 年第 4 期，第 107—113 页。

［16］魏玉根："技术交易系统与我国股市有效性的实证分析"，《经济科学》2000 年第 2 期，第 56—63 页。

［17］吴世农："上海股票市场效率的分析与评价"，《投资研究》1994 年第 8 期，第 44—47 页。

［18］吴世农："我国证券市场效率的分析"，《经济研究》1996 年第 4 期，第 13—19 页。

［19］俞乔："市场有效、周期异常与股价波动——对上海深圳股票市场的实证分析"，《经济研究》1994 年第 9 期，第 43—50 页。

［20］朱孔来、李静静："中国股票市场有效性的复合评价"，《数理统计与管理》2013 年第 1 期，第 145—154 页。

［21］张兵、李晓明："中国股票市场的渐进有效性研究"，《经济研究》2003 年第 1 期，第 54—61 页。

［22］张思奇、马刚、冉华："股票市场风险，收益与市场效率：ARMA—ARCH—M 模型"，《世界经济》2000 年第 5 期，第 19—28 页。

［23］张亦春、周颖刚："中国股市弱式有效吗"，《金融研究》2001 年第 3 期，第 35—40 页。

［24］张月飞、史震涛、陈耀光："香港与大陆股市有效性比较研究"，《金融研究》2006 年第 6 期，第 33—40 页。

［25］Choi, I., 1999, "Testing the random walk hypothesis for real exchange rates", *Journal of Applied Econometrics*, 14, pp. 293–308.

［26］Fama, E. F., 1965, "The Behavior of Stock-Market Prices", *Journal of Business*, 38 (1), pp. 34–105.

［27］Kim, J. H., 2009, "Automatic Variance Ratio Test under Conditional Heteroskedascity", *Finance Research Letters*, 6 (3), pp. 179–185.

［28］Lim K., P. and Brooks, R., 2011, "The Evolution of Stock Market Efficiency over Time: a Survey of the Empirical Literature", *Journal of Economic Surveys*, 25 (1), pp. 69–108.

［29］Lim K P, Luo W, Kim J H. 2013, "Are US stock index returns predictable? Evidence from automatic autocorrelation-based tests". *Applied Economics*, 45 (8), pp. 953–962.

［30］Ljung, G. M. and Box, G. E. P., 1978, "On a Measure of a Lack of Fit in Time Series Models", *Biometrika*, 65 (2), pp. 297–303.

［31］Lo, A. W. and A. C. MacKinlay, 1988, "Stock Market Prices Do Not Follow Random Walks: Evidence from a Simple Specification Test", *Review of Financial Studies*, 1 (1), pp. 41–66.

［32］Malnig, A. 2005, "XBRL: Deep Drilling for Financials", *Seybold Report: Analyzing Publishing Technologies*, 5 (4), pp. 11–14.

［33］Timmermann, A. 2008, "Elusive return predictability", *International Journal of Forecasting*, 24, pp. 1–18.

［34］Tsay, R. S., 2005, "Analysis of Financial Time Series", Published by John Wiley & Sons Press.

附录1.2 XBRL财务报告在财务信息相关性与可靠性中的应用研究[①]

摘要：由财务信息相关性与可靠性而引起的公允价值计量和成本价值计量模式之争，一直是困扰财务会计界的难题。XBRL财务报告的应用为化解二者矛盾提供了可能，通过分析XBRL财务报告对财务会计信息的可靠性、相关性的改善，提出化解计量属性的抉择的方法。

关键词：相关性　可靠性　公允价值　XBRL财务报告

随着我国《企业会计准则通用分类标准》的颁布，XBRL财务报告模式得以在我国财务会计领域全面推进。但是，纵观我国XBRL财务报告模式应用仅仅在上市公司发布XBRL财务报告，对XBRL财务报告在决策领域的运用展开研究少之又少。本文对XBRL财务报告在财务会计信息相关性与可靠性的应用展开研究，以便对更大发挥XBRL财务报告的效用进行探讨。

一、财务会计信息的相关性与可靠性

财务会计信息是指对财务会计数据经过进一步加工处理得出对财务会计管理和决策有价值的信息。正是基于这种决策有用观的考虑，相关性成为我国会计准则制定者的首要考虑，并由此大范围引入公允价值等计量属性，这种非历史成本计量属性的使用在强化财务会计信息相关性的同时弱化了财务会计信息的可靠性，相关性和可靠性的博弈与争论由此产生，时至今日仍然是财务会计界争论不休的话题。

相关性是指公司提供的财务会计信息能够满足信息使用者决策的需求，有助于信息使用者评价过去，预测未来。决策有用观正是将相关性作为信息质量的首要特征，它认为财务会计人员应提供决策有用的财务信息给信息使用者，为了满足信息使用者进行决策的需求，决策有用观的基本要求是财务会计信息的相关性，体现在及时性、可预测性、可反馈性等方面，相对于历史成本计量而言，更能满足决策需求的是公允价值等非历史计量属性，因此在财务会计报告中大量引

[①] 本论文发表于《财政研究》2014年第十期，荣获山西省第九次社会科学研究优秀成果二等奖。

入非历史计量属性公允价值、现值等。虽然这成为改进计量模式的理由，但是这种模式是否能够增强财务信息的相关性具有不确定性，同时由于信息使用者具有不确定性、很强的个体偏好以及主观判断性，导致公允价值计量落实在改进财务报告的行为上也具有不确定性。20世纪30年代，基于非成本价值计量引起的"大萧条"的教训仍然是一个提醒，过多牺牲可靠性而追求不确定的相关性也是得不偿失的。

可靠性，即要求财务信息客观如实反映公司财务状况和经营成果，并被使用者验证是无偏的。受托责任观认为只有通过历史成本对财务报表要素进行计量，提供客观真实并被验证无偏的财务信息才能公正有效地反映企业管理者的受托履行情况，因此，可靠性一直是受托责任观强调的。

可靠性和相关性是高质量财务信息的必要条件，这一点是无可非议的。可靠性是财务信息质的规定，是财务信息的基石与生命线。相关性是财务信息量的规定，它彰显了财务会计信息的价值。作为理性的财务会计信息使用者希望收到完全可靠且完全相关的完美信息作决策的依据，以实现财务会计信息效用最大化。但是，这只是一种理想的状态，由于错综复杂经济现象决定了绝对的可靠是不容易实现的，实际上也是不存在的，我们只能将其作为一种终极的理想和目标，比如对固定资产使用年限、应收账款坏账准备率等的会计确认计量会涉及职业判断，可靠性在一定程度上会受到影响。同理，由于财务信息使用者的需求目的多样化，也无法实现绝对的相关性。可靠性与相关性也只是相对，而非绝对。同时二者也是以计量模式选择为基础的此长彼短的关系，没有一个计量模式能够即实现可靠性又实现相关性，只能在二者之中有所侧重。正如前所述，以公允价值等非历史成本计量突显了相关性忽视了可靠性，而以历史成本为计量模式强调了可靠性弱化了相关性。

二、XBRL财务报告模式下计量属性的统一

计量属性的选择体现着相关性与可靠性的权衡与取舍，致使相关性与可靠性陷入无法调和的境地。日益成熟的XBRL财务报告模式为解决这一问题提供了实现的可能。XBRL实例文档由系统自动生成报告，XBRL财务报告无需二次转换财务报告有效降低了财务报告在编制、传递、交换与使用环节的出错率，提高了信息在产生、传递、使用等环节的一致性，确保财务信息的真实可靠。同时，完善的XBRL财务报告实现了个性化的按需报告，可以为财务信息使用者提供更有

用的财务信息，财务信息相关性明显改善。

基于 XBRL 技术的财务报告，实现了电子格式财务报告由静态变为动态，财务信息使用者可以根据需要借助 XBRL 工具软件实现对财务报告数据的多维度分析和利用，使用者既能把握公司财务会计综合信息，又能细致了解公司经济事项明细信息，实现质与量的统一，化解了相关性与可靠性的矛盾。以中国建设银行股份有限公司 2013 年 12 月 31 日财务报表中的交易性金融资产信息披露为例，分析如下：

2013 年，中国建设银行股份有限公司的集团报告中资产负债表及其附注披露的交易性金融资产信息如表 1，从表中可知，2013 年 12 月 31 日，中国建设银行股份有限公司拥有的持有作交易用途的债券、权益工具、基金的公允价值分别为 76 532 百万元、355 百万元、262 百万元；指定以公允价值计量且其变动计入当期数量的债券、权益工具、其他债务工具分别为 2 432 百万元、5 903 百万元、278 566 百万元。除上述信息之外，报表使用者如果想要得到历史成本计量交易性金融资产构成及其价值的任何信息都是无法实现的。

中国建设银行股份有限公司 2013 年 12 月 31 日到底持有哪些债券、权益工具和基金，而投资者对上述交易性金融资产的构成部分的前景预期存在差异，靠披露以公允价值计量且将其变动计入当期损益的交易性金融资产的信息含量有限，仅仅依靠以公允价值计量且将其变动计入当期损益的交易性金融资产的公允价值不能十分有效地进行投资决策。

结合我国《企业会计准则通用分类标准》定义了扩展链接角色"合并资产负债表"、元素"交易性金融资产"和扩展链接角色"附注__交易性金融资产"，基于 XBRL 的扩展机制作如下处理：

1. 创建主元素分类标准文件"mfv. xsd"，并引入财政部颁布的通用分类标准元素"以公允价值计量且将其变动计入当期损益的交易性金融资产"。

2. 创建域分类标准文件"mv. xsd"并完成以下工作：

①向分类标准模式文件中添加元素，所得元素列表如表 1 所示。

表 1　　　　　　　　　　　　元素列表

元素名称	元素标签	元素类型	时间类型
所有以公允价值计量且将其变动计入当期损益的交易性金融资产	所有行业	货币型	时点
交易性债券	债券	货币型	时点

续表

元素名称	元素标签	元素类型	时间类型
国债	政府机构债券	货币型	时点
政策性银行	银行机构债券	货币型	时点
银行及非银行机构	非银行金融机构债券	货币型	时点
其他企业	企业债券	货币型	时点
交易性权益工具		货币型	时点
银行及非银行机构	非银行金融机构债务	货币型	时点
其他企业	企业债务	货币型	时点

②利用弧角色建立域值定义和计算关系（见表2）。

表2　　　　　　　　域值定义关系及计算关系

元素	定义关系取值	计算关系	权重
所有以公允价值计量且将其变动计入当期损益的交易性金融资产	根	根	
交易性债券	域成员	累加	1
交易性权益工具	域成员	累加	
交易性债券	根	根	
国债	域成员	累加	1
政策性银行	域成员	累加	1
银行及非银行机构	域成员	累加	1
其他企业	域成员	累加	1
交易性权益工具	根	根	
银行及非银行机构	非银行金融机构债务	累加	1
其他企业	企业债务	累加	1

3. 通过"import"元素将上述内容导入主元素分类标准文件"mfv.xsd"，域分类文件"mv.xsd"，维度模式文件"xbrldt－2012.xsd"和"xbrldi－2013.xsd"。

4. 向主元素加入元素，表达维度（见表3）。

表3　　　　　　　　维度关系的元素

元素名称	元素标签	数据类型	抽象值	时期类型
以公允价值计量且将其变动计入当期损益的交易性金融资产表格	以公允价值计量且将其变动计入当期损益的交易性金融资产表格	字符串	True	期间
公允价值轴	公允价值轴	字符串	True	期间
公允价值轴	公允价值轴	字符串	True	期间

5. 创建维度信息：

①将元素"以公允价值计量且将其变动计入当期损益的交易性金融资产"添加到扩展链接"超立方体"。

②利用弧角色将"公允价值轴"添加为"以公允价值计量且将其变动计入当期损益的交易性金融资产表格"的予结点，并将其属性设置为"True"。

③利用弧角色将"以公允价值计量且将其变动计入当期损益的交易性金融资产"添加为"公允价值轴"的予结点，并将其属性设置为"http：//www.xbrl.org/2013/role/link"。

经过上述步骤创建了公允价值维度，参照上述方法，同样可以创建历史价值维度信息。

6. 根据通用分类标准及扩展分类标准生成实例文档并进行检验。

通过以上设置，可以得到如下表的"以公允价值计量且将其变动计入当期损益的交易性金融资产"的 XBRL 披露模式（见表4）。

表4 以公允价值计量且将其变动计入当期损益的交易性金融资产——XBRL 格式

单位：人民币百万元

项目标签	公允价值	历史成本
所有以公允价值计量且将其变动计入当期损益的交易性金融资产	364 050	356 854
交易性债券	78 964	77 411
国债	1 810	1 810
政策性银行	3 394	2 294
银行及非银行机构	18 282	18 282
其他企业	55 478	55 025
交易性权益工具	285 086	279 443
银行及非银行机构	279 303	279 303
其他企业	5 783	140

三、结论

使用 XBRL 技术形成的财务报告具有超强的可扩展性，基于标准化的标记方法，使财务报表中的总括信息、分类信息和明细信息之间的级次关系准确明晰，为多维分析和数据挖掘提供了方便，项目间、表内外、表间的连接更加便捷，表内外的边界趋向模糊，融为一体，报表附注真正意义上融到报表中，而不是作为表内项目的补充或替补。在 XBRL 技术的支撑下财务信息的质量得到改善，信息使用者的工作效率也能得到提高，财务会计信息的效用在增强，为满足不同信息使用者的需求创造了条件。计量属性的选择已不再是难题，基本计量属性可以采用历史成本实现，通过扩展链接公允价值计量作为扩展，既保证了财务信息的可靠性，又提高了财务信息的相关性，有效化解了财务信息相关性和可靠性不兼容的困境。笔者相信，随着 XBRL 技术的逐步成熟，它将为财务信息的相关性和可靠性之间的融通提供一种通道，财务人员不必艰难地选择最佳的计量模式。会计准则制定者需要将注意力转移到基于 XBRL 技术的财务报告模式的规制，使 XBRL 技术的效用得到充分发挥，不断提高财务信息质量，最终实现财务报告目标。

推进 XBRL 的研究、推广、应用和普及已经成为当务之急，只有促进 XBRL 财务报告模式的纵深发展，或许才是提高财务信息整体质量并有效实现财务会计目标的途径。同时，XBRL 财务报告的有效实施要依赖如分类标准制定者、企业管理层、财务人员等一系列人员的知识、能力与素质。只有构建科学合理的技术推广机制，兼顾各方利益，才能充分调动相关人员的积极性和创造性，才能切实发挥 XBRL 技术的效用。

参考文献

[1] 财政部会计司编写组：《企业会计准则通用分类标准讲解》，中国财政经济出版社 2012 年版，第 97—135 页。

[2] 中国会计学会：《中国 XBRL 分类标准问题研究》，大连出版社 2011 年版，第 137—169 页。

[3] 吕志明：《XBRL 财务报告研究》，经济科学出版社 2012 年版，第 54—90 页。

[4] 朱元年：“会计信息质量：相关性和可靠性的两难选择——兼论我国现行财务报告的改进”，《会计研究》2009 年第 4 期，第 12 页。

附录1.3 XBRL格式财务报告对基金市场有效性的影响研究[①]

摘要：本文利用上交所推出的上证基金指数、深交所推出的深证基金指数以及Wind公司推出的大盘基金指数、中盘基金指数、小盘基金指数、价值型基金指数、成长型基金指数等7个指数的相关数据验证实施XBRL格式的财务报告对基金市场有效性的影响。实证结果表明，无论以任何基金指数作为中国基金市场的代理指标，采用XBRL格式财务报告均可以降低其对随机游走的偏离程度，即提高了中国基金市场的有效性。具体而言，其提升效果有所差异：采用XBRL格式的财务报告对上交所的基金市场有效性的改善效果大于深交所的基金市场；对大盘基金和小盘基金的改善效果优于中盘基金；对成长型股票基金的改善效果优于价值型股票基金。

关键词：XBRL 财务报告 基金市场 有效性

一、引言

资本市场有效性理论是当代金融学的重要基石，Fama因其于2013年获得诺贝尔经济学奖。Fama（1965）对资本市场有效性的经典定义如下：如果证券价格完全反映了所有可获得的信息，每一种证券的价格永远等于其内在价值，那么证券产品所在的资本市场是有效的。在过去的近30年中，大量的研究者通过验证资本市场的收益率是否以某种已知形式偏离随机游走检验该市场是否具备弱式有效性，但结论却不尽相同。具体来说，大致可以分为两个类别：研究资本市场是否具备弱式有效性的文献以及研究市场的弱式有效性演进模式的文献。表1展现了部分有代表性的关于中国资本市场有效性的研究。

以往的研究很少考察XBRL格式的财务报告对中国基金市场弱式有效性的影响。Lim和Brooks（2011）研究表明对资本市场弱式有效性的验证实际上是

[①] 本论文发表于《会计研究》2015年第10期。

检验被考察的收益率序列是否以某种已知形式偏离随机游走。① 因此，本文拟通过验证基金公司采用 XBRL 格式财务报告对上证基金指数、深证基金指数以及 Wind 公司推出的大盘基金指数、中盘基金指数、小盘基金指数、价值型基金指数和成长型基金指数等 7 个基金指数②的收益率序列对随机游走的偏离程度的影响，分析其对中国基金市场弱式有效性的影响。

表 1　　　　　　　　　　　　文献综述

文献来源	数据	方法	市场弱有效性
第一部分：研究资本市场是否有效的文献			
俞乔（1994）	1991—1994（D）	非参数检验、线性相关法	SSECI 有效
陈小悦等（1997）	1991—1996（D）	单位根检验	个股无效
张亦春和周颖刚（2001）	1993—2000（D）	非线性检验方法	SSECI 无效
陈灯塔和洪永淼（2003）	1990—2002（D）	非线性检验方法	A 股和 B 股均无效
陆蓉和徐龙炳（2004）	1990—2003（D）	EGARCH	SSECI 和 SSMCI 均有效
张月飞等（2006）	1998—2004（D）	单位根检验	SSECI 和 SSMCI 均有效
朱孔来和李静静（2013）	2000—2011（D）	非线性检验、线性相关法	SSECI 和 SSSMCI 均无效
第二部分：研究资本市场有效性演进的文献			
李学等（2001）	1991—1999（D）	游程检验	有效性是在演进的
张兵和李晓明（2003）	1991—2000（D）	时变 AR 模型	有效性是在演进的
高蓉等（2012）	1991—2011（D）	非线性相关法	有效性是在演进的

注：D 代表日收盘数据；SSECI 代表上证综合指数；SSMCI 代表深证综合指数。

二、研究假说

较高的信息处理成本会降低基金市场的有效性。

一方面，根据行为金融理论，大多数投资者在信息与噪音难分的资本市场，都要权衡获取并处理信息的成本与使用信息获得的收益。由于普通投资者的信息处理能力有限，因此即使某些财务信息可以免费获取，但动辄几十页的年度报告，使这些信息无法被有效利用。因此，信息处理的成本可能会延迟资产价格对其真实状况的反应速度，从而降低基金市场的有效性。而采用 XBRL 格式的财务

---

① Lim 和 Brooks（2011）关于资本市场有效性检验的思想实际上源自 Eugene F. Fama（1965），而随着 Fama 在 2013 年因市场有效性理论获得诺贝尔经济学奖，该思想逐渐成为国际学术界的普遍共识。
② 下文中"7 个基金指数"，即指上证基金指数、深证基金指数以及 Wind 公司推出的大盘基金指数、中盘基金指数、小盘基金指数、价值型基金指数和成长型基金指数。

报告可以显著降低基金投资者的信息处理成本。XBRL 格式的财务报告能通过标记财务数据，帮助财务报告使用者更准确地获得信息。由于 XBRL 格式的财务报告可以借助可扩展标记语言（XML）的相关技术，对业务报告中的数据进行标准化定义，使计算机能够快速"读懂"会计账簿和财务报告，并支持批量阅读，同时通过内置验证机制，从而使计算机能够对商业和金融报告自动识别、处理、分析、比较与交流，因此采用 XBRL 格式的财务报告能够有效地提高投资者理解信息的广度、深度和速度，从而降低信息处理的成本。

另一方面，根据信息技术的接受度模型（TAM），提高信息系统的易用性和有用性，可以帮助投资者更好地获取、理解并利用会计信息。聂萍和周戴（2011）对多个 XBRL 网络财务示范平台的研究结果表明，上述网站具有感知易用和感知有用性，可以以更高效的形式为投资者提供信息。因此，采用 XBRL 格式的财务报告可以增加财务信息的可得性并降低财务信息处理的成本，从而提高资本市场对信息的反应效率。

从信息传递的角度，XBRL 格式的财务报告是传统财务报告形式的有效补充，基金公司同时提供 PDF 和 XBRL 格式的财务报告，增加了信息的传递方式。从信息使用的角度，XBRL 格式财务报告可以有效降低搜寻、加工和生成信息的成本，使投资者能够以较低的成本对其感兴趣的指标进行纵向和横向的比对，从而使投资者以较低的信息处理成本获取更多的有益信息，提高信息的处理效率，使其投资决策更能反映市场的真实状况，并最终提高基金市场的有效性。由此，本文提出假设：采用 XBRL 格式的财务报告可以有效提高基金市场的有效性。

三、数据描述

本文的样本由 1997 年 7 月 3 日至 2015 年 10 月 16 日 7 个基金指数的日数据组成，这些交易数据均来自 Wind 数据库，这些重要指数基本代表了中国基金市场的总体表现。表 2 展示了 7 个基金指数在整个样本期间以及采用 XBRL 格式财务报告前后的两个子样本期间收益率的描述统计量：样本均值、样本标准差、样本偏度、样本峰度以及学生化范围。表 2 的 A 部分、B 部分和 C 部分分别对样本整体、基金公司采用 XBRL 格式财务报告前以及基金公司采用 XBRL 格式财务报告后的样本进行了描述性统计。

表 2			收益率数据的描述性统计量				
基金指数	起始日期	样本量（个）	均值	标准差	偏度	峰度	学生化范围[①]
A 部分：整个样本期间							
上证基金指数	20000509	3 741	0.0005	0.0148	0.1298	5.9603	12.7788
深证基金指数	19970703	4 428	0.0003	0.0176	-0.2517	6.7295	11.4124
大盘基金指数	20040420	2 789	0.0004	0.0144	-0.5242	3.7985	10.6924
中盘基金指数	20040830	2 700	0.0005	0.0150	-0.5816	2.6971	9.3889
小盘基金指数	20031231	2 859	0.0006	0.0144	-0.5530	3.0057	10.2256
价值型基金指数	20070830	1 972	-0.0002	0.0190	-0.5344	3.2697	9.3834
成长型基金指数	20040229	2 782	0.0006	0.0152	-0.5248	3.0290	9.7066
B 部分：从开市到 2009 年 2 月 27 日[②]							
上证综合指数	20000509	2 129	0.0005	0.0157	0.3719	6.4645	11.9915
深证基金指数	19970703	2 816	0.0001	0.0191	-0.1458	5.0859	10.4369
大盘基金指数	20040420	1 178	0.0004	0.0145	-0.3707	4.1226	10.5750
中盘基金指数	20040830	1 089	0.0004	0.0146	-0.4244	2.9763	8.6646
小盘基金指数	20031231	1 248	0.0009	0.0145	-0.3996	2.8106	10.1363
价值型基金指数	20070830	361	-0.0025	0.0300	-0.1856	0.4132	5.9520
成长型基金指数	20040429	1 171	0.0008	0.0152	-0.3056	2.4957	9.5286
C 部分：从 2009 年 2 月 27 日到 2015 年 10 月 16 日							
上证综合指数	20090227	1 611	0.0004	0.0134	-0.3970	3.9379	10.5347
深证基金指数	20090227	1 611	0.0006	0.0145	-0.6035	12.1289	13.8484
大盘基金指数	20090227	1 611	0.0004	0.0143	-0.6441	3.5349	9.2187
中盘基金指数	20090227	1 611	0.0006	0.0152	-0.6769	2.5294	8.9940
小盘基金指数	20090227	1 611	0.0005	0.0143	-0.6803	3.1546	9.2429
价值型基金指数	20090227	1 611	0.0003	0.0155	-0.6348	3.4950	9.2172
成长型基金指数	20090227	1 611	0.0005	0.0152	-0.6851	3.4027	9.5049

其中，收益率的计算方式如公式（1）所示，而 P_t 代表基金指数在第 t 期的收盘点位。

---

① 学生化范围的计算方式为：$studentized\ range = \dfrac{maxvalue - minvalue}{standard\ deviation}$

② 中国证监会要求 2009 年 4 月 30 日前所有基金管理公司正式通过基金 XBRL 接收平台报送 2009 年第一季度 XBRL 格式财务报告的实例文档，并同步开展基金管理公司 XBRL 实例文档在基金信息披露网站的披露工作，因此这就意味着在此之前，所有的基金公司应以 XBRL 格式公布财务报告，而由于本文无法确定基金公司公布财务报告的具体时间，本文取中值，即 2 月的最后一个交易日作为样本的区分点。

$$r_t = \ln(P_t) - \ln(P_{t-1}) \tag{1}$$

不同市场的基金指数在收益率和波动率上有明显的差异。对于整个样本空间而言，采用 XBRL 格式财务报告之前，上证基金指数相对于深证基金指数，展现出高收益、低风险的特性；在采用 XBRL 格式财务报告之后，上证基金指数的收益率与波动率均低于深证基金指数，展现出低风险、低收益的特性，在直观上表明市场的有效性有所提高。

对定位于不同流通盘股票的基金指数，其收益风险特性也不尽相同。在整个样本空间及采用 XBRL 格式财务报告之前，小盘基金指数具有最高的收益和较小的风险；在采用 XBRL 格式财务报告之后，中盘基金指数的收益最高，但风险也最大，这表明市场的有效性有所提高。

对定位于不同投资风格股票的基金指数，其收益风险特性也不尽相同。在整个样本空间及各子样本空间，成长型基金指数均优于价值型基金指数。

就偏度而言，不同的基金指数在不同的区间差别也比较大。对于整个样本空间以及采用 XBRL 格式财务报告之前，上证基金指数为正偏，而其他指数均为负偏；在采用 XBRL 格式财务报告之后，所有基金指数的收益均为负偏。

四、检验模型

本文采取自相关系数法、Q 统计量法以及 Wild Bootstrap 自动方差比检验法等检验资本市场弱式有效性的算法研究基金公司采用 XBRL 格式财务报告对基金市场有效性的影响程度，即验证采用 XBRL 格式财务报告前后中国基金市场收益率序列偏离随机游走的程度是否存在差异。

（一）自相关系数法

Fama（1965）指出：检验给定收益率序列是否服从随机游走最简单有效的方法之一是分析其自相关系数的取值。如果自相关系数为 0，那么检验结果不能拒绝给定时间序列服从随机游走。相应的滞后 k 阶的自相关系数的数学定义如公式（2）所示：

$$\rho_k = \frac{Cov(r_t, r_{t-k})}{\sqrt{Var(r_t) Var(r_{t-k})}} \tag{2}$$

若收益率序列 $\{r_t\}$ 为白噪声序列，则 $Var(r_t) = Var(r_{t-k})$，因而公式（2）可以变形为公式（3）：

$$\rho_k = \frac{Cov(r_t, r_{t-k})}{Var(r_t)} = \frac{\sum_{t=k+1}^{T}(r_t - \bar{r})(r_{t-l} - \bar{r})}{\sum_{t=1}^{T}(r_t - \bar{r})} \tag{3}$$

对自相关系数进行假设检验分析,其零假设及备择假设分别如下:

$H_0: \rho_k = 0$

$H_1: \rho_k \neq 0$

并据此计算相应的 t 统计量及其 P – value。

(二) Q 统计量法

Ljung 和 Box (1978) 提出了 Ljung – Box 检验法,其所定义的 Q 统计量为:

$$Q(m) = T(T+2)\sum_{i=1}^{m}\frac{\rho_i^2}{T-i} \tag{4}$$

此外,根据 Tsay (2010) 的思想确定 Q 统计量的自由度 m: $m \approx \ln(T)$,其中 T 为样本量。本文选取的滑动窗口长度为 500,并计算相应的 P – value。

(三) Wild Bootstrap 自动方差比检验法

本文采用 Kim (2009) 引入的 Wild Bootstrap 自动方差比检验算法 (Wild Bootstrap Automatic Variance Ratio Test,WBAVR) 对目标指数收益率序列的性质进行检验。WBAVR 的思想来自 Choi (1999) 提出的 AVR 检验法。AVR 的定义如式 (5) 所示:

$$AVR(k) = \sqrt{\frac{T}{k}}[VR(k) - 1]\sqrt{2} \tag{5}$$

其中,Lo 和 MacKinlay (1988) 将 VR 定义为:

$$VR(k) = 1 + 2\sum_{i=1}^{T-1} m\left(\frac{i}{k}\right)\rho_i \tag{6}$$

其中,ρ_i 为滞后 i 阶的自相关系数;k 为最优持有期。根据 Choi (1999) 的算法,$m(\cdot)$ 的数学定义如下:

$$m(x) = \frac{25}{12\pi^2 x^2}\left[\frac{\sin(6\pi x/5)}{6\pi x/5} - \cos\left(\frac{6\pi x}{5}\right)\right] \tag{7}$$

五、实证结果

通常验证资本市场重大制度调整对其自身有效性影响常用的模式主要有两

种，即非重叠子样本空间法和时间窗口滚动法（Rolling Estimation Windows）[①]。本文主要采用时间窗口滚动法检验采用 XBRL 格式的财务报告对基金市场有效性的影响。由于非重叠子样本空间法假设制度调整对资本市场的影响是在调整发生的时点产生，且作用是瞬时全部展现的。但是，Lim 和 Brooks（2011）指出以往的实践表明制度调整对资本市场的影响是随着时间的推进逐步展现的。

尽管时间窗口滚动法被普遍用来检验资本市场的有效性，但窗口长度的确定方式仍然没有统一的标准。Timmermann（2008）的研究表明时间窗口越短，就越能辨识市场对随机游走的较短暂的偏离，但 Lim 等（2013）的研究表明只有在时间窗口长度足够的前提下，才能进行有效性的统计检验。基于 Kim（2009）的实证成果，本文选取时间窗口的长度为 500。

本文将通过检验基金公司采用 XBRL 格式财务报告后基金指数收益率序列偏离随机游走的程度的改变来研究其对基金市场有效性的影响。图 1 对应上证基金指数，图 2 对应深证基金指数，分别展现了采用 XBRL 格式财务报告对上证基金指数和深证基金指数的影响。[②] 其子图依次展现上证基金指数的点位、上证基金指数的收益率、自相关系数的检验结果、Q 统计量法的检验结果和 Wild Bootstrap 自动方差比检验法的分析结果。其中，ACF Test 子图、QS Test 子图和 VR Test 子图中的水平线代表 5% 的 P-value，而垂线则代表我国基金公司采用 XBRL 格式财务报表的平均时点。

根据图 1 和图 2 所示，如果一种检验算法的 P-value 值小于 5%，则这种检验算法支持基金指数的收益率序列以某种已知形式[③]偏离随机游走，即拒绝基金市场未达到弱式有效；如果某一种检验方法的 P-value 值在采用 XBRL 格式财务报告后有显著降低，则表明该指数收益率序列对随机游走的某种形式的偏离程度显著减弱，即基金公司采用 XBRL 格式财务报告使中国基金市场更趋于有效。

[①] 关于这两种方法的具体描述请见 Lim and Brooks（2011）。
[②] 由于篇幅所限，在此无法以图形的方式依次直观地展示采用 XBRL 格式财务报告对 Wind 公司推出的大盘基金指数、中盘基金指数、小盘基金指数、价值型基金指数及成长型基金指数的影响，但在本文表 3 中以统计变量的形式对其影响做了详细的总括说明。
[③] 基金指数收益率序列可以在很多方面偏离随机游走，即具体的某种检验算法往往对应的是某一种偏离，因此如果某种检验算法的检验结果支持基金市场有效，那么只能表明该基金指数收益率序列没有在这一方面偏离随机游走，但不能表明该序列是服从随机游走的；反之，则可表明该序列不服从随机游走，基金市场是非有效的。

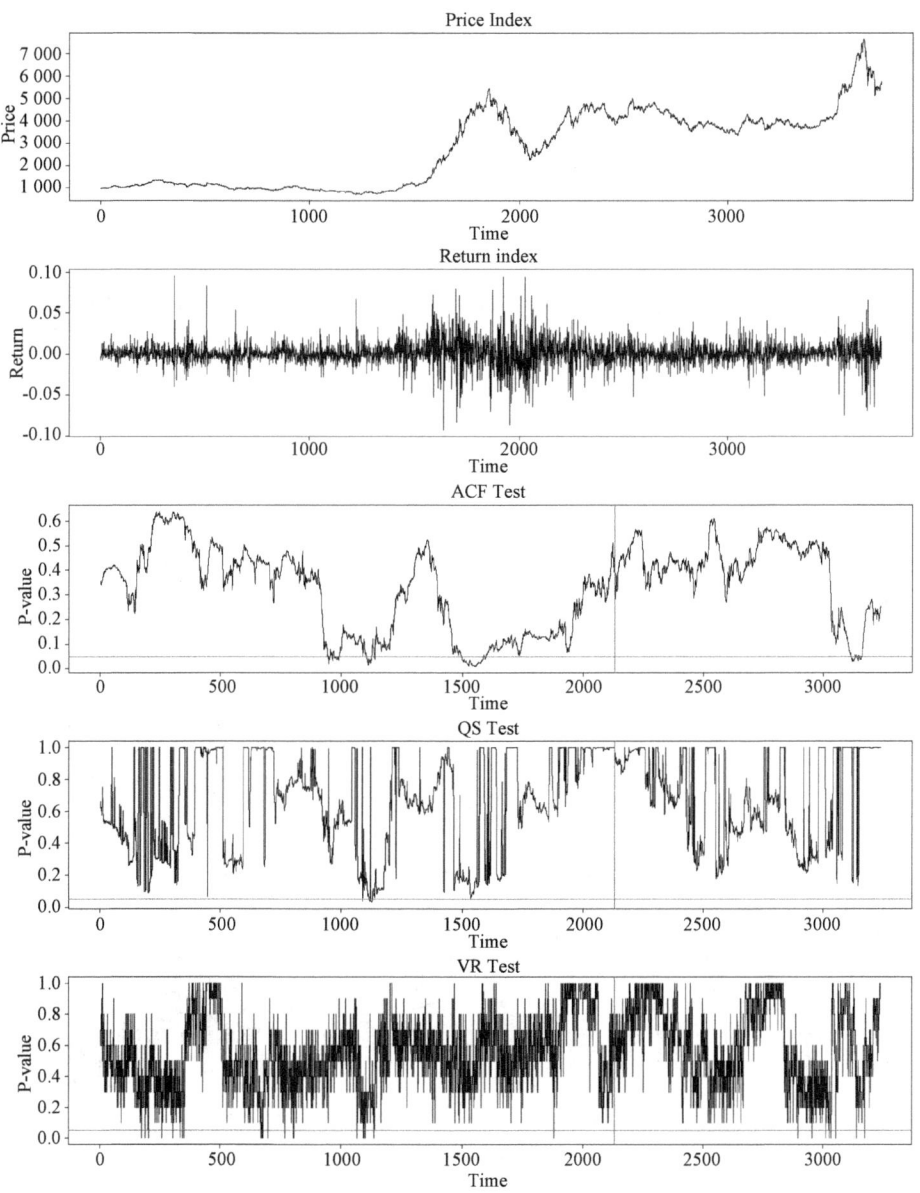

图 1 上证基金指数

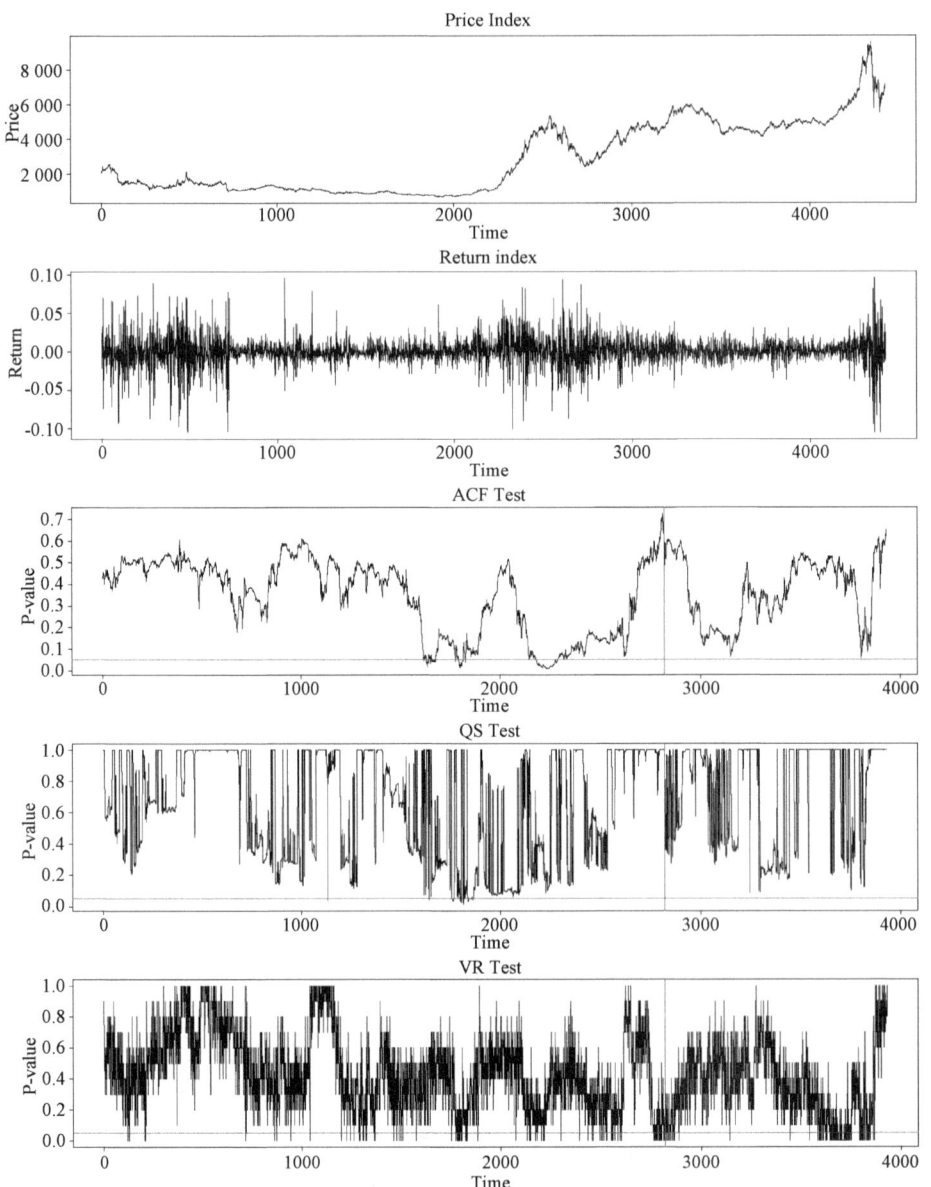

图 2 深证基金指数

从基金指数收益率曲线上来看（图 1 的 return index 子图和图 2 的 return index 子图），无论何种基金指数序列均存在明显的波动率聚集现象，其波动率的显著增大往往对应某些特殊事件的发生区间，如 2008 年的次贷危、2015 年的股市巨幅波动等。

3 种检验方法的 P-value 曲线分别如图 1 和图 2 各自的 ACF Test 子图、QS Test 子图和 VR Test 子图所示;检验结果表明除个别区间以外[①],7 个基金指数的收益率序列均没有显著的偏离随机游走。

根据图 1 和图 2 所示很难直接判定采用 XBRL 格式财务报告是否改善了基金市场的有效性,因此本文需要用统计检验的方法验证是否采用 XBRL 格式的财务报告确实可以提高基金市场的有效性。具体而言,本文采用两独立样本 t 检验调查采用 XBRL 格式财务报告后各种检验算法的 P-value 的均值是否有统计意义上的减小。该检验的零假设及备择假设定义如下:

$H_0: \mu_{pre} \geq \mu_{post}$

$H_1: \mu_{pre} < \mu_{post}$

其中,μ_{pre} 代表基金公司采用 XBRL 格式财务报告之前基金指数收益率序列经检验得到的 P-value 的均值;μ_{post} 表示采用 XBRL 格式财务报告之后基金指数收益率序列经检验得到的 P-value 的均值。如果基金公司采用 XBRL 格式财务报告会显著提高基金市场的有效性,则可以拒绝原假设。本文关注的 7 个基金指数中每个基金指数需要进行 3 组检验,即自相关系数检验、Q 统计量法检验以及 Wild Bootstrap 自动方差比检验,所以本文进行了 21 组两独立样本 t 检验(见表 3)。

检验结果表明基金公司采用 XBRL 格式财务报告后,7 个基金指数收益率序列对随机游走的偏离均有不同程度的改善,即采有 XBRL 格式财务报告在一定程度上提高了基金市场的有效性。如果以表 3 中 XBRL 改善效果的支持数量来评判,基金公司采用 XBRL 格式财务报告提高基金市场有效性的效果有所差异:就不同市场的基金指数而言,上证基金指数的改善优于深证基金指数的改善;就基金投资股票的不同流通盘而言,大盘基金指数和小盘基金指数的改善优于中盘基金指数的改善;就基金投资股票的不同风格而言,成长型基金的改善要优于价值型基金的改善。

表 3 采用 XBRL 格式财务报告对基金市场有效性影响的总结

检验算法	零假设	备择假设	P-value	较有效时段	XBRL 的效果
第一部分:上证基金指数					
自相关检验	$\mu_{pre} \geq \mu_{post}$	$\mu_{pre} < \mu_{post}$	P-value<0.001	XBRL 实施后	支持

[①] 值得说明的是,基金指数的个别区间通常对应某些特殊事件区间,如 2008 年的次贷危机、2015 年的股市巨幅波动等。

续表

检验算法	零假设	备择假设	P-value	较有效时段	XBRL 的效果
Q 统计量检验	$\mu_{pre} \geq \mu_{post}$	$\mu_{pre} < \mu_{post}$	P-value < 0.001	XBRL 实施后	支持
方差比检验	$\mu_{pre} \geq \mu_{post}$	$\mu_{pre} < \mu_{post}$	P-value < 0.001	XBRL 实施后	支持
第二部分：深证基金指数					
自相关检验	$\mu_{pre} \geq \mu_{post}$	$\mu_{pre} < \mu_{post}$	P-value < 0.001	XBRL 实施后	支持
Q 统计量检验	$\mu_{pre} \geq \mu_{post}$	$\mu_{pre} < \mu_{post}$	P-value < 0.001	XBRL 实施后	支持
方差比检验	$\mu_{pre} \geq \mu_{post}$	$\mu_{pre} < \mu_{post}$	P-value > 0.05	无法确定	无法确定
第三部分：大盘基金指数					
自相关检验	$\mu_{pre} \geq \mu_{post}$	$\mu_{pre} < \mu_{post}$	P-value < 0.00	XBRL 实施后	支持
Q 统计量检验	$\mu_{pre} \geq \mu_{post}$	$\mu_{pre} < \mu_{post}$	P-value < 0.001	XBRL 实施后	支持
方差比检验	$\mu_{pre} \geq \mu_{post}$	$\mu_{pre} < \mu_{post}$	P-value < 0.001	XBRL 实施后	支持
第四部分：中盘基金指数					
自相关检验	$\mu_{pre} \geq \mu_{post}$	$\mu_{pre} < \mu_{post}$	P-value < 0.001	XBRL 实施后	支持
Q 统计量检验	$\mu_{pre} \geq \mu_{post}$	$\mu_{pre} < \mu_{post}$	P-value < 0.001	XBRL 实施后	支持
方差比检验	$\mu_{pre} \geq \mu_{post}$	$\mu_{pre} < \mu_{post}$	P-value > 0.05	无法确定	无法确定
第五部分：小盘基金指数					
自相关检验	$\mu_{pre} \geq \mu_{post}$	$\mu_{pre} < \mu_{post}$	P-value < 0.001	XBRL 实施后	支持
Q 统计量检验	$\mu_{pre} \geq \mu_{post}$	$\mu_{pre} < \mu_{post}$	P-value < 0.001	XBRL 实施后	支持
方差比检验	$\mu_{pre} \geq \mu_{post}$	$\mu_{pre} < \mu_{post}$	P-value < 0.001	XBRL 实施后	支持
第六部分：价值型基金指数					
自相关检验	$\mu_{pre} \geq \mu_{post}$	$\mu_{pre} < \mu_{post}$	P-value < 0.001	XBRL 实施后	支持
Q 统计量检验	$\mu_{pre} \geq \mu_{post}$	$\mu_{pre} < \mu_{post}$	P-value > 0.001	无法确定	无法确定
方差比检验	$\mu_{pre} \geq \mu_{post}$	$\mu_{pre} < \mu_{post}$	P-value > 0.001	无法确定	无法确定
第七部分：成长型基金指数					
自相关检验	$\mu_{pre} \geq \mu_{post}$	$\mu_{pre} < \mu_{post}$	P-value < 0.001	XBRL 实施后	支持
Q 统计量检验	$\mu_{pre} \geq \mu_{post}$	$\mu_{pre} < \mu_{post}$	P-value > 0.001	XBRL 实施后	支持
方差比检验	$\mu_{pre} \geq \mu_{post}$	$\mu_{pre} < \mu_{post}$	P-value > 0.001	XBRL 实施后	支持

六、结论

本文采用时间窗口滚动法框架，利用自相关系数检验、Q 统计量法检验以及 Wild Bootstrap 自动方差比检验研究了基金公司采用 XBRL 格式财务报告对 7 个基金指数的收益率序列偏离随机游走程度的影响，检验了基金公司采用 XBRL 格式财务报告对我国基金市场有效性的影响。研究结果表明：无论以任何基金指数作为我国基金市场的代理指标,基金公司采用 XBRL 格式财务报告这一重大制度调整均能够显著降低其收益率序列对随机游走的偏离程度,即能够提高我国基金市场的有效性。

参考文献

[1] 陈灯塔、洪永淼:"中国股市是弱式有效的吗——基于一种新方法的实证研究",《经济学季刊》2003 年第 1 期,第 97—124 页。

[2] 陈小悦、陈晓、顾斌:"中国股市弱型效率的实证研究",《会计研究》1997 年第 9 期,第 13—17 页。

[3] 高蓉、周爱民、向兵:"股市动态弱式有效性研究——基于滚动广义谱方法",《投资研究》2012 年第 12 期,第 137—147 页。

[4] 李学、刘建民、靳云汇:"中国证券市场有效性的游程检验",《统计研究》2001 年第 12 期,第 43—46 页。

[5] 刘维奇、史金凤:"我国证券市场有效性的 Wild Bootstrap 方差比检验",《统计研究》2006 年第 11 期,第 73—78 页。

[6] 陆蓉、徐龙炳:"'牛市'和'熊市'对信息的不平衡反应研究",《经济研究》2004 年第 3 期,第 65—72 页。

[7] 聂萍、周戴:"基于 XBRL 环境网络财务报告网页呈现质量实证研究",《会计研究》2011 年第 4 期,第 8—14 页。

[8] 吴世农:"上海股票市场效率的分析与评价",《投资研究》1994 年第 8 期,第 44—47 页。

[9] 俞乔:"市场有效、周期异常与股价波动——对上海深圳股票市场的实证分析",《经济研究》1994 年第 9 期,第 43—50 页。

[10] 曾建光、伍利娜、谌家兰、王立彦:"XBRL、代理成本与绩效水平——基于中国开放式基金市场的证据",《会计研究》2013 年第 11 期,第 88—94 页。

[11] 张兵、李晓明:"中国股票市场的渐进有效性研究",《经济研究》2003 年第 1 期,第 54—61 页。

[12] 张亦春、周颖刚:"中国股市弱式有效吗",《金融研究》2001 年第 3 期,第 35—40 页。

[13] 张月飞、史震涛、陈耀光:"香港与大陆股市有效性比较研究",《金

融研究》2006年第6期,第33—40页。

[14] 朱孔来、李静静:"中国股票市场有效性的复合评价",《数理统计与管理》2013年第1期,第145—154页。

[15] Choi, I. 1999. Testing the Random Walk Hypothesis for Real Exchange Rates. Journal of Applied Econometrics, 14 (1): 293 - 308.

[16] Fama, E. F. 1965. The Behavior of Stock - Market Prices. Journal of Business, 38 (1): 34 - 105.

[17] Kim, J. H. 2009. Automatic Variance Ratio Test under Conditional Heteroskedascity. Finance Research. Letters, 6 (3): 179 - 185.

[18] Lim, K. P., and R. Brooks. 2011. The Evolution of Stock Market Efficiency over Time: A Survey of the Empirical Literature. Journal of Economic Surveys, 25 (1): 69 - 108.

[19] Lim, K. P., W. Luo, and J. H. Kim. 2013. Are US Stock Index Returns Predictable? Evidence from Automatic Autocorrelation - based tests. Applied Economics, 45 (8): 953 - 962.

[20] Ljung, G. M., and G. E. P. Box. 1978. On a Measure of a Lack of Fit in Time Series Models. Biometrika, 65 (2): 297 - 303.

[21] Lo, A. W., and A. C. MacKinl. 1988. Stock Market Prices Do not Follow Random Walks: Evidence from a Simple Specification Test. Review of Financial Studies, 1 (1): 41 - 66.

[22] Timmermann, A. 2008. Elusive Return Predictability. International Journal of Forecasting, 24 (1): 1 - 18.

[23] Tsay, R. S. 2010. Analysis of Financial Time Series. 3th Edition. New York, NY: John Wiley & Sons Press, 124 - 145.

附录2 企业会计账户记录样本选择

附录2.1 销售与收款事项业务

（1）8月3日，向山西西山中煤机械制造有限公司销售掘进机10台，不含税单价40 000元，增值税税率17%，货已发出，款项已存入银行。

所附主要原始单据：①增值税专用发票（记账联）；②产品出库单；③进账单。

山西增值税专用发票 NO

此联不作报销、扣税凭证使用						开票日期：2015年8月3日		
购货单位	名称：	山西西山中煤机械制造有限公司					密码区	
	纳税人登记号：	15011344566790						
	地址、电话：	太原长河街1号						
	开户行及账号：	中国银行长河街分行						
货物或应税劳务名称	规格型号	单位	数量	单价	金额	税率	税额	
挖掘机		件	10	40 000	468 000.00	17%	68 000.00	
合计					￥468 000.00		￥68 000.00	
价税合计（大写）		零佰肆拾陆万捌仟零佰零拾零元零角零分（小写）￥：468 000.00						
销货单位	名称：	煤炭科学研究总院太原分院					备注	
	纳税人登记号：	2006196212270019						
	地址、电话：	山西省太原市并州南路246号 0351—7686005						
	开户行及账号：	中国银行太原分行 12315—321653828						
收款人：张力　　复核：和凯　　开票人：李杰　　销货单位（章）：煤炭科学研究总院太原分院								

产品出库单

付给 <u>山西西山中煤机械制造有限公司</u>　　2015 年 8 月 3 日　　NO 0768806

品名	规格	单位	数量	单价	金额								
					十	万	千	百	十	元	角	分
挖掘机		台	10	40 000	4	0	0	0	0	0	0	0
负责人	罗红	仓库负责人	张艺	出库经手人	刘强	记账	尹厚	合计	4	0	0	0	0	0	0	0

中国银行进账单（回单或收款通知）　　1

2015 年 8 月 3 日

付款人	全称	山西西山中煤机械制造有限公司	收款人	全称	煤炭科学研究总院太原分院									
	账号	345-789650009		账号	12315—321653828									
	开户银行	中国银行长河街分行		开户银行	中国银行太原分行									
人民币（大写）：		肆陆万捌仟元整			千	百	十	万	千	百	十	元	角	分
					￥	4	6	8	0	0	0	0	0	0
票据种类		转账支票												
票据张数		壹												
单位主管：郑文；会计：王力；复核：蒋华；记账：武丽															

此联是收款人开户行交给收款人的回单或收款通知

（2）11 月 3 日，向神东煤炭集团销售洗煤设备 3 套，增值税专用发票注明价款为 243 000 元，增值税率为 17%，货已发出，款项已通过银行转账收讫。

所附主要原始单据：①增值税专用发票（记账联）；②产品出库单；③进账单。

山西增值税专用发票 NO

此联不作报销、扣税凭证使用　　　　　　　　　　开票日期：2015年11月3日

购货单位	名称：	神东煤炭集团	密码区			
	纳税人登记号：	410116713456789				
	地址、电话：	呼市金水路35号				
	开户行及账号：	中国银行呼和浩特支行				

货物或应税劳务名称	规格型号	单位	数量	单价	金额	税率	税额
洗煤机		套	3	81 000	243 000.00	17%	41310
合计					￥243 000.00		￥41310

价税合计（大写）	零佰肆拾陆万捌仟零佰零拾零元零角零分（小写）￥：468 000.00

销货单位	名称：	煤炭科学研究总院太原分院	备注
	纳税人登记号：	2006196212270019	
	地址、电话：	山西省太原市并州南路246号 0351—7686005	
	开户行及账号：	中国银行太原分行 12315—321653828	

收款人：张力　　复核：和凯　　开票人：李杰　　销货单位（章）：煤炭科学研究总院太原分院

国税函[2006]1075号西安印钞厂　　第一联：记账联

产品出库单

付给神东煤炭集团　　　　2015年11月3日　　　　NO 0768808

品名	规格	单位	数量	单价	金额						
					十	万	千	百	十	元	角	分
洗煤机		台	3	81 000	2	4	3	0	0	0	0	0

负责人	仓库负责人	出库经手人	记账	合计							
罗红	张艺	刘强	尹厚		2	4	3	0	0	0	0	0

中国银行进账单（回单或收款通知） 1

2011年12月1日

付款人	全称	神东煤炭集团	收款人	全称	煤炭科学研究总院太原分院								
	账号	3100667260181500078944		账号	12315—321653828								
	开户银行	中国银行呼和浩特支行		开户银行	中国银行太原分行								
人民币（大写）		贰拾捌万肆仟叁佰壹拾元整			千	百	十	万	千	百	十	元	角	分
							￥	2	8	4	3	1	0	0	0
票据种类		转账支票											
票据张数		壹											
单位主管：王莉；会计：牛明；复核：朱海；记账：罗田													

此联是收款人开户行交给收款人的回单或收账通知

附录2.2 采购与付款业务

（1）3月8日，从金杯公司购入货车一辆，开出转账支票支付价款126 000元，进项税额21 420元，车辆系供应部使用，该货车预计使用年限5年，净残值为0。

所附主要原始单据：①增值税专用发票（发票联）；②固定资产验收单。

山西增值税专用发票 NO

此联不作报销、扣税凭证使用　　　　　　　　　　　　开票日期：2015年3月8日

购货单位	名称：	煤炭科学研究总院太原分院	密码区			
	纳税人登记号：	2006196212270019				
	地址、电话：	山西省太原市并州南路246号 0351—7686005				
	开户行及账号：	中国银行太原分行 12315—321653828				
货物或应税劳务名称	规格型号	单位	数量	单价	金额	税率	税额
货车	TL309874-1	件	1	126000	126000.00	17%	21420.00
合计					￥126000.00		￥21420.00
价税合计（大写）		零佰壹拾肆万柒仟肆佰贰拾元零角零分（小写）￥：147420.00					
销货单位	名称：	金杯公司	备注			
	纳税人登记号：	15011344567890				
	地址、电话：	太原兴华北路1号 0351—4596222				
	开户行及账号：	中国银行太原兴华北路支行 267—506605009				

收款人：张广　　　复核：李明　　　开票人：尹杰　　　销货单位（章）：金杯公司

附　录

固定资产验收单

出售单位：金杯公司

购入单位：煤炭科学研究总院太原分院　　　　　　　　　　2015 年 3 月 8 日

购入原因及依据		生产			评估确认价值		
固定资产名称	规格及型号	单位	数量	预计使用年限	已使用年数	原值（元）	已提折旧	净值（元）
货车	SM1-1	辆	1	8	0	126 000	0	126 000
出售单位		金杯公司			备注		

复核：赵兰　　　　　　　　　　　　　　　　　　　　　　　制表人：马小华

（2）5 月 18 日，从德国 CFH 公司购买一项商标权，经与德国 CFH 公司协议采用分期付款方式支付款项。合同规定，该项商标权总计 1 000 000 元，每年末付款 200 000 元，5 年付清。

所附主要原始单据：合同。

购买合同

甲方：煤炭科学研究总院太原分院　　　　　　乙方：德国 CFH 公司

公司从德国 CFH 公司购买一项商标权，经与德国 CFH 公司协议采用分期付款方式支付款项。合同规定，该项商标权总计 1 000 000 元，每年末付款 200 000 元，5 年付清，假定银行同期贷款利率为 5%。

甲方（章）：　　　　　　　　　　　　　　　乙方（章）：

法定代表人（章）：郑文　　　　　　　　　　法定代表人（章）：R. 博特

2015 年 5 月 18 日　　　　　　　　　　　　　2015 年 5 月 18 日

附录2.3　生产与存货业务

（1）6 月 7 日，本企业以委托研究的方式开发的一项生产用专利技术，以银行存款支付研发费用 30 000 元，其中，符合资本化条件的支出为 20 000 元。

所附主要原始单据：收据。

收据

2015年6月7日

今收到 煤炭科学研究总院太原分院
　　交　来 生产专利技术
　　人民币 叁万元整　¥ 30000

收款单位
　　（公章）新华科技公司　　财务 李里　　经手人 王文懒

③记账联

（2）10月5日，以现金购买办公用品，共计1 300元。其中，办公室领用300元，财务科领用300元，人事科领用300元，销售科领用400元。

所附主要原始单据：①商业零售统一发票；②办公用品领用明细表。

太原市商业零售
发票联

客户名称：煤炭科学研究总院太原分院　　日期：2015年10月5日　　NO.00932098

货号	单位	数量	单价	金额						
				十	万	千	百	十	元	角	分
办公用品	个	13	100			1	3	0	0	0	0
人民币合计（大写）：壹仟叁佰元整				¥		1	3	0	0	0	0
开票单位 太原市百货商场	开户银行 中行三益支行		账号 191-6543	备注							

开票人（章）：白杨　　　　　　　　　　收款人（章）：牛丽

第二联 发票联

办公用品领用明细表

名称	领用单位	领用数量（个）	金额（元）
办公用品	办公室	3	300
	财务科	3	300
	人事科	3	300
	运销科	4	400
合计		13	1 300

领用人：牛理　　　　　　　　　　　　　　　　　　　　审核人：赵兰

（3）12月30日，本企业生产车间核算出其2015年全年掘进机的生产成本为86 000 000元，总生产台数为200台。

所附主要原始凭证：生产成本核算单。

生产成本核算单

2015 年 12 月 30 日

核算单位	产品名称	单位	数量	单价（元）	金额							
					千	百	十	万	千	百	十	元
生产车间	掘进机	台	200	430000	8	6	0	0	0	0	0	0
复核	赵兰		制单人	马小华								

附录2.4　人力资源与工资业务

（1）12月25日，本企业按照国家安全局统一要求，进行安全培训，支付安全教育培训费100万元。

所附主要原始单据：培训费收据。

收据

2015年12月25日

今收到 煤炭科学研究总院太原分院
交来 安全培训费用
人民币 壹佰万元整　￥1000000

收款单位
（公章）市煤炭培训中心　财务 金庸　经手人 王兵

③ 记账联

（2）12月31日，全体生产工人体检并支付生产工人体检费6 000元，以银行存款支付。

所附主要原始单据：收据。

收据

2015年12月31日

今收到 <u>煤炭科学研究总院太原分院</u>
交来 <u>工人体检费</u>
人民币 <u>陆仟元整</u>　￥6000

收款单位
（公章）<u>市体检中心</u>　财务 <u>李志宏</u>　经手人 <u>师长</u>

③ 记账联

附录2.5　筹资业务

（1）1月10日，本企业持有天地矿山技术装备有限公司30%的有表决权股份，因能够对天地矿山技术装备有限公司的生产经营决策施加重大影响，企业对该项投资采用权益法核算，企业将该项投资中的50%对外出售，出售以后，无法再对天地矿山技术装备有限公司施加重大影响，且该项投资不存在活跃市场，公允价值无法可靠计量，企业对该项投资转为成本法核算。出售时，该项长期股权投资的账面价值为4 800 000元，其中投资成本为3 900 000元，损益调整为900 000元，出售取得价款为2 700 000元。

所附主要原始单据：进账单。

中国银行进账单（回单或收款通知）　　1

2015年1月10日

付款人	全称	天地矿山技术装备有限公司	收款人	全称	煤炭科学研究总院太原分院
	账号	567-36975555		账号	12315—321653828
	开户银行	中国银行五道街分行		开户银行	中国银行太原分行

人民币（大写）：	贰佰柒拾万元整	千	百	十	万	千	百	十	元	角	分
		￥	2	7	0	0	0	0	0	0	0

票据种类	转账支票
票据张数	壹
单位主管：郑文；会计：王力；复核：蒋华；记账：武丽	

此联是收款人开户行交给收款人的回单或收款通知

（2）1月18日，由于业务调整企业决定将自用的写字间转为投资性房地产，出租给鼎太公司，租赁期为3年，每年租金收入为80 000元，第一年租金收入已通过银行转账收讫。该写字间的公允价值为320 000元，企业所在地存在活跃的房地产交易市场，且企业能够从活跃房地产交易市场取得同类或类似房地产市场价格及其他相关信息，从而合理估计其公允价值。

所附主要原始单据：①协议；②发票；③进账单。

协议

甲方（债权人）：煤炭科学研究总院太原分院

乙方（债务人）：鼎太公司

由于业务调整企业决定将自用的写字间转为投资性房地产，出租给鼎太公司，租赁期3年，每年租金收入为80 000元，第一年租金收入已通过银行转账收讫。该写字间的公允价值为320 000元，企业所在地存在活跃的房地产交易市场，且企业能够从活跃房地产交易市场取得同类或类似房地产市场价格及其他相关信息，从而合理估计其公允价值。

甲方：煤炭科学研究总院太原分院（业务专用章）　　乙方：鼎太公司（业务专用章）

法人代表：郑文　　　　　　　　　　　　　　　　　法人代表：李虎俊

2015年1月18日　　　　　　　　　　　　　　　　　2015年1月18日

出租固定资产专用发票
记　账　联

付款单位：鼎太公司　　日期：2015年7月18日　　NO.0093266

服务项目	金　额									
	千	十	万	千	百	十	元	角	分	
提供出租房			8	0	0	0	0	0	0	
人民币合计（大写）：捌万元整	￥		8	0	0	0	0	0	0	

| 开票单位 | 煤炭科学研究总院太原分院 | 开户银行 | 中国银行太原分行 | 账号 | 12315—321653828 |

开票人（章）：席满　　　　　　　　　　　　收款人（章）：蒋武

第二联　记账联

中国银行进账单（回单或收款通知） 1

2011 年 7 月 18 日

付款人	全称	鼎太公司	收款人	全称	煤炭科学研究总院太原分院
	账号	55556018190004987		账号	12315—321653828
	开户银行	中国银行焦作普济支行		开户银行	中国银行太原分行

人民币（大写）：	捌万元整	千	百	十万	千	百	十	元	角	分
				¥8	0	0	0	0	0	0

票据种类	转账支票
票据张数	壹

单位主管：胡雨；会计：强溪；复核：于天；记账：黄成

此联是收款人开户行交给收款人的回单或收账通知

附录 2.6 投资业务

（1）4月2日，企业以 10 000 000 元取得中煤华晋能源公司 10%的股权作为权益性投资，另支付手续费等相关费用 600 元，对该公司具有重大影响，并且该股权的公允价值不能可靠计量。

所附主要原始单据：投资协议书。

投资协议书

甲方：煤炭科学研究总院太原分院

乙方：中煤华晋能源公司

2015年4月2日，公司以 100 000 000 元取得中煤华晋能源公司 10%的股权作为权益性投资，另支付手续费等相关费用 600 元，对该公司具有重大影响，并且该股权的公允价值不能可靠计量。

甲方签字：郑文　　　　　　　　　　　乙方签字：李宁

日期：2015 年 4 月 2 日　　　　　　　日期：2015 年 4 月 2 日

（2）4月8日，公司从证券市场上购入中天集团于 2015 年 12 月 8 日发行的债券作为交易性金融资产，该债券 5 年期，票面年利率为 5%，每年 1 月 5 日支付上年度的利息，到期一次还本，公司购入债券的面值为 5 000 000 元，实际支付的价款为 5 050 000 元，另支付相关费用 10 000 元，假定按年计提利息，该债券准备近期出售，以银行存款直接购买。

所附原始单据：交割单。

华荣证券太原营业部

证券交易报告单［买入成交］

成交日期：2015年4月8日	申报编号：AC00567
资金账号：001200006789	股东卡：00328888
客户姓名：煤炭科学研究总院太原分院	债券名称：中天集团
成交编号：10746789	成交时间：14：24：58
成交数量：5 000 000	成交价格：5 050 000.00
手续费：8 000.00	印花税：2 000.00
上次余额 0.00	其他收费：0.00
备注信息：	

（3）5月2日，公司出资购买一套二手数控机床用于加工采煤掘进机的特殊零件，购买价为300万元，年底经评估人员评估，该套数控机床的现时价值为400万元，公司由于此次购买行为获取利得100万元。

所附主要原始单据：①固定资产验收单；②资产评估单。

固定资产验收单

出售单位：北京机床厂

购入单位：煤炭科学研究总院太原分院　　　　　　　　　　2015年5月2日

购入原因及依据		满足生产需要			购买价			3 000 000	
固定资产名称	规格及型号	单位	数量	预计使用年限	已使用年数	原值	已提折旧	净值	
数控机床	XKA5032A	台	1	10	3	310 000	90 000	220 000	
出售单位				备注					

复核：赵兰　　　　　　　　　　　　　　　　　　　　　制表人：马小华

资产评估报告单

基准日：2015年12月31日

评估对象	名称及规格	单位	数量	原价	评估价
数控机床	XKA5032A	台	1	3 000 000	4 000 000
用途	特殊零件加工	评估部门		复核部门	
		负责人	评估人	负责人	复核人
		赵武	胡法	邓文龙	启路

附录2.7　货币资金业务

（1）1月1日，企业收到已立项的科研项目经费3 000 000元，该项目期为2年。

所附原始单据：拨款通知单。

拨款通知单

2015年1月1日

收款单位	全称	煤炭科学研究总院太原分院	拨款单位	全称	国家自然科学基金委									
	账号	12315—321653828		账号	0036789									
	开户银行	中国银行太原分行		开户银行	中国工商银行北京分行									
人民币（大写）：		叁佰万元整				千	百	十	万	千	百	十	元	角	分
						¥	3	0	0	0	0	0	0	0	0
拨款项目		智能化超重型岩巷掘进机研制	拨款人及银行盖章		王成										

（2）9月2日，银行通知收到蓝海集团电汇前期所欠货款为234 000元。

所附原始单据：中国银行电汇凭证通知。

中国银行电汇凭证（回单） 1

委托日期 2015年9月1日

付款人	全称	蓝海集团	收款人	全称	煤炭科学研究总院太原分院										收款人的回单或收账通知 此联是收款人开户行交给
	账号	345—789656543		账号	12315—3216538283										
	开户银行	中国银行学院街分行		开户银行	中国银行太原分行										
人民币（大写）：		贰拾叁万肆仟元整				千	百	十	万	千	百	十	元	角	分
							¥	2	3	4	0	0	0	0	0
汇票用途：															

复核：王雯　　　　　　　　　　　　　　　记账：李梅

参考文献

[1] 阿妮塔·S.霍兰德、埃里克·L.德纳、J.欧文·彻林顿：《现代会计信息系统（第2版）》（杨周南、赵纳晖、陈翔等译），经济科学出版社1999年版，第102—201页。

[2] 陈淑芳：《会计信息失真问题治理研究》，中国金融出版社2006年版，第120—186页。

[3] 邓聚龙：《灰色系统气质理论》，科学出版社2014年版，第5—56页。

[4] 会计信息质量与会计监督检查编写组：《会计信息质量与会计监督检查》，中国财政经济出版社2001年版，第25—356页。

[5] 李爽主编、中国会计学会编：《会计信息失真的现状、成因与对策研究——会计报表粉饰问题研究》，经济科学出版社2002年版，第15—189页。

[6] 迈克尔·查特菲尔德：《会计思想史》（文硕等译），中国商业出版社1989年版，第50—105页。

[7] 梅国平：《上市公司会计信息失真的统计分析方法研究》，科学出版社2008年版，第105页。

[8] 聂顺江：《会计信息质量检验、决定及保证》，中国财政经济出版社2003年版，第56—128页。

[9] 徐子沛：《大数据：正在到来的数据革命》，广西师范大学出版社2012年版，第202—304页。

[10] 杨世忠：《企业会计信息质量及其评鉴模式》，立信会计出版社2008年版，第45—105页。

[11] 杨周南、赵纳晖、陈翔等：《会计信息系统》，东北财经大学出版社2001年版，第30—32页。

[12] 张文贤：《会计理论创新》，中国财政经济出版社2002年版，第65—135页。

[13] 杜元伟、杨娜："大数据环境下双层分布式融合决策方法",《中国管理科学》2016年第24卷第5期,第127—138页。

[14] 冯芷艳、郭迅华、曾大军等："大数据背景下商务管理研究若干前沿课题",《管理科学学报》2013年第16卷第1期,第1—9页。

[15] 郜进兴、林启云、吴溪："会计信息质量检查：十年回顾",《会计研究》2009年第255卷第1期,第27—35页。

[16] 郭自宽、张兴旺、麦范金："大数据生态系统在图书馆中的应用",《情报资料工作》2013年第191卷第2期,第23—28页。

[17] 何非、何克清："大数据及其科学问题与方法的探讨",《武汉大学学报（理学版）》2014年第60卷第1期,第1—12页。

[18] 何晓晔、吴永波、徐培德等："任务空间概念建模语言初探",《火力与指挥控制》2006年第31卷第2期,第29—31页。

[19] 黄微平："关于会计信息系统模式的若干思考",《中国管理信息化》2005年第90卷第6期,第3—5页。

[20] 黄欣荣："大数据对科学认识论的发展",《自然辩证法研究》2014年第30卷第9期,第83—88页。

[21] 蒋楠："事项会计、数据库会计及REA会计的比较研究",《财会通讯（综合版）》2007年第313卷第1期,第30—31页。

[22] 金岚枫、李志斌："利用非财务信息校验会计信息质量——基于制造业上市公司耗电量的实证分析",《山西财经大学学报》2016年第38卷第1期,第101—111页。

[23] 李国杰、程学旗："'大数据'研究：未来科技及经济社会发展的重大战略领域",《中国科学院院刊》2012年第27卷第6期,第647—657页。

[24] 李金昌："大数据与统计新思维",《统计研究》2014年第31卷第1期,第10—15页。

[25] 李清泉、李德仁："大数据GIS",《武汉大学学报（信息科学版）》2014年第39卷第6期,第641—644页。

[26] 廖开际、奚建清、张永生等："组织知识管理概念建模及其工具设计",《系统仿真学报》2006年第18卷第4期,第1015—1022页。

[27] 毛元青、杨海东、张荣荣："基于REA模型的会计信息系统",《哈尔滨商业大学学报（社会科学版）》2006年第89卷第4期,第22—24页。

[28] 孟小峰、慈祥："大数据管理：概念、技术与挑战"，《计算机研究与发展》2013年第50卷第1期，第146—169页。

[29] 培宏、陈思阳、李培伟："体育竞技中灰理论非等间隔G（1，1）模型的应用"，《社科纵横》2015年第30卷第4期，第104—106页。

[30] 秦荣生："大数据、云计算技术对审计的影响研究"，《审计研究》2014年第6期，第23—28页。

[31] 师萍："企业会计信息质量评价模式探析"，《西北大学学报（哲学社会科学版）》2002年第32卷第2期，第43—46页。

[32] 宋新平、丁永生、张革夫："集成分类法在财务欺诈风险识别中的应用"，《计算机工程与应用》2008年第44卷第34期，第226—230页。

[33] 孙凡、柴小卉："计算机会计信息真实性的宏观评测研究"，《生产力研究》2005年第53卷第5期，第203—206页。

[34] 孙凡："国外基于本体的信息系统概念建模研究"，《情报学报》2007年第26卷第3期，第366—372页。

[35] 孙凡："国外信息系统概念建模质量评估研究进展"，《计算机系统应用》2008年第17卷第11期，第121—124页。

[36] 孙凡："会计信息真实性的宏观测度研究"，《山西财经大学学报》2004年第26卷第4期，第137—140页。

[37] 涂兰敬："专家观点：'大数据'与'海量数据'的区别"，《网络与信息》2011年第12期，第37—38页。

[38] 王向东、王文汇、王再堂："大数据时代下我国税收征管模式转型的机遇与挑战"，《当代经济研究》2014年第8期，第92—96页。

[39] 王新才、丁家友："大数据知识图谱：概念、特征、应用与影响"，《情报科学》2013年第31卷第9期，第10—14页。

[40] 王元卓、靳小龙、程学旗："网络大数据：现状与展望"，《计算机学报》2013年第36卷第6期，第1125—1138页。

[41] 杨善林、周开乐："大数据中的管理问题：基于大数据的资源观"，《管理科学学报》2015年第18卷第5期，第1—8页。

[42] 应璇、孙济庆："基于大数据的精细化知识服务模型构建"，《科研管理》2016年第37卷第10期，第153—160页。

[43] 俞立平："大数据与大数据经济学"，《中国软科学》2013年第271卷

第 7 期，第 177—183 页。

[44] 玉光、徐浩军、刘凌等："军事体系对抗复杂系统概念建模方法"，《系统仿真学报》2008 年第 20 卷第 23 期，第 6507—6510 页。

[45] 郑伟、张立民、杨莉："试析大数据环境下的数据式审计模式"，《审计研究》2016 年第 4 期，第 20—27 页。

[46] Denna EL, McCarthy WE. An events accounting foundation for DSS implementation [M] // Holsapple CW, Whinston AB. Decision Support Systems: Theory and Application, Berlin, Germany: Springer – Verlag, 1987, 239 – 263.

[47] Gal G, McCarthy WE. Declarative and procedural features of a CODASYL accounting system [M] // Chen P. Entity – Relationship Approach to Information Modeling and Analysis. Amsterdam: North – Holland. 1983, 197 – 213.

[48] Geerts GL, McCarthy WE. Modeling Business Enterprises as Value – Added Process Hierarchies with Resource – Event – Agent Object Templates [M] // Sutherland J, Patel D. Business Object Design and Implementation, Springer – Verlag, 1997: 94 – 113.

[49] Kilov H, Ross J. Information modeling: an object – oriented approach [M]. Prentice – Hall, Englewood Cliffs, N. J., 1994.

[50] Kung CH, Solvberg A. Activity modeling and behaviour modeling [M] // OUe TW, Sol HG, Verrijn – Stuart AA. Information System Design Methodologies: Improving the Practice. North – Holland, Amsterdam, The Netherlands, 1986, 145 – 171.

[51] Martin J. Information Engineering Book II: Planning and Analysis [M]. Pearson Education, 1990.

[52] Mayer – Schonberger V, Cukier K. Big Data: A Revolution that will Transform How we Live Workand Think [M]. London: John Murray. 2013.

[53] Mylopoulos J. Conceptual modeling and telos [M] // Loucopoulos P, Zicari R. Conceptual modeling, databases, and case: an integrated view of information systems development. Wiley, New York, 1992, 49 – 68.

[54] Rolland C, Cauvet C. Trends and perspectives in conceptual modeling [M] // Loucopoulos P, Zicari R. Conceptual Modeling, Databases, and CASE: An Integrated View of Information Systems Development, John Wiley & Sons, 1992,

27 – 48.

［55］Simsion GC. Data Modeling Essentials: Analysis, Design, and Innovation［M］. Van Nostrand Reinhold, New York, 1994.

［56］Veryard R. Information Modelling: Practical Guidance［M］. Prentice – Hall, Englewood Cliffs, New Jersey, USA, 1992.

［57］Agarwal DP, Sinha AP. Comprehending object and process models: An empirical study［J］. IEEE Trans. Software Engrg. 1999., 25（4）: 541 – 556.

［58］Albrecht WS, Albrecht CO, Albrecht CC. Current Trends in Fraud and its Detection［J］. Information Security Journal: A Global Perspective 2008,（17）: 2 – 12.

［59］Batra D, Davis JG. Conceptual data modeling in database design: Similarities and differe – ncesbetween expert and novice designers［J］. Internat. J. Man – Machine Stud. 1992, 37: 83 – 101.

［60］Batra D, Hoffer J, Bostrom R. Comparing representations with relational and EER models［J］. Commun ACM, 1990, 33（2）: 126 – 139.

［61］Beneish MD. The Detection of Earnings Manipulation［J］. Financial Analysts Journal, 1999, 55（5）: 24 – 36.

［62］Bergholtz M, Jayaweera P, Johannesson P, et al. Reconciling Physical, Communicative, and Social/Institutional Domains in Agent Oriented Information Systems – A Unified. Framework［J］. Lecture Notes in Computer Science. 2003, 2814: 180 – 194.

［63］Bhimani A, Willcocks L. Digitisation,'Big Data'and the transformation of accounting information［J］. Accounting and Business Research, 2014, 44（4）: 469 – 490.

［64］Brahim S, Lloyd C. The Association between Non – Financial Performance Measures in Executive Compensation Contracts and Earnings Management［J］. Journal of Accounting andPublic Policy, 2011, 30（3）: 256 – 274.

［65］Bruinsma C, Wemmenhove P. Tone at the top is vital［J］. ISACA Journal, 2009, 3（10）: 1 – 4.

［66］Cao M. Roman C, Trevor S. Big Data Analytics in Financial Statement Audits［J］. Accounting Horizons, 2015, 29（2）: 423 – 429.

［67］Cecchini M, Aytug H, Koehler G, et al. Detecting Management Fraud in

Public Companies [J]. Management Science 2010, 56 (7): 1146-1160.

[68] Chandar N, Bricker R. Incentives, discretion, and asset valuation in closed-end mutual funds [J]. Journal of Accounting Research, 2002, 40 (September): 1037-1070.

[69] Chandra ST, William JM, Mohan V, et al. Financial fraud detection using vocal, linguistic and financial cues [J]. Decision Support Systems, 2015, 74 (6): 78-87.

[70] Dechow P, Ge W, Larson C, et al. Predicting Material Accounting Misstatements [J]. Contemporary Accounting Research, 2011, 28 (1): 1-16.

[71] Denna EL, Jasperson J, Fong K, et al. Modeling conversion process events [J]. Journal of Information Systems. 1994, Spring: 43-54.

[72] Dikmen B, Küçükkocaoglu G. The Detection of Earnings Manipulation: The Three-Phase Cutting Plane AlgorithmUsing Mathematical Programming [J]. Journal of Forecasting, 2010, 29 (5): 442-466.

[73] Dunn CL, Grabski SV. Perceived semantic expressiveness of accounting systems and task accuracy effects [J]. International Journal of Accounting Information Systems, 2000, 1 (2): 79-87.

[74] Dunn CL, Grabski SV. An Investigation of Localization as an Element of Cognitive Fit in Accounting Model Representations [J]. Decision Sciences, 2001, 32 (1): 55-94.

[75] Evermann J, Wand Y. Towards Ontologically Based Semantics for UML Constructs [J]. Lecture Notes in Computer Science, 2009, 2224: 354-367.

[76] Fanning KM, Cogger KO. Neural Network Detection of Management Fraud Using Published Financial Data [J]. International Journal of Intelligent Systems in Accounting and Finance Management, 1998, (7): 21-41.

[77] Felice F, Rosalind R. Big data: Distilling meaning from data [J]. Nature, 2008, 455 (7209): 30.

[78] Financial Accounting Standards Board (FASB). Qualitative Characteristics of Accounting Information. Statement of Financialh [J]. Accounting Concepts No. 2. 1980, Norwalk, CT: FASB.

[79] Frankel F, Reid R. Big data: Distilling meaning from data [J]. Nature,

2008, 7209 (455): 30.

[80] Frederik G, Wim L, Geert P. Positioning and Formalizing the REA Enterprise Ontology [J]. Journal of Information Systems. 2008, 22 (2): 219 - 248.

[81] Gaganis C. Classification Techniques for the Identification of Falsified Financial Statements: A Comparative Analysis [J]. International Journal of Intelligent Systems in Accounting and Finance Management, 2009, (16): 207 - 229.

[82] Gal G, McCarthy WE. Operation of a relational accounting system [J]. Advances in Accounting. 1986, (3): 83 - 112.

[83] Geerts GL, McCarthy WE. An ontological analysis of the economic primitives of the extended - REA enterprise information architecture [J]. International Journal of Accounting Information Systems, 2002, 3 (1): 1 - 16.

[84] Geerts GL, McCarthy WE. Augmented Intensional Reasoning in Knowledge - Based Accounting Systems [J]. Journal of Information Systems. 2000, 14 (2): 127 - 150.

[85] Geerts GL, McCarthy WE. Using object templates from the REA accounting model to engineer business processes and tasks [J]. Review of Business Information Systems, 2001: 89 - 108.

[86] Geerts GL, McCarthy WE. An accounting object infrastructure for knowledge - based enterprise models [J]. IEEE Expert Intelligent Systems and Their Applications, 1999, 14 (3): 89 - 95.

[87] Gemino A, Wand Y. A framework for empirical evaluation of conceptual modeling techniques [J]. Requirements Engineering, 2004, 9 (4): 248 - 260.

[88] Gemino A, Wand Y. Evaluating modeling techniques based on models of learning [J]. Communications of the ACM. 2003, 46 (10): 79 - 84.

[89] Gemino A. Empirical comparisons of animation and narration in requirements validation [J]. Requirements Engineering, 2004, 9 (3): 153 - 168.

[90] George G., Haas MR., Pentland A. Big DataandManagement [J]. Academy of Management Journal. 2014, (57) 2: 321 - 326.

[91] Gobble MM. Big Data: The Next Big Thing in Innovation [J]. Research Technology Management. 2013, 56 (1): 64 - 66.

[92] Goes PB. Big Data and IS Research [J]. MIS Quarterly, 2014, 38 (3):

3 – 8.

[93] Grabski SV, Marsh RJ. Integrating accounting and manufacturing information systems: An ABC and REA – based approach [J]. Journal of Information Systems. 1994, Fall: 61 – 80.

[94] Green BP, Choi JH. Assessing the Risk of Management Fraud through Neural Network Technology [J]. Auditing, 1997, 16 (1): 14 – 28.

[95] Hagel J. Why Accountants Should Own Big Data [J]. Journal of Accountancy. 2013, 216 (5): 20 – 21.

[96] Hitchman S, Practitioner perceptions of the use of some semantic concepts in the entity – relationship model. Euro [J]. J. Inform. Systems1995, 4: 31 – 40.

[97] Iriji Y, Jaedicke RK. Reliability and Objectivity of Accounting Measurement [J]. The Accounting Review, 1966, (July): 476 – 548.

[98] Jagadish HV, Gehrke J. Labrinidis A., et al. Big Data and Its Technical Challenges [J]. Communications of the ACM, 2014, 57 (7): 86 – 94.

[99] James M, Michael C.. Big Data: The Next Frontier for Innovation, Competition and Productivity [J], McKinsey Quarterly, 2011, 5: 27 – 30.

[100] Kaminski KA, Wetzel TS, Guan L. Can Financial Ratios Detect Fraudulent Financial Reporting [J]. Managerial Auditing Journal, 2004, 19 (1): 15 – 28.

[101] Kim C, Rod S. REA Ontology – Based Simulation Models for Enterprise Strategic Planning [J]. Journal of Information Systems. 2008, 22 (2): 301 – 329.

[102] Kim SC, Rod ES. An Extension of the REA Framework to Support Balanced Scorecard Information Requirements [J]. Journal of Information Systems. 2007, 21 (1): 1 – 25.

[103] Kim Y, Kogan A. Development of an anomaly detection model for a bank's transitory account system [J]. Journal of Information Systems, 2014, 28 (1): 145 – 165.

[104] Kim YG, March S. Comparing data modeling formalisms [J]. Commun ACM, 1995, 38 (4): 103 – 115.

[105] Kirkos E, Spathis C, Manolopoulos Y. Data Mining Techniques for the Detection of Fraudulent Financial Statements [J]. Expert Systems with Applications, 2007, (32): 995 – 1003.

[106] Kogan A, Alles M, Vasarhelyi, et al. Design and evaluation of a continuous data level auditing system [J]. Auditing: A Journal of Theory and Practice, 2014.

[107] Kurt F, Rita G. Big Data: Implications for Financial Managers [J]. Journal of Corporate Accounting and Finance (Wiley) . 2013, 24 (5): 23 – 30.

[108] Lampe JC. Discussion of an ontological analysis of the economic primitives of the extended – REA enterprise information architecture [J]. International Journal of Accounting Information Systems, 2002, 3 (1): 17 – 34.

[109] Lin JW, Hwang MI, Becker JD. A Fuzzy NeuralNetwork for Assessing the Risk of Fraudulent Financial Reporting [J]. Managerial Auditing Journal, 2003, 18 (8): 657 – 665.

[110] Liu Q, Vasarhelyi MA. Big Questions in AIS Research: Measurement, Information Processing, Data Analysis, and Reporting [J]. Journal of Information Systems, 2014, 28 (1): 1 – 17.

[111] Maines LA, Wahlen J M. The Nature of Accounting Information Reliability: Inferences from Archival and Experimental Research [J]. Accounting Horizons, 2006, 20 (4): 399 – 425.

[112] Manish G, Maryanne QH, Homayoun H. Selling into Micromarkets [J]. Harvard Business review, 2012, 7: 1 – 9.

[113] McAfee A., Brynjolfsson E. Big Data: The Management Revolution [J]. Harvard Business Review, 2012, 90: 60 – 68.

[114] McCarthy WE. An Entity – Relationship View of Accounting Models [J]. Accounting Review, 1979, 54 (4): 667 – 686.

[115] McCarthy WE. Multidimensional and Disaggregate Accounting Systems: A Review of the 'Events' Accounting Literature [J]. MAS Communacation, 1981, Fall: 7 – 13.

[116] McCarthy WE. The REA accounting model: a generalized framework for accounting systems in a shared data environment [J]. Accounting Review, 1982, 57 (3): 554 – 578.

[117] Michael A, Miklos AV. Thick data: adding context to big data to enhance auditability [J]. International Journal of Auditing Technology, 2014 (2): 95 – 108.

[118] Milliken AL. Transforming Big Data into Supply Chain Analytics [J]. Journal of Business Forecasting. 2015, 33 (4): 23 - 27.

[119] Moody DL, Shanks GG. Improving the quality of data models: empirical validation of a quality management framework [J]. Information Systems, 2003, 28 (6): 619 - 650.

[120] Moody DL. Theoretical and practical issues in evaluating the quality of conceptual models: current state and future directions [J]. Data & Knowledge Engineering, 2005, 55 (3): 243 - 276.

[121] O'Leary DE. On the relationship between REA and SAP [J]. International Journal of Accounting Information Systems. 2004, 5 (1): 65 - 81.

[122] Palmrose ZV, Scholz S. The circumstances and legal consequences of non - GAAP reporting: Evidence from restatements [J]. Contemporary Accounting Research, 2003, 21 (Spring): 139 - 180.

[123] Parsons J, An information model based on classification theory [J]. Management Science. 1996, 42 (10): 1437 - 1453.

[124] Persons OS. Using Financial Statement Data to Identify Factors Associated with Fraudulent Financial Reporting [J]. Journal of Applied Business Research, 1995, 11 (3): 38 - 46.

[125] Ramayya K, James P, Rema P, et al. On Data Reliability Assessment in Accounting Information Systems [J]. Information Systems Research, 2005, 16 (3): 307 - 326.

[126] Ramsey R, Atwood M, Van Doren J. Flowcharts versus program design languages: an experimental comparison [J]. Commun ACM, 1993, 26 (6): 445 - 449.

[127] Rockwell SR, McCarthy WE. REACH: Automated Database Design Integrating First - Order Theories, Reconstructive Expertise, and Implementation Heuristics for Accounting Information Systems [J]. International Journal of Intelligent Systems in Accounting, Management, and Finance, 1999, 321 - 332.

[128] Rosner R. Earnings manipulation in failing firms [J]. Contemporary Accounting Research, 2003, 20 (Summer): 361 - 408.

[129] Schlegel GL. Utilizing Big Data and Predictive Analytics to Manage Supply

Chain Risk [J]. Journal of Business Forecasting. 2015, 33 (4): 11 – 17.

[130] Schoenherr T, Speier – Pero C. Data Science, Predictive Analytics, and Big Data in Supply Chain Management: Current State and Future Potential [J]. Journal of Business Logistics. 2015, 36 (1): 120 – 132.

[131] Science Staff. Introduction: Challenges and Opportunities [J]. Science, 2011, 2: 692 – 693.

[132] Spathis C T. Detecting False Financial Statements Using Published Data: Some Evidence from Greece [J]. Managerial Auditing Journal, 2002, 17 (14): 179 – 191.

[133] Summers SL, Sweeney JT. Fraudulently Misstated Financial Statements and Insider Trading: An Empirical Analysis [J]. The Accounting Review, 1998, 73 (1): 131 – 146.

[134] Tegarden DP, Schaupp LC, Dull RB. dentifying Ontological Modifications to the Resource – Event – Agent (REA) Enterprise Ontology Using a Bunge – Wand – Weber Ontological Evaluation [J]. Journal of Information Systems. 2013, 27 (1): 105 – 128.

[135] Toby J, Bishop F. Auditing for Fraud: Implications of Current Market Trends and Potential Responses [J]. Auditor's Report, 2001, 24 (2): 13 – 15.

[136] Tod S, Richard IN. Automating REA Policy Level Specifications with Semantic Web Technologies [J]. Journal of Information Systems, 2008, 22 (2): 249 – 277.

[137] Vasarhelyi MA, Alexander K, Tuttle BM. Big Data in Accounting: An Overview [J]. Accounting Horizons. 2015, 29 (2): 381 – 396.

[138] Vessey I, Conger S. Requirements specification: learning object, process, and data methodologies [J]. Commun ACM, 1994, 37 (5): 102 – 113.

[139] Waller MA, Fawcett, SE. Data Science, Predictive Analytics, and Big Data: A Revolution That Will Transform Supply Chain Design and Management [J]. Journal of Business Logistics, 2013, 34 (2): 77 – 84.

[140] Wand Y, Weber R. Research Commentary: Information Systems and Conceptual Modeling – A Research Agenda [J]. Information Systems Research, 2002, 13 (4): 363 – 376.

[141] Yoon K, Lucas H, Zhang L. Big Data as Complementary Audit Evidence [J]. Accounting Horizons. 2015, 29 (2): 431-438.

[142] Burton-Jones A, Meso P. How good are these UML diagrams? An empirical test of the Wand and Weber good decomposition model [C] // Applegate L, Galliers R, DeGross JI. Proceedings of the international conference on information systems 2002, 163-177.

[143] Ellegaard BS, Winther J, Linvald B, et al. A Model Driven Architecture for REA based systems [C]. Proceedings of the Workshop on Model-Driven Architecture: Foundations and Applications. CTIT Technical Report TR-CTIT-03-27, University of Twente, 2003.

[144] Moody DL, Sindre G, Brasethvik T, et al. Evaluating the Quality of Information Models: Empirical Testing of a Conceptual Model Quality Framework [C]. Proceedings of the 25th International Conference on Software Engineering (ICSE'03), IEEE Computer Society. 2003, 295-305.

[145] Moody DL, Shanks GG. What makes a good data Model? Evaluating the quality of entity relationship models [C] // Loucopolous P. Proceedings of the 13th International Conference on the Entity Relationship Approach, Manchester, England, 1994, 14-17.

[146] Zamperoni A, Lohr-Richter P. Enhancing the quality of conceptual database specifications through validation [C] // Elmasri R, Kouramajian V, Thalheim B. Proceedings of the 12th International Conference on the Entity Relationship Approach, Dallas-Arlington, USA, 1993.

[147] Akoka J, Commyn-Wattiau I. Les systèmes d'information comptables multidimensionnels: Comparaison de deux modèles [R]. Working Paper. 2004.

[148] Cherrington JO, McCarthy WE, Andros DP. et al. Event-drived business solutions: implementation experience and issues [R]. Proceedings of the Fourteenth International Conferrenceon Information Systems, Orlando, FL, 1993.

[149] David JS. An empirical analysis of REA accounting systems, productivityand perceptions of competitive advantage [R]. Working paper, Arizona State University, 1995.

[150] Geerts GL, McCarthy WE. The ontological foundation of REA enterprise

information systems [R]. Paper presented to the American Accounting Association Conference, Philadelphia, 2000.

[151] Geerts GL, McCarthy WE. The ontological foundation of REA enterprise information systems [R]. Working Paper, The University of Delaware, Newark, 2005.

[152] Issa, H A. Exceptional Exceptions [D]. The State University of New Jersey. 2013.

[153] Siau KL. Empirical studies in information modeling [D]. PhD Thesis, University of British Columbia, 1996.

[154] Bryant RE, Katz RH, Lazowska ED. Big-data computing: Creating revolutionary breakthroughs in commerce, science, and society [M/OL]. http//www.cra.org, 2008.

[155] Nature Big data: Science in the petabyte era [EB/OL]. http://www.nature.com/news/specials/bigdata/index.html [2008-9-3/2015-2-21].

[156] Wikipedia. Big Data [EB/OL]. http://www.wikipedia.org/wiki/Big_Data [2017-2-21].

[157] Zachman J. The Zachman Framework for Enterprise Axchitecture [EB/OL]. http://zifa.com [2017-2-21].

[158] Cassidy M. Big data is yielding to thick data and that's a good thing, Bloomreach, [online] http://bloomreach.com/2014/05/big-data-is-yielding-to-thick-data-and-thats-agood-thing/ (accessed 10/5/2014).

[159] Poels G, Ann M, Frederik G, et al. The Pragmatic Quality of Resources-Events-Agents Diagrams: An Experimental Evaluation [R/OL]. [2004-01-06] http://ideas.repec.org/p/rug/rugwps.

[160] Wang T. Big data needs thick data, Ethnography Matters Blog Posting [online] http://ethnographymatters.net/blog/2013/05/13/big-data-needs-thick-data/ (accessed 10/5/2014).